Michelle Summers
Kings of Passion – Entfesselte Leidenschaft

Michelle Summers ist großer Fan von Boss Romances, weshalb sie nicht widerstehen konnte, selbst zum Stift zu greifen. Für die Autorin gehört eine Prise Erotik in und zwischen den Zeilen genauso zu ihren Romanen dazu, wie eine aufregende Handlung voll sinnlich-prickelnder Momente.

Michelle Summers

Kings of Passion – Entfesselte Leidenschaft

Roman

PIPER

Mehr über unsere Autoren und Bücher:
www.piper.de

Wenn Ihnen dieser Roman gefallen hat, schreiben Sie uns unter Nennung des Titels »Kings of Passion – Entfesselte Leidenschaft« an empfehlungen@piper.de, und wir empfehlen Ihnen gerne vergleichbare Bücher.

ISBN 978-3-492-50422-5

Redaktion: Diana Steigerwald
Satz auf Grundlage eines CSS-Layouts von digital publishing competence (München) mit abavo vlow (Buchloe)
Covergestaltung: © Traumstoff Buchdesign traumstoff.at
Covermotiv: Bilder unter Lizenzierung von Shutterstock.com genutzt
Printed in Germany

Prolog

Robin

»Wo bleibst du?«

Ich schickte die Nachricht auf WhatsApp ab. Vor ziemlich genau zwanzig Minuten hatte ich dieselbe Frage gestellt. Und keine Antwort bekommen.

Das Essen stand auf kleiner Flamme auf dem Herd, um es warm zu halten. Ich hatte versprochen, heute etwas Leckeres für uns zu kochen, aber mein Verlobter Anthony hatte das wohl vergessen ...

Ich lehnte mich in die weichen Polster der Couch zurück und lege mein Smartphone auf den TV-Tisch.

Anthony arbeitete in der Küche einer großen Cateringfirma und musste oft Überstunden schieben. Einen Tag nach Neujahr war da sicher erst recht die Hölle los. Doch normalerweise reagierte er immer auf mein Nachfragen. Nur heute nicht.

Ich schaute eine Folge *Modern Family* und wartete auf den Benachrichtigungston von WhatsApp, der mir verkündete, dass Tony endlich reagiert hatte.

Da das nicht passierte, griff ich ärgerlich nach dem Smartphone, um zu sehen, ob die beiden Haken nun blau markiert waren. Nope. Anthony hatte meine Nachricht noch nicht gelesen.

Es war jetzt einundzwanzig Uhr. Genervt schaltete ich den Fernseher aus, schnappte mir meinen Laptop und setzte ihn mir auf den Schoß, um eine E-Mail für Professor Gordon zu verfassen. Wenn ich schon auf Tony warten musste, konnte ich wenigstens produktiv sein.

Seit meinem Master-Abschluss arbeitete ich am Institute for Heritage, Museums and Conservation, was für mich eine große Ehre war, denn nur die besten Restauratoren wurden an der renommierten Einrichtung der University of Canberra beschäftigt.

Der Prof hatte mich heute gebeten, ein paar Infos über den Juwelenhersteller Kings of Passion zusammenzutragen und ihm diese bis Mitternacht zu senden, da er heute Abend auf einem Bankett war und morgen den CEO des Unternehmens in unserer Uni empfing. Es ging um die Restauration seiner Privatsammlung, darunter die eines wertvollen Gemäldes.

Mehr als einmal hatte der Prof betont, wie wichtig es für das Institut war, einen Klienten wie den CEO Vaughan Townsend zu gewinnen, nannte man doch den Namen Kings of Passion in einem Atemzug mit Cartier oder Tiffany. Ungefähr das ergab auch meine Recherche, nachdem ich mich durch zahlreiche Artikel im Netz geklickt hatte. Vaughan Townsend führte ein weltweit agierendes Milliardenunternehmen, das die Schmuckbranche mit eiserner – oder vielmehr goldener – Hand dominierte. Die wichtigsten Passagen kopierte ich für Gordon, damit er sich selbst ein Bild machen konnte.

Lieber Professor,

hier die Informationen, um die Sie mich baten.

Name des Unternehmens: Kings of Passion
Gründung: 1929
Hauptsitz: Melbourne, Australien
Leitung: Vaughan Townsend

Mitarbeiterzahl (weltweit): 35000 (Stand 2017)
Umsatz/Jahr: 5 Milliarden Australische Dollar (Stand 2017)
Branche: Juwelen und Goldschmuck

Geschichte des Unternehmens:
Kings of Passion wurde 1929 vom Goldschmied Hubert Townsend in Melbourne gegründet. Townsend stammte ursprünglich aus einer Fischerfamilie aus Adelaide, entdeckte jedoch früh seine Leidenschaft für Schmuckdesign. Ausgebildet wurde er von einem befreundeten Goldschmied und Glasbläser, der ein kleines Geschäft in Melbourne besaß. Über die Jahre verfeinerte Townsend sein Talent. Insbesondere seine filigranen Ziertechniken und der Einsatz von Kleinstedelsteinen und Gravuren führten zu lokaler Berühmtheit.

Nachdem Townsend seine Ausbildung beendet und sich selbstständig gemacht hatte, erhielt er viele Aufträge der Melbourner Oberschicht und bald auch über die Stadtgrenze hinaus. Der Name des späteren Konzerns geht auf eine goldene, etwa einen Fuß große Skulptur zurück, die einen König im Opalgewand darstellt und für eine britische Aristokratin hergestellt wurde.

Ich entschied mich spontan, Gordon auch das Bild der Skulptur zu schicken. Sie wies den Charme der späten zwanziger, frühen Dreißigerjahre des letzten Jahrhunderts auf. Der König selbst wirkte wie der kleine Bruder der Statue of Liberty, statt einer Fackel hielt er jedoch ein Zepter in die Höhe. Sein goldener Umhang war mit feinsten Opalsplittern verziert.

Eine beeindruckende Skulptur. In Handarbeit gefertigt. Keine unpersönliche industrielle Fertigung, sondern geschaffen von einem Künstler. Ich schnitt die Grafik mit einer Software aus und kopierte sie in meine E-Mail, dann fügte ich weitere Passagen in die Nachricht ein.

Heute ist Kings of Passion einer der führenden Schmuckhersteller weltweit. Nach dem Tod von James Townsend, dem Sohn des Konzerngründers, übernahm dessen ältester Sohn Vaughan Townsend die Geschäftsleitung. Auch heute noch steht das Unternehmen für hochwertigen Schmuck und feinste Verzierungen.

Ich hoffe, die Informationen helfen Ihnen weiter, Professor.
Viel Glück für das Gespräch morgen.
Robin Mayne

Ich nickte zufrieden, so konnte ich die Mail auf Reisen schicken. Kaum hatte ich auf den Senden-Button geklickt, hörte ich ein Knarzen aus dem Hausflur. Es war jetzt fast zweiundzwanzig Uhr.

Mein Blick wanderte durch den dunklen Raum zur Zimmertür, die einen Spaltbreit geöffnet war, schließlich blieb er an der Wohnungstür haften.

Just in dem Moment hörte ich, wie sich der Schlüssel im Schloss drehte, und kurz darauf ging die Wohnungstür auf, und Anthony trat ein. Leise schloss er die Tür hinter sich, schlich zum Garderobenständer und schlüpfte aus seinen Schuhen, während ich den Laptop zur Seite legte.

»Du bist noch wach?«, wunderte Tony sich und lugte durch die Wohnzimmertür.

»Wolltest du nicht längst hier sein? Ich habe für uns gekocht ...«

Ich sehnte mich danach, dass er mich zumindest tröstend in die Arme nahm. Betreten kam er herein, ohne jede Eile. Zwei Schritte von der Couch entfernt blieb er stehen, die Hände in den Hosentaschen vergraben.

»Sorry, hat länger gedauert auf der Arbeit. Und dann hab ich unterwegs Mike getroffen ... Wir haben uns verquatscht.«

Was für ein Zufall. Ausgerechnet Mike, der Kerl, der immer über die Stränge schlug? Tony kannte ihn aus der Schulzeit. Mike war jemand, der zu allem eine Meinung hatte und grundsätzlich Entscheidungen traf, die meinen Ansichten widersprachen. Er klopfte sein Geld noch vor Monatsende auf den Kopf, wenn ihm danach war, ohne an morgen zu denken. Oder pöbelte Leute auf der Straße an, wenn er zu viel getrunken hatte. Ganz zu schweigen davon, dass er es liebte, nach Mitternacht Autorennen durch die City zu veranstalten. Ich hatte jedes Mal Angst, dass Tony bei so was mitmachte und ihm oder jemand anderem etwas passierte. »Mach dich mal locker«, pflegte Mike, zu mir zu sagen. Ich war in seinen Augen zu unflexibel, eine Spaßbremse, weil ich mich nicht sinnlos betrinken wollte. Und ausgerechnet dieser Mike hatte nun also unseren Abend ruiniert? Gut, Anthony sah das sicher anders. Er kam näher, setzte sich auf die Kante der Couch und hauchte einen Kuss auf meine Wange.

»Sei nicht böse, ich sehe ihn so selten. Eins hat das andere ergeben.«

Selten? Ich hatte das Gefühl, ich führte eine Dreierbeziehung, weil Mike irgendwie immer mit von der Partie war, und sei es nur indirekt. Ob es um Wochenendausflüge ging oder abendliche Unternehmungen, wir passten unsere Pläne an seine an, damit die Männerfreundschaft genug Raum hatte.

Aber eigentlich war ich nicht sauer auf Mike. Ich war verärgert über Tony, denn ich hatte mich auf ihn verlassen. Das Essen konnte ich zwar einfrieren, dennoch eine Pleite! Ein Wangenkuss machte das auch nicht wieder gut.

»Ich bin duschen«, sagte er und hauchte mich versehentlich an.

»O Mann, du hast vielleicht eine Fahne«, sagte ich und wedelte mir frische Luft zu, während Anthony im Bad verschwand. Von wegen verquatscht! Die waren wieder mal um die Häuser gezogen. Seufzend ging ich in die Küche, um das Ragout in Plastikboxen umzufüllen, die ich dann im Tiefkühler lagerte.

Es hatte ein besonderer Abend werden sollen, weil wir in den letzten Wochen wenig Zeit für uns gehabt hatten. Ich wusste aber auch, dass Tony mit seinem Job haderte. Durch Mike erzielte er einen gewissen Ausgleich. Außerdem war er jetzt hier, und ich wollte so kurz vor dem Zubettgehen keinen Zwist. Ich sehnte mich viel mehr nach seinen zärtlichen Händen und seinen sinnlichen Lippen. Also schluckte ich um des lieben Friedens willen alles hinunter. Vielleicht war ja zumindest noch etwas Quality Time drin. Ich räumte noch im Wohnzimmer auf, und als ich mich ins Schlafzimmer zurückzog, lag Tony schon im Bett.

»Ich geh auch noch mal unter die Brause, wartest du so lange auf mich?« Ich zog mich vor seinen Augen aus und legte meine Klamotten auf den Hocker neben meiner Seite des Bettes ab.

»Klar«, sagte er mit einem Lächeln. Mir entging sein Blick nicht, mit dem er meinen Körper betrachtete. Vielleicht war noch mehr drin als nur Quality Time?

Ich verschwand im Bad, schlüpfte in die Kabine und ließ das angenehm warme Wasser auf mich herunterprasseln. Rasch seifte ich mich ein, um schnell wieder bei Tony zu sein. Kaum hatte ich das kleine Bad jedoch verlassen, hörte ich ihn leise, aber gleichmäßig ein- und ausatmen.

»Schläfst du etwa?«, raunte ich. Keine Antwort. Das durfte doch nicht wahr sein.

1. Kapitel

Robin

Sie waren nebenan. Sprachen so laut, dass ich ihre Stimmen in Gordons Büro hören konnte, aber nicht laut genug, dass ich verstand, was sie sagten. Townsend war sicher einer dieser reichen Snobs, die von alter Kunst keinen blassen Schimmer hatten, aber sie dennoch sammelten, weil man das in ihren Kreisen so machte.

Ich sollte jetzt besser mit der Arbeit fortfahren, anstatt den Prof zu belauschen. Mein Boudivar restaurierte sich nicht von allein.

Vorsichtig gab ich wenige Tropfen Olivgrün in meine Farbmischung und vermengte alles mit einem Holzstäbchen auf der Palette, bis ich endlich den Ton hatte, den ich haben wollte: ein gedämpftes Laubgrün. Ich setzte mir einen Klecks auf den Ärmel meines Maleroveralls und strich ihn aus, um die Wirkung der Farbe auf weißem Grund zu testen. Noch ein Schuss Nachtgrün, und es war perfekt!

Zum Glück war ich, trotz kurzer Nacht, ausgeruht. Zwei Kaffees heute Morgen hatten mich auf die Beine gebracht, während Anthony noch wie ein Stein schlief. Ich hatte ihm ein paar Brötchen warm gemacht und meinen Lieblingsaufstrich Vegemite auf den Tisch gestellt, bevor ich zur Universität aufgebrochen war, an der ich vor einem halben Jahr meinen Abschluss im Studiengang Restauration und Konservation gemacht hatte. Der Prof hatte mich auf diesem Weg unterstützt und später ins Institut geholt. Guter Job, gutes

Gehalt. So konnte ich meinen Studienkredit in absehbarer Zeit zurückzahlen.

Ich setzte meine Lupenbrille auf, streifte Einweghandschuhe über und näherte mich ehrfürchtig dem alten Ölgemälde aus der Spätromantik: *Picknick im Park*.

Der Künstler hatte eine Szene seines Alltags eingefangen, in dem Picknicks noch Großveranstaltungen gewesen waren, und das so lebendig, dass man das Gefühl hatte, die Herrschaften auf dem Bild würden gleich zum Leben erwachen. Ich liebte die vielen Details, die Schleifen in den Haaren der Mädchen, die sanften Rottöne am Horizont, die auf den frühen Abend hindeuteten, und die sehnsüchtigen Blicke, die sich ein junger Mann und eine Frau zuwarfen, die aber nur die beiden und der Betrachter mitbekamen.

Über die Jahre hinweg waren kleine Risse in der Leinwand entstanden, und Farbe war abgeblättert oder verblasst.

Einen Teil davon hatte ich bereits in Ordnung gebracht, jetzt musste ich nur noch den Lindenbaum im Hintergrund in seinen Ursprungszustand zurückversetzen. Hierzu hatte ich in alten Katalogen nach Abbildungen des Gemäldes gesucht, um eine Vorstellung vom ursprünglichen Farbton zu bekommen. Ich arbeitete inzwischen drei Wochen an dem Projekt, abzüglich der Feiertage.

Mit ruhiger Hand zog ich die Form einzelner Blätter nach. Nicht zu viel Druck, ermahnte ich mich. Ich wollte das Gemälde schließlich nicht à la Malen nach Zahlen komplett überstreichen. Ich besserte nur die Stellen aus, die es wirklich nötig hatten, um so viel wie möglich vom Original zu belassen. Außerdem, das war ein eiserner Grundsatz, sollte jede Retusche reversibel sein. Wie oft Gordon mir das während meines Studiums eingebläut hatte!

Ich trat einen Schritt zurück und musterte meine Arbeit. Den Ton hatte ich gut getroffen. Nur der obere Teil des Wipfels konnte noch etwas Farbe vertragen. Aber vorher brauchte ich noch einen Kaffee, denn allmählich ließ die Wirkung meiner morgendlichen Koffeinzufuhr nach.

Ich überlegte, zum Automaten in der Eingangshalle zu gehen, als sich die Stimmen in Gordons Büro der Verbindungstür nährten. Ich sah, wie sich die Klinke neigte, die Tür sich aber noch nicht öffnete. Wollte der Milliardär von Kings of Passion auch noch eine Führung durch die Werkstatt, oder was hatte das zu bedeuten? Ich hatte gedacht, ich könnte hier in Ruhe arbeiten.

Ich zog mir die Lupenbrille vom Kopf, streifte die Latexhandschuhe ab und legte rasch Farbpalette und Pinsel zur Seite, damit nichts im Weg war, wenn die beiden Männer eintraten. Hätte man mich vorgewarnt, hätte ich hier noch ein wenig aufräumen können.

Die Tür öffnete sich, und Gordon betrat unsere Werkstatt, seine gräulichen Haare standen im Zerstreuter-Professor-Look ab. Er nickte mir zu und knibbelte an dem Ellenbogenflicken seiner Tweedjacke. Hinter ihm betrat ein junger Mann im dunklen Anzug den Raum. Hochgewachsen, kräftige Schritte. Fast stieß er mit mir zusammen. Ja, ich war eine vertikale Herausforderung mit meiner Größe von einem Meter sechzig, aber mich deshalb gleich über den Haufen rennen zu wollen ... Unsere Blicke trafen sich. Ich hatte noch nie so intensiv blaue Augen gesehen. Sie besaßen etwas sehr Beherrschtes, musterten mich von oben bis unten. Ich hatte das Gefühl, der Mann würde mich scannen. Schließlich umspielte ein selbstgefälliges Lächeln einen Mundwinkel, als wäre ich nur ein lästiges Insekt. Arroganter Schnösel ...

»Wenn ich Ihnen vorstellen darf: Robin Mayne, eine meiner besten wissenschaftlichen Mitarbeiterinnen. Ihr Spezialgebiet sind alte Gemälde europäischen Ursprungs.«

»Guten Tag«, sagte ich, und er nickte mir zu.

»Und das ist Mr Townsend«, stellte Gordon seinen Begleiter vor.

»Sehr erfreut«, sagte ich, um das Eis zu brechen, und hielt ihm die Hand hin. Er nahm sie unverwandt an und schüttelte sie, kräftiger Händedruck, ich war beeindruckt. Sein Blick fiel auf meinen Verlobungsring, der mit kräftigem Laubgrün beschmiert war. Doch nicht nur der, auch Townsends Finger schimmerten nun in einem wunderschönen Grünton.

»Oh ... das tut mir leid, ich ...«, versuchte ich zu erklären.

»Sie sind jung«, stellte er sachlich fest, und doch klang es, als wäre es ein Makel. Wie in Zeitlupe wischte er sich mit einem Tuch aus seiner Anzugtasche die Finger sauber.

Das ging ja gut los.

Wieder trafen sich unsere Blicke, und ich verstummte, denn seiner war kühl und bohrend. Klar, er hielt mich jetzt für den größten Tollpatsch unter der Sonne. Zwar sagte er nichts, aber ich sah es ihm an.

Solche Fehler durften selbst einer Berufsanfängerin nicht passieren. Offenbar hatte ich beim Weglegen der Palette Farbe an die Hände bekommen. Zum Glück waren nur Townsends Hände grün geworden und keine wertvolle Leinwand.

»Mr Townsend wollte gern wissen, wie wir hier im Institut arbeiten«, erklärte Gordon. »Zeigen Sie uns also bitte, was Sie gerade machen.«

Außer mir und anderen die Finger zu beschmieren? Perfekt, ausgerechnet mich dafür auszuwählen, dachte ich ironisch und führte den Mann im Anzug zu meinem Boudivar, der in einer Staffelei lehnte. Im Vorbeigehen schnappte ich mir rasch ein paar Tücher vom Arbeitstisch, um meine Hände unauffällig zu säubern.

»Ich arbeite derzeit an diesem Stück«, begann ich und ließ die Tücher in der Hosentasche meines Overalls verschwinden.

»Es waren zwei kleine Risse in der Leinwand. Hier und hier.« Ich deutete auf die betreffenden Stellen, stolz darüber, dass man nichts mehr von ihnen sah.

»Wie haben Sie das geschafft?«, fragte Townsend im selbstgefälligen Ton.

Vielleicht indem ich meinen Job gemacht hatte?

»Ich habe auf der Rückseite je einen Streifen frischer Leinwand angebracht und diese dann mit einer perfekt abgestimmten Farbe überstrichen.«

Nun sah sich Townsend bemüßigt, die Stellen genauer zu betrachten. Als er sich vorbeugte, kam er dicht an mich heran, und sein Duft stieg mir in die Nase.

»Hat der Leim die Leinwand nicht durchtränkt und dadurch beschädigt?«

»Sehen Sie denn Schäden?«, konterte ich. Er lächelte, meine schlagfertige Antwort schien ihm zu gefallen.

»Ich bin im Besitz eines Gemäldes aus der Renaissance. Es befindet sich in meiner Privatsammlung in Melbourne.« Townsend sah mich nicht an. Er sah niemanden an, sein Blick blieb bedeutungsschwanger auf dem Boudivar haften. Seine Stimme vibrierte, wenn er sprach, ich glaubte, das Timbre sogar körperlich zu spüren, was mich durcheinanderbrachte. Und dann war da noch dieser angenehm herbe Geruch nach gerösteten Mandeln, den er verströmte und der nun durch den Raum waberte. Aber es war die Erwähnung der Renaissance, die mein Herz schnell klopfen ließ. Ich liebte Gemälde aus dieser Epoche Europas und hatte mich schon während meines Studiums darauf spezialisiert.

»Wir reden von einem Bernaduchi«, warf Gordon ein. Ich sah am Gesicht des Profs, wie aufgeregt er deswegen war. Jetzt verstand ich auch, warum der Professor diesen Klienten unbedingt gewinnen wollte. Es gab nur wenige Werke dieses großen Künstlers, die der Nachwelt erhalten geblieben waren. Townsends Bild musste ein Vermögen wert sein. Eine echte Rarität und von unschätzbarem Wert für die

Kunstwelt. Und unser Institut würde natürlich an Prestige gewinnen.

»Bedauerlicherweise ist er in keinem guten Zustand«, erklärte Townsend milde und drehte sich zu uns um.

»Ich bin sicher, unser Institut wird Ihnen weiterhelfen können«, versicherte Professor Gordon, während Townsends Blick mich erneut aufsog.

»Ich muss zugeben, ich war zuerst überrascht, dass Sie einer so jungen Restauratorin einen Boudivar anvertrauen«, sagte er in Gordons Richtung.

Ich seufzte. Wie oft ich diesem Vorurteil schon begegnet war ... Als hätte ich nicht etliche Prüfungen, zwei Semester Praktika in der National Gallery und dem National Museum of Australia absolviert sowie Zertifikate in Spezialkursen erworben. Ich hatte meinen Abschluss mit Bravour bestanden, als eine von drei Jahrgangsbesten. Außerdem war ich in einer Studiengruppe beratend tätig gewesen, als ein Forscherteam alte Schriftrollen zu entziffern versuchte. Es war uns gelungen, einige Zeichen zu rekonstruieren.

Nur war ich unter dreißig und somit angeblich schrecklich unerfahren ...

»Aber offensichtlich bieten Sie an dieser Universität eine fundierte Ausbildung an, Professor«, rang sich Townsend ein Lob ab.

»Wir sind stolz auf unsere praktischen Kurse innerhalb des Studiengangs. An unserem Institut wird nur neueste Technik unter modernsten Gesichtspunkten gelehrt«, führte Gordon aus. »Hinzu kommen zwei praktische Semester ...«

»Ich habe genug gesehen«, erklärte Townsend gnädig und schnitt Gordon damit das Wort ab.

»Überzeugende Arbeit«, sagte er an mich gewandt. Ich lächelte überrascht.

»Dann lassen Sie uns die Details in meinem Büro besprechen«, schlug der Prof vor und hielt Townsend die Verbindungstür auf. Bevor dieser hindurchtrat, nickte er mir noch einmal zu.

»Machen Sie weiter so«, meinte Gordon zu mir, ehe er die Werkstatt verließ und die Tür hinter sich schloss.

In Gordons Büro hörte ich sie diskutieren. Ich war froh, dass ich mich wieder meiner Arbeit widmen konnte.

Eine ganze Weile beschäftigte ich mich noch mit dem Lindenbaum, bis plötzlich wieder die Seitentür aufging und Gordon mit hochzufriedenem Gesichtsausdruck hereinkam.

»Ich fahre schon nächsten Mittwoch nach Melbourne, um Townsends Bernaduchi in Augenschein zu nehmen. Er hat sich noch nicht endgültig entschieden, aber wir sind einen Schritt näher an der Auftragsvergabe!«

»Ich gratuliere Ihnen, Professor!« Ich freute mich ehrlich für ihn, wusste ich doch, wie wichtig ihm das Projekt war.

»Danke, Robin. Sie waren eine große Hilfe.«

2. Kapitel

Robin

»Ich bin wieder da!«, rief ich durch den Flur unserer Zweizimmerwohnung in Canberra Central, als ich abends heimkam. Den Boudivar hatte ich endlich fertigbekommen. Darauf war ich stolz. Und dann hatte der Prof auch noch diesen wichtigen Auftrag in Melbourne an Land gezogen. Schien, als würde 2018 doch noch einen guten Start hinlegen.

Der appetitliche Geruch von Rinderhack stieg mir in die Nase und holte mich ins Hier und Jetzt zurück. Überrascht sog ich ihn auf. Anthony hatte gekocht? Ich meine, Kochen war sein Job, doch für uns machte er das nur selten.

Ich schlüpfte aus meinen Turnschuhen und ging in die Küche, wo Tony Patties in der Pfanne brutzelte. Amüsiert legte ich die Chiko Rolls auf den Tisch, die ich spontan vom Imbiss um die Ecke mitgenommen hatte.

»Da bist du ja, Abendessen ist gleich fertig«, sagte Anthony, der unter seinem Wuschelhaar zu mir linste.

Ich hob die Papiertüte mit den Chiko Rolls hoch. »Wir sind mehr als gut versorgt.«

Er kam grinsend zu mir, zog mich an sich und schenkte mir einen sinnlichen Kuss. Das war fast noch überraschender, als ihn kochen zu sehen. Seine Hände legten sich um meine Wangen, und seine Stirn schmiegte sich an meine.

»Tut mir leid, dass ich in letzter Zeit so wenig für dich da war und gestern dein Essen verpasst habe. Ich bin heute zeitig nach Hause gegangen, um es wiedergutzumachen.«

Wenn er mich so ansah mit seinen braunen Hundeaugen, konnte ich kaum böse sein.

»Aber Chiko Rolls? Das heißt, es gibt was zu feiern?«

»Ich habe den Boudivar endlich fertig!«

»Das ist toll, Robin!« Er lachte. »Oh, das Essen brennt an.« Er ließ von mir ab und fischte die nun recht knusprigen Patties mit dem Wender aus der Pfanne. Ein wenig dampfte es, weswegen ich das Fenster öffnete.

Ich atmete tief ein und blickte über die Hochhäuser, die eine Wohnsiedlung bildeten. Das hier war nicht unbedingt der Ort, an dem ich alt werden wollte. Red Hill in New South Wales entsprach da eher meinen Vorstellungen ... Ich träumte seit jeher von einem Häuschen im Grünen.

Als ich mich zu Anthony an den Tisch setzte, war mein Burger schon fertig. Ein Riesenteil, das ich sicher nicht schaffte, weil es einfach zu gehaltvoll war. Belegt mit Salat und Roter Beete, Cheddar und natürlich dem knusprigen Patty sowie Anthonys Barbecue-Spezialsoße, die er selbst kreierte.

»Ich fürchte, nach der Hälfte bin ich satt. Aber lieb, dass du für uns gekocht hast.«

»Kein Thema, ich esse zur Not auch deine Chiko Roll mit.« Anthony zwinkerte. Er konnte essen, so viel er wollte, und Hunger hatte er irgendwie auch immer. Aber sah man ihm das an? Nein. Der Kerl war so drahtig, als wäre er auf Dauerdiät! Das war ganz schön unfair, ich musste eine Torte nur ansehen und hatte gleich drei Pfund mehr auf den Rippen.

Aber an Gewichtsprobleme wollte ich jetzt nicht denken, ich stand dazu, eine eher kurvige Frau zu sein. Genussvoll nahm ich also einen Bissen.

»Ich liebe deine Burger«, sagte ich ehrlich. »Und alles andere, was du kochst. Das solltest du öfter tun.« Ich zwinkerte ihm zu.

»Du bist süß«, sagte er vergnüglich schmatzend. »Auch wenn Burger nicht gerade hohe Kunst sind.«

»Deine schon.« Ich streckte ihm die Zunge raus, meinte es aber ernst. Kochen war wirklich sein Ding. Ich verstand es, dass er nicht beim Cateringservice versauern wollte, sondern davon träumte, Koch in einem Spitzenrestaurant zu werden.

Anthony nickte langsam und schob mir die zweite Chiko Roll zu, seinen Burger und die erste hatte er schon gegessen.

»Nimm du«, sagte ich, denn mit meinem Burger war ich gut bedient.

Er beugte sich zu mir vor, und sein markanter Geruch stieg mir in die Nase. Ein Kuss landete auf meinen Lippen.

»Du hast recht, wir sollten das öfter machen.«

»Gemeinsam essen?«

Er nickte, und seine plötzlich so liebe Art stimmte mich versöhnlich. Vielleicht konnte ich es ja wagen, das Thema Hochzeitstermin anzuschneiden, ohne dass wir uns deswegen gleich wieder in die Haare bekamen.

Tief atmete ich durch. »Vielleicht können wir ja langsam mal einen Termin aussuchen.«

Ich musste gar nichts Näheres sagen, an Anthonys Blick erkannte ich, er wusste, worum es ging.

Langsam nickte er. »Sobald ich einen neuen Job habe.«

Das sagte er jedes Mal. Aber irgendwie blieb er doch beim Catering hängen. Plötzlich grinste er jedoch schelmisch.

»Aber wenn das nächste Woche klappt, machen wir Nägel mit Köpfen«, betonte Anthony.

»Nächste Woche? Wovon redest du?«

»Ich habe ein Vorstellungsgespräch als Koch in so 'nem Nobelschuppen.«

O mein Gott, davon hatte ich gar nichts gewusst!

»Sollte 'ne Überraschung sein«, erklärte er.

Ich hatte ihm Unrecht getan. Er klemmte sich augenscheinlich doch dahinter, dem Catering endlich den Rücken zu kehren.

»Bereite einfach deine Spezialburger zu, und sie nehmen dich mit Kusshand. Ich würde das jedenfalls tun.«

Er grinste von einem Ohr zum anderen. »Ganz so leicht wird es leider nicht, die haben gewisse Ansprüche.«

Anthony griff nach der zweiten Chiko Roll und biss kräftig ab.

»Ich werde denen ein Probegericht kredenzen, dass ihnen Hören und Sehen vergeht«, prophezeite er. Und ich hatte nicht die geringsten Zweifel daran, schließlich kannte ich niemanden, der ein größeres Kochgenie war als Anthony. Zugegeben, ich war nicht ganz objektiv. Ich liebte sein Lächeln, seine braunen Augen, die immer so warm leuchteten, und – mein Blick glitt über seine beeindruckenden Armmuskeln – noch so einiges mehr.

»Aber lass uns trotzdem kleine Schritte machen. Erst der neue Job, dann die Hochzeit, dann die Red Hills. Einverstanden?«

»Kleine Schritte sind okay«, sagte ich. Solange wir irgendwann die Ziellinie erreichten.

Anthony legte die Chiko Roll zur Seite und schob seinen Stuhl zurück. Langsam kam er näher, hockte sich vor mich. Ich schluckte, denn ganz plötzlich war mir richtig heiß.

Er griff nach meiner Hand, führte sie zu seinen warmen weichen Lippen und hauchte Küsse auf sie, eine feuchte, prickelnde Spur hinterlassend.

Anthony erhob sich und zog mich mit sich, führte mich in unser Schlafzimmer. Inzwischen prickelte mein Körper überall, an allen möglichen und unmöglichen Stellen.

Und während unsere Münder sanft miteinander verschmolzen, bettete mich Anthony zwischen Kissen. Dann zog er die Decke über uns, und es wurde warm, stickig und dunkel um mich …

Ich kuschelte mich erschöpft an Anthonys Schulter, strich mit der Hand über seine nackte Brust, tastete fasziniert die Berge und Täler seiner Muskeln ab. Seine Haut glühte, war noch regelrecht aufgeladen von den heißen Momenten, die wir gerade miteinander verlebt hatten. Seufzend schloss ich die Augen.

Sein Kuss landete auf meinem Schopf, zärtlich zog er mich näher an sich. »Das war wunderschön«, raunte er. »Sei mir nicht böse, aber ich muss mich kurz frisch machen.«

»Wenn du schnell wieder bei mir bist ...«

»Ich beeile mich.« Erneut gab er mir einen Kuss auf den Haaransatz, dann kletterte Anthony aus dem Bett. Ich vermisste ihn schon, bevor er die Tür erreicht hatte.

»Ich bin gleich wieder da«, versprach er und verschwand.

Glücklich rekelte ich mich unter der dünnen Decke, sog so viel von seinem Duft auf wie möglich und hoffte, dass er sich wirklich beeilte, als meine Finger unter meinem Kissen etwas griffen, das dort nicht sein sollte.

Ich erspürte den Verschluss eines BHs und zog das Ding rasch hervor. Im nächsten Moment blieb die Welt stehen. Mein Herz klopfte dennoch wie verrückt. Es war das Einzige, das nicht in Starre verfallen war. Ungläubig beäugte ich den Büstenhalter mit roter Spitze, den ich nicht kannte.

Wem gehörte er? Er roch widerlich süß. Zu viel Parfüm. Was war hier passiert? Und wann?

Etwa heute, kurz bevor ich heimgekommen war? Es konnte ja nur so gewesen sein, zwischen Tonys Feierabend und meiner Heimkehr. Das Bett kam mir plötzlich schmutzig vor. Hatte ich *sie* vielleicht sogar noch auf der Straße gesehen, ohne zu wissen, wer sie war?

Mein Herz schlug nicht einfach nur schneller, es *über*schlug sich, stolperte, raste. Mir wurde übel.

Hatte Anthony mich wirklich ... Ich schaffte es nicht, den Gedanken zu Ende zu führen, denn er fühlte sich völlig falsch an. So etwas würde er nie tun! Und doch fragte ich mich, ob er all die Abende, an denen er ohne mich ausgegangen war, wirklich nur Mike getroffen hatte.

Just in dem Moment kehrte Anthony zurück, und als er den BH sah, wich nicht nur sämtliche Farbe aus seinem Gesicht, sondern sein Lächeln erstarb. Ich hatte ihn noch nie mit so starrer Miene gesehen. Unsere Blicke trafen sich. Ich sah Schuld in seinem.

Irgendwie hatte ich auf eine logische Erklärung gehofft, die meine Seifenblase nicht zerplatzen ließ. Meinetwegen eine Ausrede. Der BH sei ein Geschenk oder so was, obwohl er eindeutig schon getragen worden war. Herrje, sogar eine Lüge wäre gerade okay.

Alles erschien mir in diesem Augenblick besser als die verdammte Wahrheit. Aber Anthony sagte nichts, und in mir zersprang etwas in tausend Splitter, wie Glas, das mit Wucht zu Boden ging ...

3. Kapitel

Robin

»Ich kann es nicht fassen, er hatte eine Affäre mit seiner Ex?« Maya starrte mich an, als käme ich von einem anderen Planeten. Ich konnte es ihr nicht verübeln, hatte ich ihr doch diese unfassbare Geschichte erzählt, nachdem ich unvermittelt um kurz vor Mitternacht vor ihrer Tür stand. Völlig durchnässt vom Regen, der sich auf der kurzen Strecke von meinem Wagen bis zu Mayas Wohnhaus wie aus Kübeln über mich ergoss. Eine gepackte Reisetasche über der Schulter, in die ich spontan alles geworfen hatte, was mir in die Finger geraten war. Und einer Mordswut im Bauch. Kurzum, ich hatte mich nicht wie ich selbst gefühlt und auch nicht so ausgesehen.

Anthony hatte sich geweigert zu gehen, versucht, auf mich einzureden, irgendwelche unlogischen Erklärungen geliefert, warum er mit seiner Ex Simone wieder im Bett gelandet war. Bis ich es gewesen war, die die Flucht ergriffen hatte.

»Kann ich bei dir schlafen?«, hatte ich Maya mit tränenverschleiertem Blick gefragt – und nun saß ich auf ihrer Klappcouch, ein Handtuch um die Schultern und eine Bierflasche in der Hand.

Langsam nickte ich auf Mayas Frage. Ich konnte es auch nicht fassen. Es klang so unwirklich, als wäre es Teil der Geschichte von jemand anderem. Hätte ich doch nur nicht diesen dämlichen Spitzen-BH gefunden, dann wüsste ich von alldem nichts. Manchmal war Unwissenheit ein Segen. Doch jetzt war die Katze aus dem Sack. Ich saß hier wie ein zerrupftes Huhn und musste mich der Realität stellen.

»Uff«, machte Maya und ließ sich mit ihrem Bier in den Ohrensessel zu meiner Rechten fallen. Ich hatte sie aus dem Bett geklingelt, sie trug schon ihren Pyjama. Außerdem stand ihre Wuschelmähne, die sie vergeblich mit einer Hand zu bändigen versuchte, nach allen Seiten ab, was definitiv nicht ihrer üblichen Frisur entsprach.

»Das ist hardcore ...«

Das war es. Ich fühlte mich wie in einem schlechten Film.

»Wie lange ... geht das schon?«, fragte Maya vorsichtig.

»Monate«, flutschte es völlig emotionslos aus mir raus. Ich fühlte mich innerlich ausgetrocknet, obwohl sich Tränen in meinen Augen sammelten. Was wohl bedeutete, dass ich traurig war. Aber ich fühlte mich lediglich ausgelaugt. Vielleicht war es auch der Schock. Die Wut war gerade jedenfalls auch verflogen. Hatte eine Hülle hinterlassen, die auf den Namen Robin hörte.

»Krass ...«

Ich nickte, hörte mich selbst reden und hatte zugleich das Gefühl, neben mir zu stehen und mich selbst zu beobachten. Meine Mum würde sagen, ich dissoziiere, oder irgendein anderes schlaues Wort ihres Fachjargons verwenden. Sie war mit Leib und Seele Psychiaterin und gehörte zu der überengagierten Sorte, die nicht nur ihre Patienten, sondern auch das eigene Umfeld auf Schritt und Tritt analysierte. Ich konnte ein Lied davon singen, war ich, seit ich als Fünfjährige in einen Teich gefallen und fast ertrunken war, ihr Lieblingsanalysand. Ein Vorfall, an den ich mich nicht mal erinnern konnte, meine Mutter dafür umso mehr. Überraschend sachlich schilderte ich, was vorgefallen war, erzählte von dem Abend, dem guten Sex und dem Moment, in dem ich den BH im Bett gefunden hatte.

Ich sah deutlich, wie Maya an der Stelle schluckte.

Zumindest war Anthony ab dem Moment völlig ehrlich gewesen. Eigentlich hatte er selbst nicht gewollt, dass *es* passierte. Doch seine Gefühle für seine Ex waren plötzlich wieder da gewesen, nachdem er sie zufällig in ihrer alten Lieblingsbar getroffen hatte. Das war drei Monate her und der Anfang von meinem Unglück gewesen. Wie ein Ersatzspieler hatte ich die ganze Zeit auf der Bank gesessen und war erst jetzt aufs Feld geschickt worden. Viel zu spät, um jetzt noch etwas ausrichten zu können. Ich war nicht mal sicher, ob ich das wollte. Vielleicht war es besser so.

»Er behauptet, mich immer noch zu lieben. Er wollte nicht, dass ich gehe … aber ich konnte nicht anders, ich musste abhauen.«

Wie hätte ich denn jetzt seelenruhig neben ihm einschlafen sollen? Selbst wenn ich ihn auf die Couch verfrachtet hätte, es hätte nichts geändert. Seine Nähe war mir zu viel.

»Ich denke, das war nur menschlich.« Maya lächelte mich gutmütig an und streichelte meine Schulter. Sie war zehn Jahre älter als ich, was ich oft vergaß, weil man herrlich mit ihr herumalbern konnte. Ich hatte sie über einen echt coolen Auftrag meiner damaligen Praktikumsstelle vor ein paar Jahren kennengelernt. Ihre erste Vernissage, und ich hatte einen alten Rahmen für sie restaurieren sollen. Nachdem sie ihren Job als Sozialarbeiterin aufgegeben hatte, widmete sie sich ganz der Kunst, was bisher nur bedingt Ertrag einbrachte. Daher kellnerte sie oft spätabends, um die Miete zu zahlen. Fragte man sie, ob sie damit zufrieden war, betonte Maya, es sei ihr das Wichtigste, Zeit fürs kreative Schaffen zu haben, was mit einem festen Job bei einem Sozialdienst nicht möglich war.

Wir hatten sofort gewusst, dass wir Seelenverwandte waren. Wir mochten unser Sushi ohne Wasabi, liebten beide Bridget Jones und standen auf total unterschiedliche Männertypen, ausgenommen Colin Firth, und würden uns ergo nie in die Quere kommen. Gerade wirkte sie jedoch wie die große Schwester, die ich mir immer gewünscht hatte.

»Was er getan hat, geht gar nicht, Süße. Und ich denke, das weiß er auch.«

Ich hätte es wohl ahnen sollen, so oft wie er dem Thema Hochzeit aus dem Weg gegangen war.

»Du kannst so lange hierbleiben, wie du willst, Robin. Die alte Klappcouch ist nicht bequem, aber immer für dich frei.«

Ich versuchte zu lächeln, aber es misslang, stattdessen weinte ich einfach los. Die Traurigkeit brach über mich herein, dass ich sie kaum bändigen konnte. Zumindest fühlte ich wieder etwas.

»O nein, Robin ... Süße!« Schon saß Maya neben mir und zog mich in die Arme. Ich lehnte meinen Kopf an ihre Schulter. Keine Ahnung, wie es jetzt weitergehen sollte. Keine Hochzeit? Kein Häuschen im Grünen? Alles schien mit einem Mal zerstört, alles, worauf ich mich so sehr gefreut hatte.

Ich hatte gedacht, er und ich wären ein Team. Dass wir uns etwas zusammen aufbauen würden, am selben Strang zogen. F*ck ... was für ein beschissenes Jahr.

Aus der Umarmung heraus angelte ich nach meinem Bier, das auf dem TV-Tisch stand. Doch als ich es zu meinen Lippen führte, merkte ich, es war leer.

»Ich brauche noch eine Flasche«, murmelte ich.

Maya ließ mich los und sah mich ernst an. »Besser nicht, Robin. Du weißt doch, dass Alkohol bei dir die Traurigkeit verstärkt.«

»Mir egal!«

»Ich mache uns lieber einen Beruhigungstee, wie wäre das?« Ich nickte zögerlich.

Eigentlich wäre es verlockend, den Kummer zu ertränken. Aber Maya hatte ja recht. Was brachte es, sich sinnlos zu betrinken und in Depressionen zu verfallen? Das Problem ging davon nicht weg, und ich müsste mich am nächsten Morgen zusätzlich mit einem Kater rumplagen. Ich war nicht Mike. Der hatte Tony sicher zum Fremdgehen angestiftet! Nein, das war unfair. Tony war erwachsen und wusste, was er tat. Ich sollte ihn nicht in Schutz nehmen. Es war immerhin kein einmaliger Ausrutscher im angetrunkenen Zustand gewesen.

Meine beste Freundin verschwand in der Küche und gab mir die Gelegenheit, mich zu sammeln. Was er jetzt wohl machte? War er bei ihr und ich eine Masochistin, weil ich mich mit solchen Überlegungen quälte?

Es kamen noch andere Gedanken. Sollte ich ihm verzeihen? Oder ihn zum Teufel jagen? Wegwerfen, was wir hatten? Ganz neu anfangen? Ich erinnerte mich, wie Anthony damals im Supermarkt mit mir zusammengestoßen war. Ich fiel hin, und er half mir auf, lächelte mich an, als wäre er mein Retter und nicht der Verursacher meines Sturzes. Dieses Lächeln, das mich gefangen nahm und von Anfang an faszinierte, war der Grund, warum ich mich in ihn verliebte. Danach kochten wir zusammen Ravioli aus der Dose. So simpel und doch so eine schöne Erinnerung. Das gemeinsame Herumalbern, seine extravaganten Gewürzmischungen, die den Ravioli erst den richtigen Pfiff gaben ... Schon damals war deutlich, dass er kochen konnte, am Schluss hatte es nicht mehr nach Dose geschmeckt.

Maya kam mit zwei dampfenden Tassen zurück. Ich starrte zum gefühlt hundertsten Mal an diesem Abend auf mein Handy. Aber keine Nachricht von Anthony.

»Soll ich ihn für dich blockieren?« Maya hielt schon die Hand für mein Handy auf.

»Nein!«, zischte ich und drückte das Mobiltelefon an meine Brust, als müsste ich es vor Mayas Griff beschützen. »Ich will wissen, ob er mir schreibt. Oder anruft!«

Auch wenn ich nicht wusste, ob es überhaupt etwas gab, dass er sagen konnte, um unsere Beziehung zu retten.

»Schon gut, schon gut, ich dachte ja nur ...«

Erschöpft nahm ich einen Schluck vom Tee und blickte Maya ernst an. »Ist es für dich okay, wenn wir morgen weiterreden? Ich bin total müde und möchte nur noch schlafen.« Mich in eine traumlose Nacht flüchten und am besten erst zehn Tage später wieder aufwachen, wenn Gras über alles gewachsen war.

Sie nickte. »Natürlich, Süße.«

Maya gab mir Decke und Kopfkissen aus dem oberen Fach ihrer Wohnwand und klappte mit mir gemeinsam die Couch aus.

»Ich bin für dich da, das weißt du hoffentlich«, meinte sie plötzlich, als wir noch ein Laken ausgebreitet hatten.

»Aber ja, so wie jetzt«, erwiderte ich dankbar. Ohne sie wäre ich auf meine Eltern ausgewichen, wo mich Mum mit ihren psychologischen Fragen bombardiert hätte.

Maya war in dieser Hinsicht locker. Sie erdrückte mich nicht mit Fürsorge, weil sie glaubte, sie wüsste besser als ich, was gut für mich war, oder weil sie in mir immer noch das hilflose Kind sah, das damals fast im Teich ertrunken wäre. Mir war klar, Mum meinte es nicht böse, konnte aber auch nicht aus ihrer Haut. Ihr Job brachte es mit sich, dass sie mit hilfsbedürftigen Menschen arbeitete, nur vergaß sie oft, dass es auch ein Leben außerhalb ihrer Praxis gab. Ich war echt froh, dass ich Maya hatte. Sie gab mir das Gefühl, richtig zu sein, wie ich war. Vermutlich rührte das von ihrer Zeit als Sozialarbeiterin, bevor sie beschlossen hatte, sich ganz der Kunst zu widmen.

Sie lächelte, kam auf mich zu und drückte mich an sich. Was sie dann sagte, gab mir noch die halbe Nacht zu denken. »Vielleicht ist es besser so. Stell dir vor, du hättest es erst nach der Hochzeit herausgefunden.«

Falls diese je stattgefunden hätte.

Ja, was dann? Es wäre wohl der absolute Super-GAU gewesen.

»Ich bin nebenan. Wenn du etwas brauchst, meldest du dich einfach, ja?«

»Mach ich.«

Sie knipste das Licht für mich aus und schloss die Tür, während ich es mir auf der Couch gemütlich machte. Es dauerte nicht lang, bis sich meine Augen an die Dunkelheit gewöhnt hatten und ich mich von Mayas abstrakten Kreaturen auf Leinwand angestarrt fühlte, die an allen vier Wänden ihres Wohnzimmers hingen. Ihre Kunst war ... speziell. Aber ich liebte sie deswegen und weil sie die liebste Person der Welt war.

Ich drehte mich auf die Seite, schloss die Augen und schlief überraschend schnell, aber nicht gut. Unruhig wälzte ich mich hin und her, lag wach, döste wieder ein, bis irgendwann die Sonne aufging und die Fakten mit aller Macht in mein Bewusstsein hämmerte. Anthony hatte mich betrogen und täte es wohl immer noch, wenn ich ihn nicht erwischt hätte. Hatte mir jeden verdammten Tag unverfroren ins Gesicht gelächelt, mich geküsst und für mich gekocht, als wäre alles bestens. Das schockierte mich am meisten.

Ich hatte das Gefühl, ihn nicht wirklich zu kennen, und fragte mich, an wessen Seite ich eigentlich die letzten zwei Jahre verbracht hatte ... Konnte das alles fake gewesen sein? Ich konnte es einfach nicht glauben und fühlte mich so elend, dass ich mich krankmeldete.

Zwei Tage später betrat ich unsere Wohnung.

Ich hatte sehr mit mir gekämpft, nicht gewusst, wie es weitergehen sollte, bis ich mich dazu durchgerungen hatte, mit ihm zu sprechen. Auszuloten, wie es mit uns weitergehen konnte, falls überhaupt. Maya und meine Eltern, die inzwischen Bescheid wussten, hielten es für naiv, aber ich hatte diesem Mann immerhin versprochen, ihn zu heiraten. Und das nicht ohne Grund. Ich konnte und wollte nicht alles wegwerfen, zumindest nicht, ohne mit ihm gesprochen zu haben.

Doch es kam anders ...

Ich erstarrte, kaum dass die Tür hinter mir ins Schloss gefallen war. In den ersten paar Schrecksekunden glaubte ich, wir wären ausgeraubt worden. Aber dann realisierte ich, Anthony war ausgezogen. Er hatte seine Sachen gepackt und war verschwunden. Das Buchregal in der Diele war halb leer geräumt, die Garderobe ebenso, es fehlten Fotos und Bilder an den Wänden.

Der Gurt meiner Reisetasche glitt von meiner Schulter. Mit einem Knall landete meine Habe auf dem Dielenboden.

War das jetzt sein Ernst? Ohne ein Wort? Er hatte auch nicht auf die Nachricht reagiert, die ich ihm gestern geschickt hatte – und als ich nachsah, wurde mir klar, er hatte sie nicht mal gelesen. Durcheinander lief ich durch jeden Raum, als müsste ich mich vergewissern, dass er wirklich weg war. Er war es. Ich lief mehrmals hin und her und versuchte zu verarbeiten, was hier passiert war.

Seine Seite des Kleiderschranks war leer, das DVD-Regal im Wohnzimmer auch, es fehlten seine Handtücher und Hygieneartikel im Badezimmer. Ich landete in unserer kleinen Küche.

Hier hatte er mir noch vor Kurzem einen Burger mit seiner berüchtigten Spezialsoße gemacht. Fassungslos ließ ich mich auf den Stuhl am Küchentisch sinken. Meine Finger schabten über die Holzmaserung, fanden die beiden kleinen Herzen, die er einst eingeritzt hatte. Ich wagte es nicht, sie anzusehen. Es tat zu weh. Eine Reihe unserer Kochkellen hing jetzt nicht mehr am Brett. Die Töpfe im Regal fehlten. War das noch dieselbe Küche?

Es wurde gespenstisch still in der Wohnung.

Langsam sickerte zu mir durch: Es war aus. Wirklich aus. Und es war nicht meine Entscheidung gewesen. Anthony war mir zuvorgekommen. Ich lachte leise über die Ironie.

In der Zeit, in der mir klar geworden war, dass ich uns vielleicht doch noch eine Chance geben wollte, hatte er sich offenbar entschieden, einen Schlussstrich zu ziehen.

Erst jetzt entdeckte ich den Umschlag, der an der kleinen Vase auf dem Küchentisch lehnte. Mit zittriger Hand griff ich danach und öffnete ihn.

Ich erkannte gleich Anthonys Handschrift.

In den letzten Tagen ist mir klar geworden, dass ich gehen muss.

Verzeih mir. Ich wollte dir nicht wehtun. Anthony.

Mehr nicht. Keine Erklärung? Damit beendete er, was wir zwei Jahre lang gehabt hatten? Mit diesem Zweizeiler? Für jedes Jahr ein Satz? Mehr war ich ihm nicht wert?

Weil es ihn in Simones Arme zurückgezogen hatte? Was sollte es sonst sein?

Im Grunde war das jetzt egal.

Ich wusste nicht, wie lange ich schweigend das Schreiben in meiner Hand anstarrte, irgendwann klingelte jedoch mein Handy. Es war Maya.

»Du wolltest dich doch zeitnah melden. Was ist jetzt? Große Versöhnung?«

Ich brach in Tränen aus. Schon wieder.

»Süße, was ist denn los? Soll ich zu dir kommen?«

»Nein, nicht ... es ist schon gut.«

Ich schnappte mir etwas Küchenrolle und schnäuzte hinein, weil ich auf die Schnelle kein Taschentuch fand.

»Wirklich? Es macht mir keine Umstände ...«

»Ich weiß ... aber, ich will allein sein ... verstehst du das?«

»Aber natürlich. Du hast ja meine Nummer ...«

Ich lächelte, Maya war die Beste. So angenehm unkompliziert. Wäre sie Mum, stünde sie schon vor der Tür.

»Ich melde mich morgen ...«

»Wann immer du willst, Süße.«

Nach dem Telefonat überkam mich ein Putzanfall. Ich wischte Staub, saugte und schrubbte Bad- und Küchenboden, reinigte alle Fächer und Schränke, als wollte ich nicht nur Ordnung in meine Wohnung bringen, sondern Anthonys Spuren wegputzen. Mum würde dem sicher zustimmen.

Die Hausarbeit hielt mich bis zum Abend beschäftigt. Erst als ich in unserem –meinem – Bett lag, fiel mir erneut die Decke auf den Kopf. Ich hatte alles neu bezogen und den Raum gelüftet, aber ich bildete mir dennoch ein, immer noch Anthonys Geruch wahrzunehmen.

Ich riss noch mal das Fenster auf. Für den frühen Januar war es eine ausgesprochen laue Nacht. Unwillkürlich musste ich grinsen, als ich mich an Anthonys Anekdote von seinem ersten Weihnachtsfest Down Under erinnerte. »Heiligabend bei Sommertemperaturen? Bei euch ist alles verkehrt herum«, hatte er gesagt.

Er kam ursprünglich aus dem Vereinigten Königreich, war dann aber im Alter von zehn Jahren mit der Familie nach Brisbane gezogen, weil der Vater dort einen Job bekommen hatte. Musste eine ganz schöne Umstellung für ihn gewesen sein. Mir hingegen fiel es schwer, mir eine weiße Weihnacht vorzustellen. Schnee war hier selten und nur in bestimmten Gebieten anzutreffen.

Ich legte mich wieder hin, hielt es aber nicht im Bett aus, weil ich daran denken musste, dass Simone und er … hier … Ich brach den Gedanken ab, schnappte mir eine Wolldecke aus dem Schrank und zog auf die Wohnzimmercouch.

Ich merkte, dass mir erneut Tränen über die Wangen liefen. So konnte es nicht weitergehen. Vielleicht sollte ich verreisen. Mir eine Auszeit nehmen.

Hier erinnerte mich alles an ihn. Ich sprang von der Couch, machte mir noch einen Tee in der Küche und setzte mich hin, während ich ihn ziehen ließ.

Eigentlich konnte ich mir derzeit keinen Urlaub leisten. Der Wagen hatte in die Reparatur gemusst. Mehrmals. Jetzt zahlte ich außerdem wieder allein die Miete.

Hatte Maya nicht mal von einem Freund auf einer Ranch im Outback erzählt, bei dem man übernachten konnte? Inklusive Straußenfarm. Ein paar Tage Abstand, das wär's doch.

Aber das war unrealistisch, so kurzfristig bekam ich keinen Urlaub, insbesondere wenn Gordon in Melbourne war und ich seine Aufgaben im Institut managen musste ...

4. Kapitel

Robin

Den Sonntag verbrachte ich eingekuschelt in eine Wolldecke mit Chips und Netflix auf meiner Wohnzimmercouch. Ich stand neben mir, die Zeit verging wie im Flug. Irgendwann wurde es dunkel, doch ich suchtete weiter meine Lieblingsserien. Dann fielen mir die Augen zu, und ich schlief, bis ich um fünf Uhr morgens wie von der Tarantel gestochen aufschreckte. Ich musste wieder ins Institut! Ich brauchte eine Aufgabe, sonst wurde ich hier verrückt!

Um sechs Uhr dreißig stand ich unter der Dusche, um sieben aß ich Toast mit Vegemite. Es schmeckte fade. Um sieben Uhr dreißig saß ich im Bus, und um acht Uhr betrat ich die ehrwürdigen Hallen der Universität. Fünfzehn Minuten später trug ich meinen Overall und stand in der Werkstatt vor dem Boudivar, weil ich hoffte, noch irgendetwas zu finden, an dem ich arbeiten konnte. Doch ein paar fleißige studentische Mitarbeiter hatten das Gemälde bereits in Schutzhüllen geschlagen, es würde wohl bald ins Museum zurückkehren. Sah so aus, als fiele für mich heute nur Dokumentation an. Das war immer noch besser, als zu Hause Däumchen zu drehen.

Plötzlich betrat Gordon die Werkstatt, eine alte Vase in der Hand, offenbar ein neues Projekt. Ich sah auf den ersten Blick: Ming-Dynastie. Sehr spannende Zeit, noch spannendere Kunst. Wäre jetzt genau die richtige Ablenkung.

»Oh, Miss Mayne, wieder gesund?« Er stellte die Vase in eine Vitrine, wo er sie ausschilderte.

Ich nickte mit wenig Elan.

»Es ist gut, dass Sie hier sind. Ich wollte mich heute eh bei Ihnen melden. Wir haben nämlich ein Problem.«

»Haben wir das?« Ich hatte jedenfalls eins. Mein Verlobter war weg und hatte die halbe Einrichtung mitgenommen. Ich stand neben mir und fühlte mich ohnmächtig, suchte lechzend nach irgendeiner Aufgabe, um mich abzulenken.

»Paris is calling.« Der Prof strahlte übers ganze Gesicht.

»Ich kann Ihnen nicht folgen.«

»Man hat mich als Experten in den Louvre eingeladen. Eine große Ehre. Ich halte einen Vortrag vor zahlreichen Kollegen und Mitgliedern der Regierung.«

»Ich gratuliere Ihnen, Mr Gordon.« Wenigstens für einen von uns startete das neue Jahr gut. »Sie sind ja sehr gefragt in letzter Zeit.«

»Sie verstehen nicht, Robin, der Vortrag in Paris kollidiert mit Melbourne.«

Oh, das war ärgerlich. Dann musste er Melbourne wohl vertagen.

»Jetzt kommen Sie ins Spiel. Ich kann Paris natürlich nicht absagen. Sie müssen deswegen für mich nach Melbourne und Townsends Bernaduchi auf Vordermann bringen. Die Zeit drängt, weshalb sich Townsend auch entschieden hat, den Restaurationsauftrag direkt an uns zu vergeben.«

»Was?« Ich zu Townsend? »Wieso fliegen Sie nicht erst nach Paris und dann nach Melbourne?«

Ich wollte mich echt nicht drücken, denn einen Bernaduchi aufarbeiten zu dürfen, war eine Ehre für jeden Restaurator, aber ich hatte schon genug Probleme. Mit Townsend würde mein Stresspegel wohl endgültig alle Rekorde sprengen. Ich konnte mir jedenfalls keine harmonische Zusammenarbeit mit dem schnöseligen Anzugträger vorstellen.

»Das ist nicht möglich, der Zeitrahmen in Melbourne ist eng gesteckt, denn das Gemälde soll auf einer Charity-Auktion versteigert werden und muss bis dahin fertig sein. Mir ist bewusst, dass ich Ihnen einiges abverlange. Doch ich weiß, dass Sie das Zeug dazu haben.«

Na das hatte sich der Prof ja toll überlegt. Ich fühlte mich erschlagen, zweifach sogar, schien nun immerhin nicht nur mein Privatleben auf wackeligen Beinen zu stehen. So konnte man mich doch nicht an einen Bernaduchi lassen! Und dann auch noch unter den Argusaugen von Mr Supersnob Townsend. Der würde mir sicher ständig über die Schulter gucken und alles bemängeln. Da wäre selbst ein Wochenendurlaub mit Mum Erholung pur.

»Ich würde niemandem sonst den Bernaduchi anvertrauen, und unser Institut braucht diesen Auftrag. Unsere Mittel werden Jahr für Jahr gekürzt, Sie wissen ja selbst, wie das ist, Gelder fließen nie, wohin sie sollen. Es kommt nicht infrage, dass wir das Projekt absagen. Mit Townsend ist alles besprochen ... Sie machen die Arbeiten am Gemälde und stimmen sich mit mir per E-Mail über die notwendigen Schritte ab.«

Townsend wusste schon Bescheid? Und er akzeptierte jemand anderen als Gordon für den Job? Der Prof musste mich ganz schön angepriesen haben. Moment, da war doch was faul im Staate Dänemark.

»Sie wissen schon länger von Paris«, schlussfolgerte ich messerscharf, ein Grinsen in den faltigen Zügen des Profs bestätigte meine These.

Deswegen hatte er mich Townsend vorgestellt! Er hatte schon da vorgehabt, mich nach Melbourne zu schicken.

»Ich werde mich erkenntlich zeigen«, sagte er nun, ohne weiter auf meinen Verdacht einzugehen. »Ihre Freundin, diese Künstlerin ... ich werde Ihrer Bitte nachkommen und mir einige ihrer Werke ansehen. Sofern sie mir gefallen, werde ich sie mit einigen Ausstellern bekannt machen«, bot er an.

Ich hatte ihn schon oft gebeten, Mayas Werke in Augenschein zu nehmen, denn der Prof war nicht nur eine Koryphäe altertümlicher Kunst, er bewegte sich auch in den Kreisen Modern Arts.

Ich seufzte. Gordon machte es mir nicht leicht. Ich wollte Maya natürlich helfen. Außerdem war es *die* Chance, einen Bernaduchi zu restaurieren. Eine zweite Chance dazu bekäme ich in diesem Leben vielleicht nicht, es gab kaum Gemälde des Künstlers. Das Projekt würde meine Vita beträchtlich aufpolieren. Und ich käme raus aus Canberra ... Die Pro-Seite konnte sich sehen lassen. Auf der Kontra-Seite stand allerdings Townsend, ein Mann, den ich unausstehlich fand. Mit dem ich mich ungern länger als fünf Minuten im selben Raum aufhalten wollte. Gutes Aussehen hin oder her. Nicht die Fassade eines Hauses sollte glänzen, sondern die Inneneinrichtung. Doch Job war Job. Und man konnte sich seine Klienten nicht immer aussuchen.

Abends stand Mum mit Suppe vor meiner Tür. »Wieso rufst du mich denn nicht mehr an?«, fragte sie vorwurfsvoll und trat ein, bevor ich sie darum gebeten hatte.

»Du beantwortest keinen meiner Anrufe«, sprach sie weiter. Ich hatte gerade einfach keine Nerven für eine Übermutter. »O Gott, wie sieht es hier denn aus?«

»Anthony ist ausgezogen, so siehts aus.« Ich nahm ihr die Box mit der Suppe ab und stellte sie in den Kühlschrank.

»Iss sie doch gleich, sie ist noch warm«, schlug Mum vor.

»Keinen Hunger.«

Mum machte ein mürrisches Gesicht, und wir gingen ins Wohnzimmer, wo sie fast über meine Reisetasche stolperte. »Willst du auch ausziehen?«, fragte sie und ließ sich aufs Sofa fallen.

»Erst mal nicht.« Oder vielleicht doch, ich wusste es nicht.

»Dad und ich haben uns überlegt, du könntest vorübergehend bei uns wohnen. Dein Zimmer ist ja noch da.«

Ich schüttelte den Kopf. Sie engte mich schon genug ein, erdrückte mich, und gerade jetzt brauchte ich Luft zum Atmen, um wieder zu mir zu finden.

»Ich werde nach Melbourne reisen und die Zeit zum Nachdenken nutzen.«

»Du willst verreisen?«

»Es ist beruflich.«

»Ausgerechnet so kurz nach eurer Trennung? Das ist ein klassisches Vermeidungsverhalten.«

»Mir egal, wie du das nennst. Für mich ist es eine große Chance. Ich darf meinen Prof bei einem wichtigen Auftrag vertreten.«

Mir gefiel der Gedanke, für Townsend zu arbeiten, immer noch nicht, aber immerhin hatte er mich als Ersatz für Gordon akzeptiert. Das war mehr, als ich von Mr Snob erwartet hätte.

»Du musst dich jetzt um dich kümmern und alles aufarbeiten, der Prozess braucht deine volle Aufmerksamkeit.«

Ich seufzte. Mum hörte mir wieder mal nicht zu. Der Auftrag würde mir guttun, Melbourne würde mir guttun. Meine einzige Sorge war ein überkritischer Townsend, aber mit dem käme ich schon klar. Es gab immer wieder Sammler, die wegen ihrer Kunstobjekte sensibel reagierten. Diese waren oft sehr wertvoll. Aber eine fachmännisch durchgeführte Restauration war immer reversibel, daher hielt sich etwaiger Schaden von vornherein in Grenzen. Das musste nur deutlich kommuniziert werden.

»Ich empfehle meinen Patienten immer das Buch *Selbstfürsorge – der Weg des inneren Kindes*«, erklärte Mum unbeirrt weiter.

»Ich bin keiner deiner Patienten, Mum«, sagte ich müde. »Daher brauche ich auch das Buch nicht …«

»Wie du meinst, aber das ist ein typischer Übertragungswiderstand.«

»Sei mir nicht böse, ich wäre jetzt gern allein.«

Sie kniff die Lippen zusammen und nickte. »Gut. Vergiss die Hühnersuppe nicht«, sagte sie und erhob sich.

Unzufrieden verließ sie meine Wohnung, doch ich wusste, sie würde sich wieder beruhigen.

Wenig später lag ich frisch geduscht im Bett. Übermorgen sollte es losgehen. Ich war schon jetzt aufgeregt, da ich sogar in der Townsend-Villa unterkommen sollte. Ob das eine gute Idee war? Es würde die Umsetzung meines Vorhabens, Townsend aus dem Weg zu gehen, jedenfalls erschweren.

Auf meinem Handy sah ich mir die Lage der Villa am Albert Park Lake auf Google Maps an. Ziemlich beeindruckend, hochherrschaftlich und so strahlend wie ein Juwel. Klar, was erwartete ich auch von dem CEO eines milliardenschweren Schmuckunternehmens?

»Hey, Google, suche bitte nach Vaughan Townsend«, sagte ich spontan, denn ich wollte mehr über meinen Gastgeber erfahren. Vielleicht fand ich ja etwas an ihm, das irgendwie sympathisch war.

Schon spuckte mir mein treuer Assistent eine Reihe von Bildern aus. Dunkles Haar, feuriger Blick, scharfe Kieferlinie. Man könnte meinen, Google hätte sich geirrt und mir versehentlich irgendein männliches Unterwäschemodel rausgesucht, das zufällig auch Vaughan Townsend hieß.

Aber nein, das war der richtige, ich erkannte ihn wieder. Er sah genauso aus wie in natura. Nichts schien bearbeitet oder retuschiert. Wie unfair das war. Der Kerl hatte einfach alles, war attraktiv, superreich, berühmt ...

Lässig stand er auf dem einen Bild da, die Haare leicht verwuschelt, als käme er gerade aus dem Bett, die Krawatte schief, eine Hand in der Hosentasche vergraben, mit der anderen fuhr er sich durchs Haar. Ich entdeckte einen Opalring an seinem Mittelfinger. Sein verwegenes Lächeln sorgte für ein komisches Ziehen in meinem Nacken.

»Kings of Passion CEO Vaughan Townsend ist Australiens begehrtester Junggeselle«, las ich gleich zweimal, weil mich dieses Lächeln zugegebenermaßen ein bisschen ablenkte. Keine Ahnung, was mit mir los war.

Intensiv funkelten mich seine Augen an, als betrachtete er mich, was natürlich total albern war. Es war ja nur ein Foto ... Und dennoch wurde das Ziehen im Nacken intensiver, als streichelte mich eine unsichtbare Hand ...

Vielleicht war ich nach den vielen turbulenten Nächten einfach übernächtigt, so etwas sollte ja zu Wahnideen führen können. Besser Mum erfuhr davon gar nicht erst.

Ich wischte das Foto fort, nur um ein zweites angezeigt zu bekommen. Diesmal saß er – ganz im Stil von *Game of Thrones* – auf einem eisernen Thron, der mit Opalen gespickt war. Die Bildunterschrift lautete: »Ein neuer Opalkönig an der Macht.« Wohl eine Anspielung darauf, dass Townsend das Unternehmen gerade übernommen hatte. Er beugte sich in seinem Anzug dem Betrachter entgegen. Da die ersten Knöpfe seines seidigen Hemdes geöffnet waren, blitzte die Haut seines Brustansatzes auf. Das Bild gehörte zu einer Fotostrecke der australischen *Voka*, und ich klickte mich schließlich durch die ganze Opalkönig-Reihe. Dabei las ich Artikel, die mein Bild von Townsend nicht unbedingt verbesserten.

Immer neue Frauen an seiner Seite. Partys hier, Partys da. Hier war er mit einer australischen Schauspielerin unterwegs, dort feierte er in einem Klub mit zwei Popsternchen. Die Mission, ihn doch noch sympathisch zu finden, drohte zu scheitern. Er war genau so, wie ich es erwartet hatte. Eigentlich schlimmer. Der Mann war offensichtlich nicht nur ein eiskalter Geschäftsmann, sondern auch oberflächlich ohne Ende, wenn es um Frauen ging. Ich könnte die Fotos einfach wegklicken, tat es aber nicht. Obwohl ich ihn nicht mochte, starrte ich ihn immer noch an.

Es war Townsends Blick, der mich fesselte. Die Art, *wie* er in die Kamera sah. Ich fühlte mich begehrt. Als wäre ich die Einzige für ihn. Eine Illusion. Lächerlich. Dennoch, sie weckte schmerzhafte Sehnsüchte ... nach allem, was ich verloren hatte und schmerzlich vermisste. Ich war wohl doch Masochistin.

5. Kapitel

Vaughan

»Als würde ein Stern die Nacht erhellen ... Mit der neuen Schmuckkollektion *Distant Star* von Kings of Passion wird er zum Greifen nah«, las ich den Slogan auf der Titelseite des Probedrucks. Unsere Werbefachleute verstanden ihr Handwerk, das musste man ihnen lassen. Ich blätterte durch die glänzenden schwarzen Seiten des Katalogs, den ich für die Frühjahrssaison freigeben musste.

Unsere Kollektionen waren alle exquisit und modern, doch mein jüngster Bruder Lloyd hatte sich mit dieser hier selbst übertroffen. Sie bestach durch den besonders geschmackvollen Einsatz der seltenen Feueropale, die dem Geschmeide einen Hauch von glühenden Sternen verliehen. Ich war zufrieden mit dem Katalog, er spiegelte das wider, was das Traditionsunternehmen Kings of Passion ausmachte. Die Betonung der Schönheit der Frauen durch die Schönheit unseres Geschmeides. Und das seit neunundachtzig Jahren. Ich schickte der Werbeabteilung mein Einverständnis per Mail, als plötzlich das Quietschen von Reifen durch das gekippte Fenster meines Arbeitszimmers erklang. Veranstaltete jemand ein illegales Autorennen vor meinem Anwesen? Ein Wunder, dass in der Ferne nicht die ersten Polizeisirenen ertönten. Ich ging zum Fenster, um herauszufinden, was die Ursache dieser Kakofonie war.

Ein rotes Cabrio blitzte im Sonnenlicht. Caitlin, Lloyds Verlobte, stieg auf der Fahrerseite aus, eine Sonnenbrille im feuerroten Haar, ein Damentäschchen unter den Arm geklemmt, tits and ass betont und überpünktlich wie immer. Auf der anderen Seite saß Mum, leichenblass und wirkte überaus mitgenommen. Verständlich. Caitlins Fahrstil war ... speziell. Ich verließ das Büro, eilte durch den Flur in den Empfangssaal und ging hinaus, um ihr beim Aussteigen zu helfen.

»Vaughan, Darling, guten Morgen«, rief Caitlin, die mich am Treppenabsatz vor der Haustür abfing und mir rechts und links ein Küsschen auf die Wange schmatzte. »Was für ein Wetter! Der Albert Park ist um diese Jahreszeit einfach herrlich. Und die Fahrt hierher war auch ein Genuss, so konnte ich meinen neuen Wagen einweihen.«

Ich nickte zu Mum, um darauf hinzuweisen, dass sie die Fahrt augenscheinlich weniger genossen hatte. Sie krallte sich immer noch an ihrem Gurt fest.

»Oh ... Theodora, Liebes.« Caitlin stöckelte mit besorgter Miene und zusammengepressten Lippen zu ihrer Karosse zurück und beugte sich mit herausgestrecktem Po über den Wagen, um nach Mums Hand zu angeln, die diese ihr aber entzog.

»Alles in Ordnung«, sagte Mum ärgerlich und winkte Caitlin mit einer Handbewegung weg. Nun trat ich an den Ferrari heran und half ihr, sich abzuschnallen.

»Da bin ich aber beruhigt.« Caitlin stöckelte wieder voran. »Wirklich ein wundervoller Tag«, schwärmte sie.

»Ich brauche dringend einen Cognac«, erklärte Mum, stieg wackelig aus und ließ sich von mir stützen.

»Um diese Uhrzeit?« Ich schmunzelte. Doch ich ahnte, sie meinte es ernst.

»Diese Frau wird noch mein Untergang sein ...«, raunte sie mir zu. Und ich hatte gedacht, es wäre eine gute Idee, ihnen beiden die Organisation der Auktion anzuvertrauen, zumal Lloyd mich extra darum gebeten hatte. »Dann wird

Mum sicher mit Caitlin warm«, war seine Meinung gewesen.

Danach sah es gerade weniger aus.

Gemeinsam betraten wir die Villa durch das prachtvolle Portal, wovon aus wir direkt in den weitläufigen Empfangssaal gelangten, der mit Vitrinen bestückt war, in denen ich Schmuck von Kings of Passion ausstellte. Zumeist handelte es sich um Musterstücke unserer Kollektionen, die Lloyd persönlich angefertigt hatte.

»Nochmals danke, Vaughan, dass du uns so kurzfristig dein Haus für die Auktion zur Verfügung stellst«, flötete Caitlin und stolzierte mit ihren zehn Zentimeter hohen Absätzen vorneweg.

»Sofern es euren Ansprüchen genügt«, meinte ich, während sich Mum von mir löste. »Es geht schon wieder«, sagte sie. Für ihr Alter war sie eine adrette Frau und hatte immer auf ihre Unabhängigkeit bestanden. Sie war nicht nur Dekoration an Dads Arm gewesen, sie hatte sich von Anfang an in das Unternehmen eingebracht und später eine hohe Position in der Leitung innegehabt. Ebendiese Würde strahlte sie nun auch aus. Eine echte Führungspersönlichkeit, die eine Caitlin als helfende Hand eigentlich gar nicht benötigte.

Schwungvoll drehte sich Caitlin wieder zu uns um.

»Du wirst lachen, aber nachdem das Auktionshaus Plummers wegen Umbaumaßnahmen ausfiel, obwohl eigentlich alles unter Dach und Fach war, habe ich gestern ganz Melbourne nach geeigneten Räumlichkeiten für die Veranstaltung abgesucht. Vergeblich. Leonard Joel und Smith & Singer sind zwar ebenfalls renommierte Auktionshäuser und für unser Vorhaben mehr als geeignet, aber bis auf Weiteres ausgebucht. Das hier …«, sie breitete die Arme zu beiden Seiten aus und drehte sich einmal um die eigene Achse, »… ist unsere letzte Hoffnung.«

Typisch Caitlin. Dramatisch wie immer.

»Ich habe ihr gleich den blauen Saal in deinem Haus vorgeschlagen, aber sie musste vorher unbedingt noch in einem knappen Kleid zu Joel und Smith & Singer fahren«, berichtete Mum leise genug, dass Caitlin es nicht hörte. »Ich habe gute Argumente, hat sie gesagt und dabei ausgesehen wie eine Escortdame. Weißt du, was das für einen Eindruck hinterlässt, wenn sie derart als Vertreterin von Kings of Passion auftritt? Sie besitzt kein Niveau und weiß alles besser.«

»Ist es so schlimm?«

Mum rollte mit den Augen. Wir gingen weiter, betraten jeden Raum, der groß genug war, um der Veranstaltung dienlich zu sein.

»Wenn die Auktion nicht auf dem ausdrücklichen Wunsch deines Vaters basieren würde, wäre ich längst aus dem Projekt ausgestiegen«, vertraute sie mir an. Caitlin filmte unterdessen die Räumlichkeiten mit der Kamera ihres Smartphones.

Die Idee der Charity-Auktion hatte Dad sehr am Herzen gelegen, und die ersten Planungen hatte er übernommen, bevor er überraschend vor einem halben Jahr an einem Herzinfarkt verstorben war. Wir alle standen immer noch unter Schock.

»Sie reißt alles an sich. Ich mache mir Sorgen um Lloyd, er ist ein guter Junge und zu vertrauensselig. Caitlin ist nicht nur zehn Jahre älter als er und weiß, was sie will, sondern auch, wie sie es bekommt.«

»Bis auf die Auktionshäuser«, erinnerte ich sie und schmunzelte. Daher wehte also der Wind ... Der typische Schwiegertochter-Schwiegermutter-Konflikt.

Mum drückte die Hand an die Brust. »Richtig. Gibt also doch noch Menschen, die sich vom Popowackeln nicht blenden lassen.«

Caitlin stakste wieder auf uns zu und wedelte mit dem Handy in der Hand. Ich bemerkte Mums Blick ob ihrer schwingenden Hüften. Wenn Mum die Queen war, war

Caitlin eine übermäßig geschminkte Meghan Markle. Hier prallten zwei Welten aufeinander. Klar, dass es zu Reibereien kam. Lloyd hatte das schon vorausgeahnt. Caitlin war durchsetzungsstark und besaß ihren ganz eigenen Kopf, Mum war noch in Trauer und ohnehin seit jeher für ihre wechselhaften Launen bekannt. »Doch wenn man ihre kreativen Ideen bündelt, kommt sicher etwas Großartiges zustande«, hatte Lloyd gesagt. Für mich sah es eher danach aus, als braute sich ein Cat Fight zusammen. Ich wollte nicht zwischen den Fronten sein, wenn die Damen ihre Krallen erst richtig ausfuhren.

»Ich sehe es schon vor mir, wie sie alle wettbieten, die Reichen und Schönen«, trällerte Caitlin, als wir uns nach dem Rundgang endlich in den Salon setzten. »Da braucht es das richtige Ambiente«, betonte sie. »Und ich denke, wir haben es gefunden.«

Mum lief zur Minibar und schenkte sich Cognac ein. »Noch jemand?«

Caitlin und ich schüttelten die Köpfe.

»Der blaue Saal ist wunderbar groß und sonnendurchflutet. Sehr schöne Atmosphäre! Du hattest recht, Theodora. Die alten Gemälde machen außerdem Eindruck ... und natürlich die vielen blauen Opale in den Ornamenten. Entzückend!«

»Ich freue mich, dass du meinen Rat nun doch annimmst.« Mum prostete ihr zu.

»Aber natürlich, liebste Theodora. Die Weisheit des Alters sollte man nicht unterschätzen, auch wenn Jugend Modernität schafft. Ohne frische Impulse entwickeln wir uns nicht weiter und verrotten in der Mottenkiste.«

Mum lachte künstlich. Caitlin stimmte mit ein. Sie lächelten und funkelten sich gleichzeitig an. Ich war froh, mit der Organisation nichts zu tun zu haben. Wenn diese Damen erst ihre Krallen ausfuhren, gab es am Schluss nicht nur abgebrochene Nägel zu beklagen.

»Dann sind wir uns ja alle einig, dass die James-Townsend-Charity-Auktion hier stattfindet«, sagte Caitlin vergnügt.

Aber schon änderte sich ihr Gesichtsausdruck.

»Jetzt müssen alle Einladungen neu verschickt werden, hach! Na ja, wozu hat man Assistenten?«, erklärte die ehemalige Assistentin, die sich in Windeseile in der Firma hochgearbeitet hatte. »Für den Katalog benötigen wir außerdem noch die Liste mit den Auktionsgegenständen, die du uns zur Verfügung stellen möchtest, Vaughan.«

»Sicher, ich hole sie.« Ich ging kurz ins Arbeitszimmer zurück und griff nach der Liste vom Schreibtisch, die ich Augenblicke später Caitlin reichte.

Diese studierte sie eingängig, während Mum sich ganz ihrem Cognac widmete.

»Sehr großzügig, dass du einige Schmuckstücke von *Distant Star* zum Verkauf bereitstellt, obwohl die Kollektion erst im Frühjahr erhältlich ist.« Caitlin tippte auf die Liste. »Gute Werbeidee«, lobte sie.

Nicht nur unsere neuste, alle unsere Kollektionen und weitere wertvolle Objekte würden bei der Auktion vertreten sein. Aber Erstere würde natürlich das Highlight unter allen Schmuckstücken sein. Der Erlös sollte an diverse Hilfsprojekte gehen.

»Wie ich sehe, steht der Bernaduchi auch schon dabei. Wird das Gemälde denn bis Ende des Monats fertig sein? Das ist doch gewiss eine aufwendige Arbeit«, hakte Caitlin mit besorgter Miene nach.

Der große Brand auf unserem Familienanwesen außerhalb der Stadt vor fünfeinhalb Jahren hatte seine Spuren an meiner Privatsammlung hinterlassen. Jetzt lagerten die alten Schätze in Schutzhüllen eingeschlagen im Keller meiner Villa in Melbourne. Vorzeigetauglich waren sie nicht. Aber das sollte sich ändern.

»Ich habe ein renommiertes Institut aus Canberra engagiert.« Gordon hatte mir versichert, dass Miss Mayne standardisiert vorgehen würde. Ich ließ nur ungern Berufsanfänger an meine Sammlung, doch Gordons Einschätzung vertraute ich. Und Robin Mayne hatte einen guten Eindruck hinterlassen.

Ich lachte leise, weil ich mich an ihre bissige Art erinnerte, als sie ihren Boudivar vor mir verteidigt hatte. Sie war vor Leidenschaft fast übergeschäumt. Würden einige interessante Tage werden mit diesem hitzköpfigen Persönchen, wenn es mit mir in der Villa lebte.

»Wunderbar, dann ist ja alles geklärt«, freute sich Caitlin.

6. Kapitel

Robin

Vierzig Grad im Schatten! Meine Eltern hatten mich gestern, nachdem sie von meinem Plan, mit dem Auto nach Melbourne zu fahren, erfahren hatten, für verrückt erklärt. Heute musste ich zugeben, sie hatten recht gehabt. Vierzig Grad in Canberra waren nichts Außergewöhnliches für mich. Aber sieben Stunden Autofahren bei dieser Hitze brachte mich an meine Grenzen.

Ich hatte alle Fenster runtergekurbelt, was rein gar nichts brachte. Und dann streikte auch noch die Klimaanlage. Mein Wagen hatte sich in eine glühende Kiste verwandelt, in der ich ordentlich durchgeschmort wurde. Vielleicht brauchte ich einen neuen Wagen. Doch ich liebte meine alte Klapperkiste, die ich seit meinem achtzehnten Lebensjahr mein Eigen nannte, und der letzte Werkstattbesuch lag erst wenige Wochen zurück.

Der Schweiß perlte über meinen Rücken wie ein kleiner Wasserfall. Ich brauchte langsam eine Pause und hielt kurz entschlossen am Straßenrand, weil der Schweiß nun auch noch anfing, in meine Augen zu tropfen. Das brannte nicht nur fies, sondern konnte mitten auf dem Highway auch getrost als suboptimal bezeichnet werden.

Nun, da die Klapperkiste stand, merkte ich, dass der Fahrtwind doch für ein wenig Kühlung gesorgt hatte. Der Wagen heizte sich so stark auf, dass ich es keine Sekunde länger darin aushielt.

Ich schnappte mir eine Wasserflasche aus der Tasche vom Beifahrersitz und lief ein Stück den Hume Highway runter, machte aber schnell schlapp, weil mein Kreislauf nicht mitspielen wollte.

Zu weit hatte ich mich ohnehin nicht von meinem Auto entfernen wollen.

Ich setzte mich auf einen Felsen, schraubte die Flasche auf und kippte gleich die Hälfte meines Mineralwassers die Kehle runter.

Doch das Wasser war eklig warm, der Sprudel nicht existent. Es kostete mich Überwindung, einen zweiten nun dezenteren Schluck zu nehmen.

Wieso war ich nur auf die verrückte Idee gekommen, die Strecke mit dem Auto zu fahren, anstatt einfach in ein Flugzeug zu steigen, wie Townsends Assistent Golding es mir angeboten hatte? Ich wäre längst in Melbourne angekommen. Das Ticket hätte man mir auch bezahlt. Jetzt bekam Kings of Passion halt die Benzinrechnung.

Ich wusste, wieso. Ich hatte geglaubt, die Fahrt würde mir guttun, mir helfen, mich zu ordnen. Außerdem wollte ich in Melbourne gerne mobil bleiben. Im Grunde eine nachvollziehbare Entscheidung, wenn es nicht Anfang Januar wäre, wo in Down Under die Temperaturen bekanntlich explodierten.

Ein riesiger Lkw bretterte an mir vorbei und wirbelte nicht unbedingt frische, aber zumindest kühle Luft zu mir herüber. Für einen winzigen Moment erlag ich der Illusion, es wäre gar nicht so drückend. Aber kaum hatte sich die kühle Luft verflüchtigt, fühlte ich mich wieder wie ein Eiswürfel in der Mikrowelle.

Dennoch war ich froh, hier zu sein. Ich hatte einfach rausgemusst.

Raus aus meiner Wohnung, raus aus Canberra. In meinen eigenen vier Wänden hätte ich es nicht länger ausgehalten.

Anthonys Phantomgeruch hatte mich genauso verrückt gemacht wie meine Mutter, die mich am Telefon mit psychiatrischen Ratschlägen überhäuft hatte.

Ich schaute die Straße entlang, der Lkw war jetzt nur noch ein verschwommener Punkt in der Ferne. Er war der einzige gewesen, den ich in den letzten zwei Fahrtstunden gesehen hatte, obwohl der Hume Highway *die* Fernverkehrsstraße der Region war. Mich störte das nicht, im Gegenteil, ich genoss die Weite und Leere. Ohne diese Hitze wäre es perfekt.

Immerhin fühlte ich mich besser als in Canberra. Die Reise war keine Verdrängung, sondern rein beruflich. Auch wenn Mum anderer Meinung war.

»Mach dir Gedanken, was du mit deinem Leben anfangen möchtest«, hörte ich Dads Stimme durch meine Gedanken hallen.

Warum eigentlich? Wieso musste es immer einen großen Plan geben? Warum konnte ich nicht einen Schritt nach dem anderen machen und dann sehen, wohin es führte? Ich hatte meinen Abschluss in der Tasche, einen lukrativen Auftrag ebenfalls, vielleicht gab ich die Wohnung auf, wenn ich zurück war. Irgendwann würde ich dem Institut den Rücken kehren, um mir den Traum von einer eigenen Restaurationsfirma zu erfüllen. Aber das hatte Zeit.

Ich wollte in meinem Leben weder aufs Gas- noch aufs Bremspedal treten. Nur verstand das irgendwie niemand. Ich setzte die Flasche erneut an und würgte den Rest des heißen Wassers hinunter, um mich dann gemächlich zu meinem Wagen zurückzubegeben.

Ich setzte mich rein und stellte aus einem Reflex heraus die Klimaanlage an, die zu meiner Überraschung plötzlich losrauschte. Was war denn da los? Unwahrscheinlich, dass ein netter Wombat sie zwischenzeitlich für mich repariert hatte. Aber manchmal geschahen eben noch Wunder.

Der Rest der Fahrt würde jetzt jedenfalls deutlich entspannter verlaufen, dank kühler Luft. Ich schnallte mich an, drehte den Zündschlüssel um und lenkte den Wagen auf die staubige Straße zurück.

Mein Navi verriet, drei Viertel der Strecke hatte ich schon hinter mir, als der Motor verdächtig grummelte. Das Geräusch kannte ich bereits. Immer, wenn er in der Vergangenheit so geschnarrt hatte, war er früher oder später ausgegangen. Einfach so. O Mann, jetzt musste ich noch bibbern, ob ich es nach Melbourne schaffte ... »Komm schon, Klapperinchen, du lässt mich nicht im Stich, oder?« Keine zwei Sekunden später blieb mein Auto mitten auf dem Highway stehen.

Das durfte doch nicht wahr sein.

Wie oft musste ich diese alte Kiste eigentlich noch reparieren lassen? Ich drehte den Zündschlüssel wieder und wieder um, der Wagen knatterte, gurrte, schnurrte, doch nichts geschah.

»Mann, komm schon! Tu mir das jetzt nicht an!«

Mein Auto kannte kein Erbarmen und rührte sich keinen Millimeter. Verärgert schlug ich mit beiden Handflächen gegen das Lenkrad. Ich wurde echt vom Pech verfolgt. Aber nicht mit mir! Entschlossen krempelte ich imaginäre Ärmel hoch.

Ich musste den Wagen von der Straße kriegen. Ein Warndreieck aufstellen. Auch wenn der Highway gerade völlig leer war, es konnte sich jederzeit ändern. Bei meiner »Glückssträhne« war ich am Ende noch Verursacherin eines Unfalls.

Ich stieg aus, öffnete den Kofferraum vorsichtig und holte ein Shirt aus meiner Reisetasche, das ich mir um die Hand wickelte, um das aufgeheizte Blech gefahrfrei berühren zu können. Mit aller Kraft stemmte ich mich gegen die Fahrerseite meines Autos, mit der rechten Hand fasste ich das Lenkrad, um die Klapperkiste zu steuern. Meine Armmuskeln zitterten vor Anstrengung, während ich die Karre Zentimeter für Zentimeter voranbrachte und irgendwie zur Seite schob. Gott, wäre ich nur öfter ins Fitnessstudio gegangen! Mein Körper war schweißüberströmt, als ich endlich fertig war und das Warndreieck aufgestellt hatte. Keuchend schnappte ich nach Luft wie ein Fisch an Land.

Das Shirt landete wieder im Kofferraum, und die Hitze war kaum zu ertragen. Mein Kopf schmerzte.

Sah aus, als müsste ich abgeschleppt werden, dabei war ich bereits spät dran. Mit Mr Golding hatte ich meine Ankunft in der Villa am Albert Park Lake für den frühen Nachmittag vereinbart. Dazu musste ich erst mal von hier wegkommen, doch danach sah es gerade nicht aus. Bis zum vereinbarten Zeitpunkt würde ich es jetzt nicht mehr schaffen.

Zum Glück war die Nummer der Australian Automobile Association in meinem Handy eingespeichert und der Akku aufgeladen. Ich rief kurz entschlossen an. Vielleicht konnten die mich ja nach Melbourne mitnehmen, wenn sie mein Auto abschleppten.

»Australian Automobile Association.«

»Hallo? Ich brauche Hilfe, ich bin auf der M31 liegen geblieben. Ungefähr hundertneunzig Kilometer vor Melbourne«, rief ich in mein Handy.

»Was kann ich für Sie tun?«

»Ich sagte, ich bin mit dem Wagen vor Melbourne liegen geblieben …«

»Hallo? Sprechen Sie bitte lauter.«

Hörte der Kerl mich nicht?

»M31! Hume Highway!«, brüllte ich in mein Telefon und schreckte ein paar Kookaburras auf, die aus den umgebenden Baumwipfeln hektisch aufstiegen und laut schimpfend davonflatterten.

Der Typ am anderen Ende der Leitung legte einfach auf. Na großartig.

Ich sog verärgert Luft ein. Klar, der Empfang hier draußen war mies, aber was, wenn ich niemanden erreichte? Daran wollte ich jetzt besser nicht denken. Ich probierte es noch mal mit demselben Ergebnis und ging ein Stück den Highway rauf. Vielleicht wurde der Empfang dann besser? Ich wollte mich aber auch nicht zu weit vom Auto entfernen. Zur Not musste ich jemanden anhalten. Falls mal jemand vorbeikam ...

Ich beschloss, die Nummer anzurufen, die Mr Golding mir zwecks Rückfragen gegeben hatte, um zumindest Bescheid zu geben, dass ich mich verspätete. Ich hoffte, dass ich jemanden erreichte, und wenn ja, dass man mich verstand.

»Bei Townsend, Martha Doolittle am Apparat.«

»Hallo? Können Sie mich hören?« Bitte, bitte, bitte! »Hier ist Robin Mayne, die Restauratorin.«

»Sie sind sehr leise. Moment, ich verbinde Sie.«

Ein Glück, sie hörte mich!

»Warten Sie! Ich wollte nur sagen, dass ...« Sie verband mich bereits. »... ich mich verspäte«, schob ich reflexhaft hinterher.

Immerhin schien die Verbindung zu Townsend stabiler, ich konnte fragen, ob jemand für mich beim AAA anrief. Das wäre wohl die simpelste Lösung.

»Hallo?«, vernahm ich kurz darauf Townsends männliche Stimme, und das bekannte Prickeln im Nacken setzte ein. Nicht auch noch das. Ich schlug mit der flachen Hand genervt auf die Stelle, an der sich die Härchen aufstellten.

»Hallo, hier ist Robin Mayne. Die Restauratorin«, wiederholte ich die wichtigsten Infos zu mir. »Mein Wagen springt nicht an. Ich sitze kurz vor Melbourne fest«, erklärte ich. »Könnten Sie bitte dem AAA Bescheid geben?«

»Geben Sie mir Ihre Koordinaten durch.«

Gut mitgedacht, er wollte dem Automobilklub meine genaue Lage nennen.

»Sprechen Sie laut und deutlich«, forderte er mich in befehlsgewohnter Manier auf, und meine Nackenhärchen stellten sich erneut auf.

Ich ignorierte das und nannte ihm die Koordinaten von Google Maps, die ich rasch rausgesucht und meinen Akku damit gefährlich belastet hatte.

»Das fängt ja gut mit Ihnen an«, sagte er selbstgefällig.

»Wie bitte?« Mehr fiel ihm nicht zu meiner Notlage ein? Arroganter Schnösel!

»Ich kümmere mich um Sie.«

Brauchte er nicht, wollte ich auch nicht, es genügte, wenn er den AAA rief.

»Ich bin in einer Dreiviertelstunde bei Ihnen.«

»Stopp!«, rief ich und ächzte. »Sie müssen mich nicht abholen.« Das fehlte noch. Townsend zu meiner Rettung ... Und was wurde dann aus meinem Auto? Wollte er es abschleppen?

Er legte einfach auf.

»Warten Sie!«

Das durfte doch nicht wahr sein. Warum einfach, wenn es auch kompliziert ging?

Der AAA wäre mir echt lieber, die wussten, was sie taten. Ausgerechnet Townsend ... Mann, ich wollte dem Schnösel doch aus dem Weg gehen.

Na schön, Hauptsache, ich wäre bald von hier weg. Aber wie wollte er in einer Dreiviertelstunde hier sein?

Hundertneunzig Kilometer konnte niemand in der Zeit schaffen. Oder hatte er womöglich die Koordinaten falsch verstanden?

Ich schickte sie ihm per SMS nach, damit es nicht zu Missverständnissen kam.

Dann nahm ich meine Flasche und setzte mich erneut auf einen Felsen. Ich versuchte, die unbeschreiblich schöne Natur vom Bundesstaat Victoria zu genießen, aber ich war zu aufgewühlt, um das in vollen Zügen tun zu können. Außerdem wurmte mich dieses »Das fängt ja gut mit Ihnen an.« Als wäre es meine Schuld, dass die in der Werkstatt Mist gebaut hatten ...

Meine Flasche war fast leer. Ich würde nicht verdursten, zumindest nicht in so kurzer Zeit. Aber ich fühlte mich überhitzt und unwohl. Das Grummeln im Bauch machte meine Lage nicht besser.

Inzwischen herrschten sicher mehr als vierzig Grad, und meine Kopfschmerzen wurden immer schlimmer. Ich klemmte die Flasche zwischen meine Beine und fächerte mir mit beiden Händen Luft zu, was nicht viel half. Irgendwann hörte ich Rotorgeräusche über mir, und als ich die Hand an meine Stirn legte, damit die Sonne mich nicht blendete, entdeckte ich einen Hubschrauber über dem Hume Highway, der in atemberaubender Geschwindigkeit durch den wolkenfreien Himmel flog.

Ich dachte mir zuerst nichts weiter dabei, waren vielleicht irgendwelche Rettungsleute, doch als die Maschine Kreise über meinem Wagen und mir zog, dämmerte mir allmählich, dass der Hubschrauber nicht zufällig hier aufgetaucht war. Sondern zu *meiner* Rettung.

Zwanzig Meter vom Highway entfernt setzte er zur Landung an, wirbelte Sand auf. Ich traute meinen Augen kaum, als plötzlich ein dunkelhaariger Mann im wehenden Sommerhemd ausstieg und auf mich zukam, eine Pilotensonnenbrille auf der Nase, ein breites Zahnpastalächeln im Gesicht. Als wäre er direkt der Voka-Bildergalerie entstiegen. Nur die Wasserflasche in seiner Hand passte nicht dazu.

Gott, arroganter Schnösel, arroganter Auftritt. Was hatte ich erwartet?

Erschöpft ging ich auf ihn zu.

Sein Lächeln erstarb plötzlich.

»Miss Mayne ...?«

In dem Moment strauchelte ich etwas. Keine große Sache, mein Knie gab einfach nach. Er stürzte zu mir, um mich aufzufangen. Mann, ich brauchte keinen Retter.

»Sie sehen schrecklich aus.«

»Danke, Mr Townsend, ich freue mich auch, Sie zu sehen.«

Townsend schüttelte den Kopf und reichte mir eine Flasche, die ich gierig ergriff und in einem Zug leer trank. Wow, sie war sogar gekühlt.

Er versuchte, mich zu stützen, was ich albern fand, nur weil ich leicht schwankte. »Geht schon, geht schon«, sagte ich.

»Wie Sie meinen ...«

Ich ging ein paar Schritte, taumelte erneut und hielt mich an seinem Arm fest, weil mir leicht schwindelte.

»Ihre Hand ist sehr heiß«, stellte er fest und prüfte die Temperatur meiner Stirn. »Mmh«, machte er.

»Mir geht's gut«, versicherte ich erneut. Das bisschen Hitze brachte mich nicht um, ich war schließlich keine Touristin, sondern gebürtige Australierin. Nur mein Kreislauf litt ein wenig.

»Am besten bringen wir Sie gleich von hier weg.«

Der erste gute Vorschlag des Tages.

»Der AAA ist informiert, haben Sie alles bei sich, was Sie brauchen?«

»Ich denke schon. Nein, meine Reisetasche ... da sind auch meine Instrumente für die Restaurierung drin.«

Ich wollte mich umdrehen und zum Wagen zurückgehen, aber Townsend legte seine Hand fest auf meine Schulter. »Ich hole Ihre Tasche.« Er brachte mich zum Hubschrauber und half mir beim Einsteigen.

»Sie ist im Kofferraum. Gelb mit grünen Trägern.«

»Klingt, als könnte ich sie nicht übersehen.« Er lachte überheblich und machte sich auf den Weg ...

7. Kapitel

Robin

Wir näherten uns der Stadt, die wie eine steinerne Insel hinter einem grünen Meer aus Eukalyptuswäldern aufragte. Die Kopfhörer drückten, als wollten sie meinen Kopf zusammenquetschen wie ein Schraubstock, zumindest dröhnten die Geräusche des Propellers nicht in meinen Ohren, und die Ledersitze waren herrlich gepolstert. Ich bekam kaum etwas mit von dem Flug und fühlte mich unendlich müde, was vielleicht an dem Spannungsgefühl rings um meinen Schädel lag, das mich glauben ließ, er würde zerspringen. Mir dämmerte, es lag womöglich nicht an den Kopfhörern, es bahnte sich eine Migräne an.

Unter uns verwandelten sich die Eukalyptus-Wäldern in Betonberge und ein Spinnennetz aus Straßen und Gehwegen. Ich sah sie nur verschwommen, diese vielen kleinen Insekten, die hin und her huschten und in Wahrheit Autos und Menschen waren. Mein Kopf knickte kurz zur Seite. Ich schreckte hoch.

»Alles in Ordnung?«, fragte Townsend, den ich übers Headset hörte, und befühlte wieder meine Stirn. »Sie glühen ja.«

»Es geht schon«, behauptete ich in das Mikro, aber das war die Übertreibung des Jahres. Mir war übel, ich hatte Kopf- und Bauchweh, und egal wie viel ich trank, es wurde nicht besser.

Ich war heilfroh, als der Pilot zur Landung ansetzte. Da ich noch nie zuvor mit einem Hubschrauber geflogen war, machte mir dieses Schwanken, während wir uns dem Erdboden näherten, etwas Angst. Ich fürchtete schon, ich müsste mich in Townsends Luxusschrauber übergeben ... Zum Glück konnte ich den Würgereflex unterdrücken.

»Alles gut«, versicherte mir Townsend, als ich meine Hand in seinen Unterarm krallte, um mich an irgendetwas festzuhalten. Ausgerechnet an ihm? Ich musste wirklich verzweifelt sein.

Zumindest machte er sich nicht länger über mich lustig.

Vorsichtig lockerte er meinen Griff. »Es ist schon überstanden. Sehen Sie, John hat uns sicher runtergebracht.«

Der Hubschrauber schwankte tatsächlich nicht mehr, und der Propeller wurde immer langsamer.

»Sie können die Kopfhörer abnehmen«, sagte Townsend und machte es vor. Ich nickte, folgte vorsichtig seiner Aufforderung und bereute es schnell. Das Rotorgeräusch war zwar leiser geworden, aber Gift für meine sich anbahnende Migräne. Townsend schob die Tür auf, auch das dröhnte, und schnallte erst sich, dann mich ab, ehe er ausstieg.

»Lassen Sie sich helfen«, sagte er und hielt mir die Hand hin. Vielleicht war er ja doch ganz nett.

Ich nahm sie an und kletterte mit weichen Knien aus dem Helikopter. Was für ein verrückter Flug.

Doch schnell merkte ich, dass ich kaum laufen konnte, die Bauchschmerzen waren zu stark. Was war nur los mit mir?

»Sie gehören ins Bett«, entschied Mr Townsend und hob mich, kaum dass auch ich ausgestiegen war, hoch. Was? Wie? Stopp!

Ich spürte plötzlich viele harte Muskeln an meiner Seite und einen festen Griff, der mich hielt.

»Nein, ich kann selbst laufen«, klagte ich halbherzig. Es störte mich, dass er mich wie eine Invalide behandelte, zugleich fühlte sich seine Brust unglaublich einladend an. Stark, männlich, aber auch wie ein kuschelweiches Kissen.

Herrgott, ich war echt in einem schlechten Zustand, wenn ich ernsthaft anfing, Townsends Nähe zu genießen.

»Sie können keine zwei Schritte gehen«, sagte er und lachte, dabei vibrierte sein Körper so angenehm, dass er mich fast in den Schlaf schunkelte. Meine Lider wurden schwerer. Ich fühlte mich mit einem Mal total erschöpft.

»Sie verlieren mir aber nicht das Bewusstsein?«

»Nö, nö ...«, murmelte ich und fühlte mich so fern von allem, als hätte ich erneut abgehoben, allerdings ohne Hubschrauber.

Townsend trug mich in das gewaltige Haus neben dem Landeplatz. Ich erhielt ein paar kurze Eindrücke ... protzig ... Marmor ... alt ... teuer.

»Bereiten Sie kühle Wickel für Miss Mayne vor«, sagte er zu irgendwem und trug mich weiter. Ich ertappte mich dabei, mir zu wünschen, er würde mich nie wieder loslassen. O Gott, ich hatte eindeutig Fieber!

Sekunden später fand ich mich in einem weichen Bett wieder. Aber ich vermisste die beiden starken Arme, die mich gerade noch getragen hatten.

Townsend beugte sich über mich, und ich fixierte automatisch seine Lippen. Das war mir vorher nicht aufgefallen, sie waren wunderschön geschwungen. Und so ... sinnlich.

»Küssen Sie mich ...«, sagte eine ferne Stimme, die Ähnlichkeit mit meiner eigenen hatte, aber so etwas Blödes würde ich ja nicht sagen.

»Miss Mayne?«

»Ja?«

Er lächelte, sah sogar nett aus, keine Herablassung. »Wie geht es Ihnen?«

»Gut ...«, nuschelte ich, die Kopfschmerzen spürte ich jedenfalls nicht mehr. Ich war ganz weit weg ...

»Martha ist gleich bei Ihnen, Miss Mayne. Sicher geht es Ihnen schnell besser.«

»Mir geht es gut«, behauptete ich erneut. Immerhin schwebten meine Füße immer noch über den Wolken. Und nicht nur die. Ich fühlte mich wie ein Vogel, der mit ausgebreiteten Flügeln durch die Luft glitt.

»Sie haben einen kleinen Hitzschlag.«

Warum hatte der Kerl nur so eine schöne Stimme?

Ich döste ein, wurde wieder wach, als etwas Feuchtes meine Stirn berührte. Irritiert blinzelte ich, sah das fremde, aber freundliche Gesicht einer älteren Frau vor mir. Wo war Townsend? Und wieso war ausgerechnet das die erste Frage, die mir in den Sinn kam?

»Ich bin Martha Doolittle. Es wird alles gut«, versicherte sie mir, dann rückte sie das kühle Tuch auf meiner Stirn zurecht, bis sie zufrieden aussah. »Ich kümmere mich um Sie.«

Alles gut? Was war denn mit mir? »Sie haben einen kleinen Hitzschlag«, hallte Townsends Stimme in meinen Ohren nach. So eine schöne Stimme ...

»Miss Mayne?«, fragte Martha, weil ich nicht reagierte.

»Danke, sehr lieb von Ihnen«, murmelte ich.

»Hier haben Sie ganz viel zu trinken.« Martha deutete auf einen Servierwagen neben meinem Bett, auf dem etliche Wasserflaschen standen. War der schon die ganze Zeit hier? Ich wusste es nicht.

»Sie müssen viel Flüssigkeit zu sich nehmen, sagt der Arzt. Aber langsam.«

Welcher Arzt denn?

»Ich habe mit ihm telefoniert. Er ist auf dem Weg zu Ihnen«, klärte Martha mich auf und lächelte mich fürsorglich an. »Ich habe Ihnen noch ein paar Salzstangen bereitgelegt. Sie haben bei der Hitze viele Nährstoffe verloren. Möchten Sie jetzt ein Glas?«

Ich nickte langsam, und Martha half mir, mich aufrecht hinzusetzen. Dann schraubte sie eine der Flaschen auf, goss mir ein.

»Nur kleine Schlucke«, ermahnte sie mich und gab mir das Getränk.

Ich bemühte mich und trank vorsichtig. Als das kühle Nass meine Kehle hinabfloss merkte ich erst, wie ausgetrocknet ich war, obwohl ich doch schon während des Flugs etwas getrunken hatte.

Von irgendwo erklang das Läuten einer Tür. »Das ist schon der Arzt«, erklärte Martha und verließ mich eilig. Fast genauso schnell kehrte sie zu mir zurück, einen jungen Mann mit überdimensionaler Brille auf der Nase und einem Arztkoffer in der Hand im Schlepptau.

Er stellte sich als Dr. Elias vor, der als Erstes meinen Blutdruck maß. Autsch! So fest hatte sich die Manschette noch nie um meinen Oberarm aufgeblasen. Ich war froh, als die Luft wieder entwich.

»Mmh mmh«, machte der Doktor.

»Alles in Ordnung?«, fragte ich nervös, doch er steckte mir prompt ein Fieberthermometer in den Mund. Es piepte recht zügig.

Dr. Elias nahm es mir wieder ab, warf einen Blick drauf und machte erneut: »Mmh mmh«.

»Sie haben leichtes Fieber und einen zu niedrigen Blutdruck.«

»Ei, das arme Mädchen«, sagte Martha im Hintergrund und schlug die Hände vor dem Mund zusammen.

»Haben Sie Bewusstseinseintrübungen?«

»Küssen Sie mich«, hallte es in meinen Ohren nach. Erschrocken riss ich die Augen auf. Hatte ich das vorhin etwa laut gesagt? Zu Townsend? Bitte nicht!

»Miss Mayne, alles in Ordnung?« Dr. Elias sah mich überaus besorgt an. Besorgt war ich auch. Gott, ich durfte das nicht zu Townsend gesagt haben! ...

»Haben Sie Bewusstseinseintrübungen?«, wiederholte der Arzt seine Frage.

Ich verschwieg mal besser die etwas pikante Wahrheit und schüttelte den Kopf, obwohl dieser Spruch mit dem Küssen eindeutig nur durch Halluzinationen zu erklären war. Townsend war nämlich der Letzte, den ich küssen wollte. Aber darüber wollte ich jetzt sicher nicht reden. »Ich bin nur unendlich müde, ich könnte auf der Stelle wieder einschlafen.«

Dr. Elias nickte. »Das ist normal in Ihrer Situation.« Sicherheitshalber leuchtete er mir noch mit einer schmalen Taschenlampe in die Augen. »Normale Pupillenreflexe.«

»Aber was habe ich denn überhaupt?«

»Einen kleinen Hitzschlag«, bestätigte er Townsends Verdacht. »Nichts Ernstes. Bei diesem Wetter sehr häufig. Wie ich sehe, sind Sie hier aber gut versorgt. Ich gebe Ihnen etwas zur Fiebersenkung. Ruhen sie sich aus und melden Sie sich, sollte sich Ihr Zustand verschlechtern.«

Martha und ich atmeten fast zeitgleich auf.

»Nehmen Sie das Mittel gleich, danach abends vor der Bettruhe noch einmal.«, erklärte mir Dr. Elias und legte eine kleine Packung aufs Nachtschränkchen. »Gute Genesung«, wünschte er mir noch und verließ mich.

Martha begleitete ihn hinaus, während ich eine Tablette nahm und mich anschließend wieder hinlegte.

Nein, entschied ich, das mit dem Küssen hatte ich nicht gesagt, denn selbst im noch so umnachteten Zustand käme es mir nie in den Sinn, den arroganten Anzugschnösel küssen zu wollen.

Ich schlief wieder ein, und als ich die Augen das nächste Mal aufschlug, fühlte ich mich erstaunlich gut und fast wieder bei Kräften. Eine Tasse Tee stand auf dem Nachtschränkchen. Ich musste so tief geschlafen haben, dass ich gar nicht bemerkt hatte, wie jemand sie reingebracht hatte.

Ich richtete mich auf, um einen Schluck zu nehmen. Eukalyptus-Tee. Noch lauwarm. Neugierig betrachtete ich meine Umgebung, als sähe ich sie zum ersten Mal. Im Prinzip war das der Fall, denn vorhin hatte ich nicht viel mitbekommen. Ich lag in einem riesigen Bett, und ich meinte: wirklich riesig!

Das beste Bett, in dem ich bis dato gelegen hatte, war das in einer vornehmen Suite, die Anthony und ich uns in einem Urlaub in Neuseeland gegönnt hatten. Aber das hier war um einiges größer, weicher und einfach besser. Ich fühlte mich darin wohl.

Kein Quietschen des Bettgestells, keine harten Federn, die einem in den Rücken drückten.

Ob das auch für die nächsten Tage mein Zimmer sein würde? Von Mr Golding wusste ich ja, dass ich direkt in der Villa wohnen würde.

Ich liebte die hellen Farben, die den Raum dominierten. Sandfarbenes Kiefernholz, aus dem die Dielen und Möbel bestanden, und cremeweiße Wände. Meinem Bett gegenüber machte ich ein Bücherregal aus, das bis zum oberen Rand gefüllt war, direkt am Fenster, das mit ockerfarbenen Vorhängen versehen war, standen ein kleiner Glastisch und zwei Rattanstühle.

Ein heimeliges Gefühl kam in mir auf. Unglaublich, wie nett sich alle um mich gekümmert hatten. Ja, sogar Townsend war regelrecht erträglich gewesen.

Wenn jetzt auch noch der Ausblick aus dem Fenster schön war, hatte ich wohl den Jackpot geknackt. Ich schlüpfte unter der dünnen Tagesdecke hervor, stieg aus dem Bett und schob den samtenen Vorhang zur Seite. Im selben Moment erstarrte ich.

Wow! Der Albert Park Lake erstreckte sich in aller Pracht vor mir. Glitzerndes Wasser, in dem sich die allmählich untergehende Sonne spiegelte, ein paar Segelboote, die die Anlegestelle ansteuerten. Ich fühlte mich wie im Urlaub.

Da klingelte mein Handy. Es befand sich noch immer in meiner Hosentasche, ich zog es also rasch hervor und warf einen Blick aufs Display. Mayas Name zeigte sich dort.

Die hatte ich fast vergessen! Ich ging gleich ran.

»Wolltest du dich nicht längst melden?«

Ich suchte nach einer Uhr im Raum, dann fiel mir ein, mein Handy hatte ja eine. Ich guckte ein zweites Mal aufs Display. Kurz vor sechs! Ich hatte offenbar noch einige Stunden Schlaf gefunden.

»Sorry, ich bin gut angekommen. Ist echt schön hier.« Die Sache mit dem Hitzschlag erzählte ich ihr auch, Mum gegenüber würde ich es verschweigen, denn ich wollte nicht, dass sie sich Sorgen machte.

Maya war ziemlich geschockt. »Und dir geht's wirklich gut, Süße?«

»Ja, ich denke schon. Bin nur noch etwas schlapp.« Aber die Kopfschmerzen und die Übelkeit waren weg.

Es war mir immer noch unangenehm, so viel Trubel verursacht zu haben, dass ich sogar mit einem Hubschrauber abgeholt worden war. Als ich das andeutete, wurde Maya plötzlich still.

»Bist du noch dran?«, wunderte ich mich, Maya war ja sonst nicht auf den Mund gefallen.

»Echt? Townsend hat dich mit einem Hubschrauber gerettet?«, sprudelte es plötzlich aus ihr hervor, als wäre genau jetzt ein Damm gebrochen.

»Er ist ja nicht selbst geflogen.«

»Ich beneide dich!«

»Um einen Hitzschlag?«

»Natürlich nicht darum, aber von Townsend würde ich mich auch jederzeit retten lassen.« Sie kicherte und schien sich in einen schwärmenden Teenie zurückzuverwandeln, was so gar nicht dazu passte, dass sie zehn Jahre älter war als ich. Was nur alle an diesem Townsend fanden. Als wäre ein schönes Gesicht alles ... Okay, er hatte auch Muskeln.

Die hatte ich ja spüren können, als er mich über die Wiese trug wie eine Braut nach der Hochzeit. Ich schüttelte benommen den Kopf, was für ein absurder Vergleich. Mum würde von Projektion sprechen und davon, dass ich mich wohl immer noch nach der Traumhochzeit mit Anthony sehnte.

»Jede Frau steht doch auf die Opalkönige.« Maya kannte sich aus. »Du bist sicher keine Ausnahme.«

Die dunkle Erinnerung an »Küssen Sie mich« kam hoch. Entsetzt hielt ich die Luft an und entschied mich erneut dafür, dass ich das nicht gesagt haben konnte. Selbst wenn, ich war in einem Zustand gewesen, in dem ich einen Mord hätte begehen können und vor Gericht als schuldunfähig angesehen worden wäre. Also Schluss damit und nach vorne geschaut.

»Du solltest deine Zeit in der Villa genießen«, empfahl Maya mir. Das hatte ich auch vor, denn ich brauchte die Ablenkung. Nur war Townsend dabei nicht nur nicht vonnöten, sondern ausgeklammert. Aber Maya das begreiflich zu machen, wäre eine Jahrhundertaufgabe. Ich wollte mich einfach nur auf meinen Job konzentrieren. Auf die aufregende Sammlung, die Townsend sein Eigen nannte. Hatte er also doch was Gutes an sich. Eine tolle Sammlung. Immerhin.

Nun knurrte mein Magen, und wie auf Bestellung klopfte es an der Tür.

»Miss Mayne? Sind Sie wach?«, vernahm ich Marthas Stimme durch die Holztür.

»Einen Augenblick«, sagte ich zu Maya.

»Ja, ich bin wach«, rief ich in Richtung Martha.

»Falls Sie Hunger haben, Mr Townsend erwartet Sie im Speisezimmer.«

»Ähm ... ja danke. Ich ... komme gleich.« Wieso wartete der auf mich? Okay, er wollte wohl höflich sein. Ich sollte es ihm gleichtun, ich war ja schließlich als Vertreterin meines

Instituts hier. Außerdem hatte er mir sehr geholfen. Ich sollte ihm eine Chance einräumen.

Marthas Schritte entfernten sich.

»Ich habe alles gehört«, verkündete Maya aufgekratzt. »Erst rettet er dich, und dann lädt er dich zum Essen ein ...«

Klar, dass sie das auf ihre Weise interpretierte. Ich seufzte. »Er ist eben höflich.«

Sie kicherte immer noch. Manchmal war Maya eine echte Stütze. Jetzt war das nicht der Fall ...

»Ich mach dann mal Schluss, bis später«, sagte ich schnell, bevor Maya noch auf weitere komische Gedanken kam.

»Ciao!«

Nachdem ich aufgelegt hatte, schickte ich Mum noch rasch eine WhatsApp-Nachricht, damit sie wusste, dass ich gut angekommen war.

Schließlich machte ich mich frisch, zog mich um und begab mich auf die Suche nach dem Speisezimmer ...

8. Kapitel

Robin

Etwas später erreichte ich mit Martha den Speisesaal. Sie hatte mich zum Glück unterwegs aufgelesen, weil ich mich in der riesigen Villa fast verlaufen hätte.

Mr Townsend saß schon am Tisch, eher Tafel, da er sehr lang gestreckt war und irgendwie ritterlich wirkte. Ich war entschlossen, ihm und mir einen Neustart einzuräumen. Als er mich sah, erhob er sich, ganz Gentleman. Ich wusste nicht, warum, doch er strahlte trotz aller Höflichkeit immer auch eine gewisse Überheblichkeit aus. Und dann war da dieser Blick, funkelnd und intensiv. Ein winziges Lächeln umspielte seinen linken Mundwinkel. Spöttisch und triumphierend. Sofort fragte ich mich, ob ich das Unmögliche doch laut ausgesprochen hatte ... »Küssen Sie mich.« Bitte nicht!

»Wie geht es Ihnen, Miss Mayne?« Seine Stimme vibrierte wieder, jagte mir einen kleinen Schauer den Rücken hinunter, der nicht unangenehm war. Aber es ärgerte mich, dass ich so reagierte. Mein Körper war ein mieser Verräter. Ich wollte Townsend einfach nur als Auftraggeber sehen.

»Gut, danke.«

Vaughan Townsend lief um den Tisch herum und zog mir den Stuhl zurück.

»Danke ...«

Ich blickte zu ihm hoch, während ich mich setzte. Martha war aus meinem Blickfeld verschwunden, vermutlich holte sie das Essen. Er und ich waren allein, und der Geruch, den er verströmte, nach Mandeln und Moschus, ließ meine Knie eigenartig weich werden, sodass ich froh war zu sitzen.

Sieh ihn als nichts weiter als deinen Auftraggeber, erinnerte ich mich.

»Wein?«

»Lieber ein Wasser.« Ich wollte keine neuen Kopfschmerzen riskieren.

Er griff nach der Wasserkaraffe, goss mir ein und reichte mir das glitzernde Kristallglas. »Sehr vernünftig«, sagte er nahbar, erneut trafen sich unsere Blicke, und ich beobachtete, dass es in meinem Nacken – wie sollte es anders sein? – prickelte, als marschierte eine Kolonie Ameisen meine Wirbelsäule hinunter.

Ich fasste mit der Hand dorthin und rieb die Stelle direkt unter meinem Haaransatz, bis das Gefühl verschwand. Wieso musste ich ausgerechnet jetzt daran denken, wie Townsend mich vom Hubschrauber in mein Zimmer getragen hatte? Und wie herrlich stark sich seine Muskeln unter dem Hemd angefühlt hatten. Ich nahm rasch einen Schluck vom kühlen Wasser, um mich abzukühlen und auf andere Gedanken zu bringen.

»Sie waren ja vorhin nicht ganz Sie selbst«, spielte er an, und ich nahm die Steilvorlage dankbar auf.

»Ich hab vielleicht sogar halluziniert.« Falls ich irgendetwas Unpassendes verlautbart hatte, war spätestens jetzt klar, dass es an meinem Zustand gelegen hatte. Ich kam mir sehr geschickt vor.

»Ist das so?« Wieder das kleine Lächeln um einen Mundwinkel.

»Vor Gericht hätte nichts von dem, was ich vielleicht gesagt habe, Bestand.«

»Und was könnten Sie gesagt haben, was keinen Bestand hätte?« Seine Augen funkelten.

Ich schluckte unwillkürlich und trank rasch noch etwas Wasser.

»Daran erinnere ich mich bedauerlicherweise nicht.«

»Bedauerlich«, stimmte er zu. Dann fixierte er meine Lippen.

Sofort fingen meine Wangen an zu glühen. Ich wich seinem Blick aus. Wusste er es?

»Wichtig ist, dass Sie schnell wieder zu Kräften kommen.«

Es ging mir ja auch schon deutlich besser.

»Ich bezahle Sie nach Stunden.«

Er machte sich also Sorgen, dass ich nicht bis zur Auktion fertig wurde? Wie hatte ich annehmen können, dass er sich um mich sorgte?

Es ging ums Geld, immer, überall.

Aber eigentlich hatte Townsend auf mich bisher nicht so eiskalt gewirkt, wie CEOs sonst oft waren ...

Martha drückte die Schwenktür mit der Schulter auf und trug eine riesige Platte mit Meeresfrüchten herein, die sie in der Mitte der Tafel abstellte. Ich entdeckte Austern, Abalonen und Seeigel sowie Krabben, Felshummer und Sashimi, dazu Käse, der wohl als geschmackliche Unterstützung für den Wein gedacht war. Außerdem ein Korb mit geschnittenem Weißbrot.

»Guten Appetit«, wünschte Martha und lächelte mich gutmütig an.

»Vielen Dank.« Für Mr Townsend war das vermutlich ein völlig normales Abendessen. So lebten also die Leute, die mit einem goldenen Löffel im Mund geboren wurden. Ich hatte bisher nur zu ganz besonderen Ereignissen etwas Vergleichbares aufgetischt bekommen. Anthony musste zwar jobbedingt mit solchen Delikatessen hantieren, aber zu Hause hatten wir uns mit Burgern, Eintöpfen oder Vegemite-Sandwiches begnügt.

Ich schluckte, denn jetzt musste ich ja doch an ihn denken. An unsere Abende und das gemeinsame Frühstück an den Wochenenden. Nichts von Anthony war jetzt hier, weder seine Gerichte noch sein Geruch.

»Mögen Sie keine Meeresfrüchte?«, hakte Mr Townsend nach, da ich noch immer nichts von dem Essen angerührt hatte.

»Es sieht köstlich aus, danke.«

Ich schnappte mir eine Scheibe Weißbrot und etwas Sashimi, mehr bekam ich nicht runter. In einer Zeitschrift hatte ich mal gelesen, dass die meisten Leute das Scheitern einer Beziehung als persönliches Scheitern begriffen. Da war irgendwie was dran.

»Sie sollten mehr essen«, vernahm ich Townsends sinnliche Stimme. »Ihr Körper hat viele Nährstoffe verloren.«

War er doch um mich besorgt? Er hatte ja recht. Essen und Trinken war jetzt besonders wichtig. Nur was tun, wenn der Magen wie zugeschnürt war?

»Erzählen Sie mir, wie Sie Restauratorin wurden.«

Er sah mich an, als interessierte es ihn wirklich. Vielleicht wollte er aber auch nur herausfinden, ob ich junges Küken wirklich die Richtige für den Job war.

»Ich habe meinem Dad früher oft geholfen, Dinge wiederherzustellen. Vasen, wenn sie runtergefallen waren, zum Beispiel. Es ist ... wie ein Puzzle.«

»Sie reparieren also gern, was kaputt gegangen ist.«

Ich lachte. »Kann ich nicht abstreiten. Später habe ich während der Schulferien oft im Museum ausgeholfen. Flyer verteilt und so. Wir hatten irgendwann einen Michelangelo in unseren Ausstellungsräumen. Er war natürlich sehr alt, aber er wirkte, als hätte gerade erst jemand den Marmorstein gereinigt. Und genau so war es auch. Man hatte ihn restauriert, um ihn für die Nachwelt zu erhalten. Das wollte ich auch machen. Für mich ist es so, als würde ich dabei helfen, den Künstler unsterblich zu machen, indem ich seine

Werke am Leben erhalte, dafür sorge, dass sie nicht zerfallen. Klingt bestimmt schräg für Sie, oder? Ich meine, in der Schmuckbranche ... da geht es um glanzvolle Auftritte, nicht um Kunst ...«

»Lassen sie das meinen Bruder Lloyd nicht hören, er designt unseren Schmuck und wäre beleidigt.« Wieder ein selbstgefälliges Grinsen.

»Also Sie und Michelangelo ...« Klang aus seinem Mund albern.

Ich nickte und zwang mich, noch etwas Sashimi zu essen. Doch dann spürte ich in meinen Schläfen ein fernes Pochen, als kündigte sich noch eine Migräne an. Ich sollte wohl einen Schritt langsamer machen.

»Seien Sie mir nicht böse, Mr Townsend. Ich würde mich gern zurückziehen.«

Er hob eine Braue. »Das ist schade, ich wollte Sie gerade fragen, ob Sie einen Blick auf meine Sammlung werfen möchten.« Er tupfte sich in reicher Snob-Manier den Mund mit einer Serviette ab, presste dann genüsslich die Fingerspitzen beider Hände zusammen und fixierte mich, als ahnte er, dass dieser Vorschlag direkt für einen Adrenalinschub bei mir sorgte. Auf diese Sammlung war ich schon die ganze Zeit neugierig. Andere himmelten Musiker an, für mich waren die Künstler der Vergangenheit meine Stars. Und ich brannte darauf zu erfahren, welche Schätze Townsend neben seinem Bernaduchi bei sich beherbergte.

»Aber wenn Sie sich nicht wohlfühlen ...«

»Ich will sie sehen!«, schoss es aus mir hervor. Mann, das würde ich hoffentlich nicht bereuen, das Pochen in den Schläfen wurde stärker. Ich konnte es mir nicht erlauben, krank zu werden, der Prof zählte auf mich und damit auch das Institut.

Kurz darauf schritten wir die große Haupttreppe, die die Eingangshalle dominierte und zu meinem Gästezimmer führte, hinunter ins Gewölbe der alten Villa.

Ernsthaft, er lagerte seine Schätze hier? Im Keller, wo es feucht und dunkel war? Mir schwante Furchtbares.

Allerdings wurde ich angenehm überrascht, kaum dass wir der Haupttreppe nach unten gefolgt waren. Die Räume hier waren angenehm klimatisiert und hell. Townsend öffnete mir die Tür zu einem weitflächigen Zimmer, in dem sich in Schutzfolien geschlagene Möbel, Bilder und kleinere Gegenstände befanden, außerdem ein Arbeitstisch unter einem Fenster nahe der Decke.

»Sie haben eine Werkstatt hier unten?«

»Ich ließ sie einrichten, damit das Gemälde restauriert werden kann, ohne mein Haus verlassen zu müssen.«

Ich nickte, ließ meinen Blick zu den Schätzen gleiten. Er blieb an einem in Laken geschlagenes Gemälde hängen. Das musste er sein, der Bernaduchi.

Sofort schlug mein Herz schneller. Und die Kopfschmerzen waren wie weggeblasen, womöglich lag es am Stress. Aber das hier war *Eu*-Stress, also der von der guten Sorte.

Townsend griff nach einem kleinen Gegenstand und reichte ihn mir mitsamt der Schutzhülle. Als wäre es ein rohes Ei, nahm ich das Objekt entgegen. Townsend nickte mir zu, und ich entblätterte es vorsichtig.

Ein kleiner Zinnkelch mit Relief lag darin. Ich atmete ehrfürchtig ein. Das gute Stück könnte aus einem Museum stammen und war klar der Renaissance zuzuordnen.

Wer schon alles vor mir diesen Kelch berührt, vielleicht sogar daraus getrunken hatte? Ein Edelmann? Ein reicher Händler?

Neugierig hielt ich ihn ins Licht, um ihn von allen Seiten zu betrachten. Wer immer ihn hergestellt hatte, war detailversessen gewesen. Das Relief bestand aus einer Szene feiernder Menschen, die an einem Tisch aßen und tranken.

Selbst die Weintrauben, die dort auf einer Art Platte lagen, waren einzeln herausgearbeitet worden.

Ich vermutete, dass der Kelch für jemanden aus der oberen Schicht der Gesellschaft gefertigt worden war. Zwar bestand er nicht aus Gold, was den Wert immens gesteigert hätte, doch die feine Arbeit hatte gewiss ihren Preis gehabt.

Leider war er von einem schwarzen Schleier überzogen.

»Was denken Sie?«, fragte Townsend, der mich interessiert beobachtete. Mich überkam erneut das Gefühl, auf der Prüfbank zu sitzen.

»Dass es gut wäre, wenn ich meinen Pinsel dabeihätte.« Vorsichtig entfernte ich etwas von dem schwarzen Material mit dem Fingernagel, es löste sich leichter als erwartet. »Was ist das nur? Erinnert irgendwie an …«

»… Ruß«, beendete er meinen Satz.

»Ja, genau.« Konnte Ruß zu Zinnfraß führen? Ich bildete mir ein, einen verdächtigen Schatten zu sehen, der beim Wenden des Objekts zum Glück verschwand. Auch konnte ich eine Zinnpest ausschließen. Es fehlten die warzenartigen Bläschen an der Oberfläche.

»Die Folgen des schweren Brands vor fast fünf Jahren auf unserem Familienanwesen.«

Ja, da klingelte was! Ich hatte es am Rande mitbekommen. War damals durch alle Medien gegangen.

»Ein Glück, dass das Material nicht geschmolzen ist …« Was bedeuten musste, dass es nicht direkt dem Feuer ausgesetzt gewesen war. »Befand er sich in einem Nebenzimmer, als der Brand stattfand?« Wenn sich nur Rauch ausgebreitet hatte, war das denkbar.

Ich verfolgte konzentriert jede rußschwarze Rille des Kelches, dann hob ich den Kopf und sah zu Townsend, weil der nichts erwiderte. Für einen Augenblick schien er weit fort, sein Blick war in die Ferne gerichtet. Doch dann bemerkte er, dass ich ihn ansah, und prompt verwandelte er sich in den selbstgefälligen CEO zurück, als den ich ihn kennengelernt hatte.

»Sie liegen richtig«, beantwortete er meine Frage.

»Wollen Sie alle Objekte versteigern?«

Er schüttelte den Kopf. »Nur das Gemälde, es ist das wertvollste der Sammlung.«

Ich blickte über die zahlreichen eingepackten Gegenstände. Welchen Wert diese Sammlung wohl hatte? Sicherlich verbarg sich ein Vermögen in diesem Keller.

»Ihre Aufgabe besteht allein darin, den Bernaduchi zu restaurieren. Wenn das gut läuft, bekommt Ihr Institut Folgeaufträge. Sie sehen ja selbst, es ist Einiges zu tun.«

Ich nickte. Kein Wunder, dass dem Prof dieser Auftrag so wichtig war.

Ein leises Gähnen drang über meine Lippen, rasch hielt ich mir die Hand vor den Mund.

»Sie hatten einen harten Tag«, sagte Townsend und klang beinahe einfühlsam. »Ich bringe Sie zu Ihrem Zimmer zurück. Sie können sich den Bernaduchi morgen in Ruhe ansehen.«

War wohl vernünftig.

Und wie sich zeigte, sinnvoll, denn ich wollte, als wir die erste Etage erreichten, prompt in die falsche Richtung wandern. Aber ehrlich, das Haus war riesig, ich würde es nicht als Villa bezeichnen, mehr als Palast. Es dürfte gar nicht so schwer werden, Townsend hier aus dem Weg zu gehen. Er musste ja außerdem ins Büro, wie ich vermutete. Aber eigentlich war es mit ihm bisher recht nett gewesen. Ich war gespannt, wie sich die nächsten Tage entwickeln würden.

Plötzlich spürte ich eine starke Hand, die sanft nach meinem Arm griff. »Hier entlang«, sagte Townsend.

»Oh, natürlich.« Schon wieder falsch abgebogen.

Schließlich standen wir vor meiner Tür. »Danke, ab hier komme ich allein klar.«

Seine Hand lag immer noch an meinem Arm. Da, wo seine Finger meine Haut berührten, prickelte es sanft.

»Schlafen Sie gut, wir sprechen uns morgen«, raunte er, und wieder drang sein Blick in meinen. Ich wusste nicht, wie genau er das machte. Aber es löste zuverlässig dieses merkwürdige Kribbeln in mir aus, diesmal in meinem Bauch. Kurz fixierte er wieder meine Lippen, was mich nervös machte.

»Bis morgen.« Ich löste mich aus dem Bann seines Blicks und drückte die Tür meines Gästezimmers auf. Was für ein seltsamer Abend. Ich wusste nicht, was ich von ihm halten sollte. Zuerst hatte er mich dauernd provoziert, dann war er fast ein Gentleman gewesen und nun diese Blicke. Ich wusste ja, er war ein Draufgänger. Sollte ich mich in Acht nehmen? Ich lachte leise und schüttelte den Kopf über meine eigenen Gedanken. Ich war kein Model, sondern einfach Robin, ein Meter sechzig, etwas zu viel auf den Rippen, leicht verpeilt. Es wäre völlig absurd zu denken, ein Milliardär könne sich auch nur ansatzweise für mich interessieren.

Ich brauchte frische Luft, also öffnete ich beide Seiten des Fensters meines Gästezimmers. Das machte mich wieder etwas wacher.

Ein dunkler Himmel voller funkelnder Diamanten ragte über mir auf. Ich atmete tief ein, blieb eine Weile so stehen, genoss die nun etwas kühlere Luft, die über meine Wangen strich, und ließ das Fenster noch eine Weile offen, während ich erst mal unter der Dusche verschwand. Anschließend streifte ich mir mein Nachthemd über und schaute erneut aus dem Fenster. In der Ferne hörte ich das Hupen der Autos, erblickte die Lichter der Stadt, doch hier am See war alles angenehm ruhig …

Ich zog mein Smartphone aus der hinteren Hosentasche meiner Jeans, um eine Recherche im Internet zu starten. Denn eine Sache ließ mich einfach nicht los, seit ich in Townsends Keller gewesen war. Ich bildete mir ein, dass der

Vorfall damals in den Medien sehr intensiv beleuchtet worden war. Natürlich auch, weil die Townsends Prominentenstatus genossen. Doch ich war sicher, es steckte mehr dahinter.

»Hey Google, suche bitte nach Brand – Familienanwesen – Townsend.«

Mein digitaler Assistent fand wie immer zuverlässig Informationen. Zuerst spuckte er mir Daten über das Townsendanwesen aus, das sich dreißig Kilometer außerhalb der Stadt befand und ein dreißig Hektar großes Gebiet umfasste. Ich war neugierig genug, mir eine Karte und Bilder anzeigen zu lassen.

Ein Großteil der Fläche bestand aus Wäldern, inmitten der grünen Pracht existierte ein riesiges Gebäude im europäischen Stil. Vier Stockwerke, ein Palast gestützt von Säulen, die den Eingangsbereich säumten. Eine kleinere Version von Versailles mit Springbrunnen direkt vor dem Hauptportal. Rechts und links neben dem Hauptgebäude befanden sich weitere Bauten. Hochherrschaftlich. Anders konnte man es nicht bezeichnen.

Seit die Erfolgsgeschichte des Unternehmens begonnen hatte, lebte die Familie laut Google hauptsächlich auf diesem Anwesen, was natürlich nicht hieß, dass die Townsends nicht auch weitere Rückzugsorte besaßen, wie man an Vaughans Albert-Park-Villa sah. Das Leben war unfair. Ich war froh, wenn das Geld für die Miete reichte ...

Der nächste Artikel handelte von dem Brand und erinnerte mich daran, was ich eigentlich hatte recherchieren wollen.

Bei dem Unglück war ein Teil eines Seitengebäudes zerstört worden, stand darin. Aber das war nicht die Info, die ich suchte.

»Hausangestellte bei Townsend-Brand ums Leben gekommen«, las ich als Nächstes, und mir blieb fast das Herz stehen. O Gott, das war es! Kein Wunder, dass Townsend vorhin im Keller so merkwürdig schweigsam geworden war. Sicher hatte er daran gedacht.

Es gab sogar ein Foto des Opfers. Eine recht junge Frau mit großen, dunklen Augen. O Mann. Ich musste mich hinsetzen und ließ mich aufs Bett sinken. Das war wirklich eine Tragödie.

Geena Williams war erst dreiundzwanzig Jahre alt gewesen, somit drei Jahre jünger als ich …

Ein Kloß bildete sich in meinem Hals.

Laut Untersuchungen der Feuerwehr waren die Flammen ursprünglich in Geenas Zimmer ausgebrochen, hatten sich dann aber noch in angrenzende Räume ausgebreitet. Als Ursache galten Kerzen, die wohl die Vorhänge in Brand gesteckt hatten, während Geena schlief.

Ein Schauer lief mir den Rücken hinunter. Da hatte die junge Frau es sich vielleicht ein wenig gemütlich machen wollen, war kurz eingenickt … Ich brach den Gedanken ab und tröstete mich damit, dass die arme Frau vermutlich nichts von alldem mitbekommen hatte. Dennoch blieb ein unangenehmes Gefühl zurück.

Ich klickte die Fotos weg und steckte das Handy wieder ein. Eine ganze Weile beschäftigte mich das Unglück noch.

Auch das war Teil meiner Arbeit: die Geschichte jedes einzelnen Objekts, mit dem ich zu tun hatte. Manche Stücke galten als verschollen, tauchten dann irgendwo wieder auf. Andere überlebten Brände, so wie Townsends Sammlung, und waren verknüpft mit tragischen Ereignissen.

9. Kapitel

Robin

Der Propeller des Hubschraubers rotierte so laut, dass es in meinem Kopf pulsierte. Ein fieser Schmerz zog sich einmal ganz um meinen Schädel herum, und ich hatte das Gefühl, er würde zerbersten. Dieses Schwanken ließ mich würgen, ich krallte mich in die gepolsterten Armlehnen meines Sitzes und betete, dass der Hubschrauber nicht abstürzte. Und genau in dem Moment verlor der Pilot die Kontrolle, segelte im Sturzflug auf die Betoninsel Melbourne zu.

Ich schrie und schreckte aus meinem Traum auf. Der Schrei verklang. Er klang seltsam fremd, doch stammte eindeutig von mir. Schweiß tropfte mir in die Augen. Was war das denn für ein Albtraum gewesen? Aus Gewohnheit tastete ich nach Anthony, doch er war nicht hier, und ich lag auch nicht in unserem Bett. Nachdem meine Erinnerung zurückgekehrt war und ich mich orientiert hatte, hörte ich erneut das Rotorgeräusch eines Helikopters. Hatte ich also gar nicht geträumt?

Irritiert warf ich einen Blick auf meinen Digitalwecker, den ich auf dem Nachtschränkchen zu meiner Rechten platziert hatte.

Halb sieben. Was war denn da draußen zu so früher Stunde los? Ich erhob mich, um nachzusehen. Dabei stolperte ich fast über meine Reisetasche, die ich gestern neben meinem Bett abgestellt hatte. Ich schob sie mit dem Fuß an die

Wand. Wie ich mich kannte, würde ich sonst jedes Mal fast den Boden küssen.

Vorsichtig schob ich den edlen Seidenvorhang zur Seite und linste auf die weite Wiesenfläche, die zum See hinunterführte.

Mr Townsend eilte darüber, schick im Anzug, offenbar hellwach, im Gegensatz zu mir. Er stieg in den Hubschrauber ein, der dort auf ihn wartete. Was er wohl um diese Uhrzeit vorhatte? Geschäftsmänner waren wohl immer im Dienst.

Ich legte mich noch mal hin und wachte zwei Stunden später wieder auf. Als ich meine Morgentoilette vollzogen und mich tagestauglich angezogen hatte, wollte ich mich auf den Weg machen, um herauszufinden, wie es hier mit dem Frühstück lief. Da klopfte es an meiner Tür.

»Miss Mayne? Sind Sie schon wach? Hier ist Martha, die Haushälterin.«

Die kam ja wie gerufen!

»Kommen Sie rein.«

Die ältere Dame lugte mit dem Kopf durch einen Türspalt. »Möchten Sie frühstücken, Miss?«

»Sehr gern.« Mein Magen fühlte sich leer an. Das Sashimi von gestern hatte nicht lange ausgereicht.

»Ich lasse Ihnen etwas im Speisezimmer auftischen.«

»Dankeschön.«

Sie zog ihren Kopf wieder ein und schloss leise die Tür. Ich warf noch einen Blick in den Spiegel, band meinen Zopf neu und ging dann los.

Ein üppiges Frühstück erwartete mich im Speisezimmer. Frische Brötchen, Croissants, Aufschnitt verschiedener Art, gekochte Eier, Räucherlachs ... O Gott, sogar Kaviar. Ich musste mich an diesen Luxus erst noch gewöhnen.

»Sind Sie zufrieden?«, fragte Martha, die noch eine Kanne Tee hereintrug.

»Das ist ehrlich gesagt viel zu viel für mich.« Von dem Mahl konnten mindestens fünf Leute satt werden.

Martha lächelte gütig. »Niemand erwartet, dass Sie alles aufessen, Miss.«

»Sie haben nicht zufällig auch Vegemite da?«

»Sie meinen ... den Brotaufstrich?«

Ich nickte. Kein Frühstück ohne mein geliebtes Vegemite.

»Ich fürchte, so etwas haben wir nicht im Haus.« Sie sah mich entschuldigend an, aber ich winkte rasch ab. »Nicht schlimm, das Frühstück sieht super aus!«

Hätte ich mir denken können, dass der Opalkönig kein Produkt aus dem Supermarkt um die Ecke aß.

»Vielleicht kann ich Ihnen dafür ein schönes Abendessen servieren? Was würde Ihnen gefallen?«

Ich musste nicht lange überlegen. »Meat Pies!« Ich liebte sie einfach, diese kuchenähnlichen Teigtaschen mit Fleischfüllung. Zum Reinknien. Aber sicher nicht opalkönig-würdig.

Marthas Züge hellten sich wieder auf. »Die bekommen Sie, versprochen.«

Ich freute mich schon jetzt darauf.

»Wenn Sie mit dem Frühstück fertig sind, geben Sie mir bitte Bescheid.«

»Alles klar.«

Sie ließ mich allein, und ich schnappte mir ein Croissant, das ich mit Marmelade bestrich. Außerdem trank ich etwas von dem Hatschi-Tee, der angenehm nach einer Mischung aus verschiedenen Kräutern und Früchten duftete. Gestärkt machte ich sodann einen Rundgang durch die riesige Villa, während Martha den Tisch abräumte. Ich wollte schließlich wissen, wo ich genau war.

Im unteren Bereich befanden sich vor allem »Gesellschaftsräume«, also der Salon, eine Art Schmucksaal mit opalverzierten Ornamenten, ein Spielzimmer, in dem auch ein edler Flügel stand ... In den darüber liegenden Stockwerken lagen die privaten Zimmer, ausnehmend viele Bäder, eine Ahnengalerie, die allerdings nicht besonders weit zurückreichte, und als kleines Highlight: ein Indoorpool im Dachgeschoss. Ein kleines Paradies, in dem ich mit Sicherheit eine wundervolle Zeit verbringen würde. Sogar die Kopfschmerzen waren weg und Townsend seit gestern Abend angenehm zahm. Aber die eigentliche Hauptattraktion hatte ich ja schon gestern gesehen, die Werkstatt im Keller mit den Kunstschätzen.

Genau dorthin begab ich mich nun, um mit der Arbeit zu beginnen. Vorher holte ich noch mein Werkzeug, das sich in einem kleinen Koffer in meiner Reisetasche befand. Außerdem schnappte ich mir meinen MP3-Player, denn ich arbeitete am besten mit Coldplay. Schon steckten die Minikopfhörer in meinen Ohren und *Paradise* dudelte los.

Ich zog vorsichtig die Laken von dem Gemälde ab, um eine Bestandsaufnahme zu machen. Das war immer der erste Schritt eines Restaurationsprozesses. Die beiden Laken legte ich zusammen und platzierte sie auf einem der Arbeitstische.

Ich hielt den Atem an. Eines von Bernaduchi berühmtesten Öl-auf-Leinwand-Gemälden blitzte mir entgegen, bekannt als *Die Liebenden.* Die wenigsten Restauratoren oder Museumsmitarbeiter bekamen solch einen Schatz je zu Gesicht, und jetzt stand er direkt vor mir. Ein Aktgemälde, auf dem sich zwei Menschen umschlangen, als vollführten sie einen Ringkampf. In Wahrheit stellte es – wie sollte es bei einem Bernaduchi anders sein? – den Liebesakt dar, wenn auch in aggressiver Weise.

Er krallte seine Hand in ihre Haare und schien sie recht eindeutig zu unterwerfen. Ein sehr dynamisches Bild, wäre da nicht ein Makel. Es sah aus, als hätte jemand eine feine Schicht aus Kohlestaub darüber gesprüht.

Eine ziemliche Herausforderung, den Ruß abzubekommen, ohne die Leinwand zu beschädigen oder Farbe abzuwischen. Gordon würde so wenig wie möglich retuschieren wollen, denn erfahrungsgemäß verfälschte zu viel Pinseleinsatz das Original, was es zu vermeiden galt. Ich packte den Laptop aus und stellte ihn auf dem Werktisch auf, um eine To-do-Liste anzufertigen, die ich dem Prof später mailen wollte, um mich mit ihm zu beraten.

Rasch zog ich sodann meine Lupenbrille aus der Tasche, um mir jedes Detail genauer anzusehen. Zudem machte ich Fotos von besonders betroffenen Stellen. Die Rückseite des Bildes bestand aus einer Holzplatte, die kohlrabenschwarz war, was mich vermuten ließ, dass das Feuer bis zur anderen Seite der Wand vorgedrungen war. Die Hitze musste durch den Beton gestrahlt und das Holz angeschmort haben, ein bisschen wie ein Steak auf dem Rost. Ein Wunder, dass die Leinwand keine Blasen gebildet hatte.

Mein Job war manchmal wie Detektivarbeit, weswegen ich ihn nur noch mehr liebte.

»Miss Mayne?«, bildete ich mir plötzlich ein, Marthas Stimme durch die Tür zu hören. Ich zog rasch die Kopfhörer aus den Ohren.

»Miss Mayne?«

Meine Antwort wurde nicht abgewartet, plötzlich betrat eine hochgewachsene Rothaarige die Werkstatt. Martha stolperte hinter ihr her.

»Caitlin Hannigan. Projektleiterin bei Kings of Passion und Organisatorin der Charity-Auktion«, stellte sie sich näselnd vor und streckte mir eine Hand hin mit rot glänzenden … ja, man konnte diese Nägel nur Klauen nennen. Vorsichtig nahm ich sie an, ich wollte mich nicht verletzen.

Eindringlich musterte sie mich, als wäre ich eine Kellerassel, die sich hierher verirrt hatte.

»Robin Mayne, ich bin die Restauratorin von …«

»Ich weiß«, unterbrach sie mich scharf, ohne ihren musternden Blick von mir zu nehmen. Dieser glitt zu meinen Hüften, die zugegebenermaßen nicht in eine Größe sechsunddreißig passten. Ein mitfühlendes Lächeln umspielte ihre Mundwinkel.

»Weswegen sind Sie noch gleich hier?«, fragte ich ungeduldig.

Sie entdeckte den Fotoapparat neben dem Laptop und tippte mit der Spitze eines ihrer Nägel auf diesen. »Perfekt! Machen Sie bitte ein paar schöne Fotos für unseren Auktionskatalog. Vorher-Nachher-Bilder. Bekommen Sie das hin?«

»Ja also, ich ...«

»Sehr schön! In unserem Katalog wird jeder Gegenstand kurz vorgestellt ... daher bitte mit Beschreibung.« Wieder ein Lächeln, diesmal aber von der Marke »gewinnend«.

»Danke«, flötete sie, obwohl ich noch gar nicht zugestimmt hatte.

»Es reichen ja zwei, drei Zeilen. Wir verfassen keine wissenschaftliche Abhandlung«, erklärte sie, weil sie wohl meinen verstimmten Gesichtsausdruck bemerkt hatte. »Natürlich wird dann auch Ihr Institut gebührend erwähnt.«

Ich wurde nicht gern überrumpelt. Aber gut, es war keine große Sache. Der Prof würde wünschen, dass ich das machte. Und Fotos musste ich ja sowieso schießen.

»In Ordnung«, stimmte ich zu.

»Fein, Miss Mayne. Dann sind wir uns einig.«

Die große Rothaarige stolzierte an Martha vorbei nach draußen.

»Ihr Wagen wird übrigens heute Nachmittag gebracht, Mr Townsend hat ihn durchchecken lassen«, kam endlich auch Martha zu Wort.

»Miss Doolittle, wären Sie so gütig, mich hinauszubegleiten? Ich habe nicht den ganzen Tag Zeit, man erwartet mich im Büro«, erklang es empört.

»Selbstverständlich, Miss Hannigan. Ich bin sofort bei Ihnen.«

Ich nickte Martha mitfühlend zu, die eilig verschwand, und widmete mich wieder meiner Arbeit.

10. Kapitel

Vaughan

Sie fühlte sich wohl auf dieser einsamen Insel vor der Küste Melbournes. Ich konnte sie verstehen, es war ein ruhiger Ort, friedlich, fernab des hektischen Stadtlebens. Für mich wäre diese Abgeschiedenheit nichts. Doch sie hatte sie selbst gewählt. Und im Vergleich zu ihrem schattenhaften früheren Ich wirkte sie gut erholt.

Ein paar Möwen glitten durch die Luft, direkt über unseren Köpfen, ehe sie sich auf dem Vordach niederließen. Wir saßen auf der Terrasse vor ihrem Haus und spielten Karten, während die warmen Strahlen der Morgensonne durch das dichte Laubwerk der umstehenden Bäume auf uns herabschienen. Mariah gewann jede Partie. Die Freude darüber stand ihr ins Gesicht geschrieben, umspielte sanft ihre alten Augen.

»Noch ein Spiel?«, fragte sie, und ich nickte. Gewissenhaft mischte sie die Karten, teilte sie dann aus und schaute mich gespannt an. Nicht nur diese Insel liebte sie, sondern auch Black Jack. Den Nervenkitzel, den das Spiel in ihr auslöste, sah man ihr förmlich an. Ihre Augen schienen zu leuchten, obwohl wir weder um Geld noch mit Chips, sondern lediglich um die Ehre spielten. Ich nahm noch eine Karte auf – und verlor.

Mariah schlug vergnügt die Hände zusammen.

»Du hast keinen guten Tag, mein Lieber.«

Ich gönnte ihr den Sieg, was hatte sie sonst?

Plötzlich legte sie ihre Hand auf meine und sah mich nachdenklich an.

»Vaughan, ich genieße deine Besuche sehr, aber du hast doch sicher viel zu tun. Du leitest immerhin ein großes Unternehmen ... Was kümmert dich eine alte Frau, die kaum klar denken kann?«

Die Härte ihrer Worte überraschte mich.

»Das Leben geht weiter, das wissen wir doch beide.« Ihr Lächeln war so warm wie ihr Blick.

Aber wen außer mir hatte sie denn?

»Ich komme wieder. Und dann fordere ich eine Revanche.«

Sie lachte. »Wenn du unbedingt wieder geschlagen werden möchtest.«

Ich drückte ihre Hand. Sie war mir wirklich zu einer guten Freundin und Vertrauten geworden. Wir hatten einiges durchgestanden, daran erinnerte ich mich immer, wenn ich sie sah. Und ich würde sie auch jetzt nicht im Stich lassen.

Schließlich flog ich wieder ab und ließ mich direkt zum Central Business District von Melbourne bringen, wo der Helikopter mich auf dem Dach des Gebäudes von Kings of Passion absetzte. Das herzliche Lachen der alten Frau hallte noch in meinen Ohren nach. Es war gut, dass sie wieder lachen, ihr Leben wieder genießen konnte. Sie hatte recht, es ging weiter, mit oder ohne uns.

Ich eilte die Treppe hinunter, denn ich war spät dran. Der Vormittag war schon halb rum, ich musste mich aufs Hier und Jetzt konzentrieren. Ich kam gerade rechtzeitig in die Büroetage des obersten Stocks, um unfreiwillig Zeuge zu werden, wie Caitlin sich im Empfangsbereich über den Schreibtisch meines Assistenten Daniel Golding beugte. Dabei warf sie ihm einen verheißungsvollen Blick zu, und Daniel grinste verwegen zurück.

Was war denn da los? Ich blieb instinktiv stehen. Noch hatten sie mich nicht gesehen.

Vielleicht hatte Mum recht, jetzt kam auch mir Caitlins Verhalten seltsam vor. Es sah aus, als wären sie und Daniel einander ... vertraut. Dieses Po-Gewackel, was sollte das? Wollte sie meinen Assistenten ernsthaft angraben? Und dann auch noch so plump? Ungeniert versanken sie in ihren Blicken, strahlten um die Wette.

Beide hatten mich immer noch nicht bemerkt, weil ich durch einen Seitengang gekommen war, doch das Pling des Fahrstuhls trieb sie plötzlich auseinander. Schade, ich hätte gern erfahren, wie weit sie gegangen wären. Ich hatte ein übles Gefühl bei der Sache.

»Lloyd, Darling, was machst du denn hier?« Caitlin wandte sich abrupt um, umarmte ihn und hauchte Lloyd einen Kuss auf die Lippen. Und mein Assistent bespannte das noch. Widerlicher Kerl. Ich hätte ihn längst rauswerfen sollen, doch Dad hatte einiges von Daniel gehalten, so hatte ich ihn übernommen, anstatt auf meinen Instinkt zu hören. Da ich eine Klage seitens Golding vermeiden wollte, musste ich warten, bis er mir einen Grund lieferte ...

»Ich dachte, du wärst in deiner Werkstatt auf dem Familienanwesen.« Ihre Krallenhand glitt über seine Wange.

»Termin bei Vaughan.« Er tippte auf den Schmuckkasten unter seinem Arm. »Und du? Bist du nicht sonst im sechsten Stock?«, fragte Lloyd und küsste sie erneut. Täuschte ich mich, oder gefiel das Golding gar nicht?

»Oh, ich brauche auch einen Besprechungstermin bei deinem Bruder, er ist ja immer so beschäftigt.«

»Was auch immer du zu besprechen hast, Caitlin, ich nehme mir gern für dich Zeit«, erklärte ich und gab meine Tarnung auf, indem ich den Empfangsbereich geschäftig betrat. Gespannt darauf, wie sie jetzt reagierte.

Caitlin versuchte, den Schrecken wegen meines plötzlichen Auftauchens zu überspielen, und lachte gekünstelt. Natürlich war ihr klar, dass ich sie schon ein Weilchen beobachtet haben könnte. Ihr Augenlid zuckte.

»Ich nehme dich direkt mit Lloyd rein, wenn es so wichtig ist.«

»Ist es nicht.« Sie winkte ab und kicherte kleinmädchenhaft. »Ich war vorhin nur in der Villa, um deine Restauratorin zu bitten, ihre Arbeit für den Katalog zu dokumentieren. Unsere Bieter sollen schließlich erfahren, wie viel Mühe in allem steckt. Da wollte ich nur dein Okay einholen, es ist ja immerhin dein Bernaduchi.«

Klar, wegen so etwas Banalem war sie hier hochgekommen. Überaus glaubwürdig.

»Jetzt muss ich aber an die Arbeit, eigene Termine. Wir sehen uns später, Darling.« Sie küsste Lloyd erneut, ehe sie ziemlich fluchtartig in einem der Fahrstühle verschwand. Wollte die mich für blöd verkaufen? Ich beschloss, die Sache im Auge zu behalten, und widmete mich dann Lloyd.

Ich geleitete ihn den Gang hinunter zu meinem Büro, das sich hinter einer großen Doppeltür verbarg.

»Zwei Anrufe während Ihrer Abwesenheit«, erklärte mir mein Assistent beiläufig und drückte mir noch im Gehen drei Briefumschläge in die Hand. Ich musterte ihn, und er senkte den Blick. Irgendetwas stimmte da nicht. Aber es war zu früh, Pferde scheu zu machen.

Wir betraten das Büro, das um diese Tageszeit sonnendurchflutet war, weswegen ich die Jalousien mit einem Knopfdruck runterließ. Vor einem halben Jahr war es noch Dads Büro gewesen. Ich hatte eins auf der anderen Seite der Etage besessen, war aber hierher umgezogen, weil diese Räume sehr viel präsentabler aussahen. In allen vier Ecken des Büros standen Sockel mit Opalskulpturen in verschiedenen Posen. Ein Denker, ein Kämpfer, ein Künstler und ein Geschäftsmann. Dad hatte oft im Scherz gesagt, es seien die vier Stützen, die Kings of Passion trugen. Immer hatte er sich gewünscht, die alte Goldskulptur, die Großvater Hubert mit seinen eigenen Händen für eine englische Aristokratin geschmiedet hatte, würde eines Tages in den Familienschoß zurückkehren und die Mitte dieses Raums schmücken. Doch leider galt sie inzwischen als verschollen.

Lloyd nahm vor meinem Schreibtisch Platz, den Schmuckkasten, den er zuvor unter dem Arm getragen hatte, nun auf dem Schoß.

»Dann zeig mal her, was du für mich hast.«

»Nicht so schnell, Bruderherz. Ich wollte noch etwas Wichtiges mit dir besprechen.«

»Etwas Geschäftliches?«

Er lachte. »Denkst du wirklich immer nur ans Geschäft?«

»Meistens.« Als CEO eines Weltunternehmens fand ich das nicht ungewöhnlich. Mein Leben drehte sich um Kings of Passion, seit ich denken konnte, und nun, da ich im Chefsessel saß, noch mehr. Ich hatte keine Zeit für andere Dinge. Hin und wieder brauchte ich nur guten Sex, um wieder etwas runterzukommen. Mich zu erden. Mit dieser Kombination kam ich gut durchs Leben. Wieso musste ich ausgerechnet jetzt an Robin Mayne denken?

»Der Termin steht«, offenbarte Lloyd, als müsste ich sofort wissen, wovon er redete.

»Welcher Termin?« Ich blätterte schon mal im übervollen Kalender.

»Die Hochzeit?«

Ich atmete tief ein. Egal was ich da draußen zwischen Caitlin und Daniel gesehen haben mochte, von der Heirat war ich so oder so nicht überzeugt. Caitlin war eine Frau, die, egal mit welchen Mitteln, nach oben wollte. Von der kleinen Assistentin im Einkauf hatte sie es immerhin bis zur Projektleiterin geschafft. Und das in Rekordzeit. Nebenbei hatte sie sich noch Lloyd geangelt. Für den war es die große Liebe. Für sie vielleicht nur ein Sprungbrett in noch größere Gewässer. Er nannte mir den Termin. In zwei Monaten, wenn es langsam wieder kühler wurde. »Wir möchten uns unter dem Wasserfall im Paronella Park das Ja-Wort geben.«

In Queensland also. Unter einem Wasserfall? Die Idee konnte nur von Caitlin stammen.

»Ich brauche noch einen Trauzeugen.«

Ach, bitte nicht ...

»Frag Garrett.«

Lloyd lachte.

»Du bist leicht zu durchschauen, großer Bruder. Ich wusste, dass du das sagen würdest.«

Er grinste von einem Ohr zum anderen.

»Und warum hast du Garrett dann nicht gleich gefragt?«

»Weil es mir viel bedeuten würde, wenn du mein Trauzeuge wärst«, betonte er. »Du warst immer für uns da, als wir klein waren, wir haben zu dir aufgesehen. Am wichtigsten Tag meines Lebens will ich dich an meiner Seite haben.«

»Weiß Mum schon von den guten Nachrichten?«

»Das ist etwas, dass ich außerdem mit dir besprechen möchte. Wäre cool, wenn du ihr das beibringen könntest. Mich hält sie für einen sentimentalen Naivling.«

War nicht ganz von der Hand zu weisen. Nach weniger als einem Jahr wussten sie, dass es die große Liebe war? Lloyds Blauäugigkeit nervte mich. Ich liebte ihn, wollte ihn schützen. Jetzt, da Dad nicht mehr war, sah ich dies mehr denn je als meine Aufgabe an. Doch wenn es wirklich Caitlin war, die ihn glücklich machte ...

»Ich denke über beides nach.« So gewann ich etwas Zeit, um die Situation besser einzuschätzen.

»Danke, Bro!«

»Jetzt zeig mir dein neues Design.«

Lloyd stellte den Kasten vor mir ab und hob den Deckel.

Ein Set, bestehend aus einer Halskette, zwei Ringen und Ohrringen aus feinem Weißgold, strahlte mir entgegen. Verziert mit schwarzen Opalen, in deren dunklem Glanz sich gelbe bis rote Sprenkel befanden.

»Das ist ein Unikatset, das es nur einmal auf der Welt gibt«, erklärte mir Lloyd stolz.

»Ich habe es für die Charity-Auktion geschmiedet. Und … es ist der Auftakt meiner neuen Barockoko-Kollektion.«

Ich zog den Schmuckkasten zu mir ran und musterte die Stücke vorsichtig, nahm einen Ohrring in die Hand.

Wie immer hatte Lloyd herausragende Arbeit abgeliefert. Aber diesmal war es ein ungewöhnlicher Stil, da er sonst eher moderne Formen bevorzugte.

»Ich wollte dem Set ein historisches Flair verleihen.«

»Man erkennt, was gemeint ist. Dieses Set wird gewiss hohe Gebote erzielen.« Zufrieden legte ich den Ohrring auf das rote Samtkissen zurück, da hielt mir Lloyd schon eine Mappe unter die Nase.

»Das hier sind die ersten Entwürfe für die Kollektion, die mir vorschwebt.«

Noch mehr History-Schmuck?

Ich öffnete das Heft, um mir die Designentwürfe anzusehen. Es gab nichts zu beanstanden. Theoretisch. Die Frage war nur, brauchte Kings of Passion so eine Kollektion? Unser Augenmerk lag seit jeher auf schlichter Eleganz, die zu jedem Anlass passte.

»Was sagst du?«, hakte er ungeduldig nach, während ich mein Kinn kraulte. Wie brachte ich ihm das bei?

»Ich sehe, du experimentierst nun auch mit Andamooka-Opalen?«, meinte ich und sah noch immer auf die Entwürfe. Das gefiel mir sehr. Da konnte er anknüpfen, nur vielleicht ohne historisches Flair.

Die Steine waren dunkel, ihre farbigen Highlights reichten von Gelb bis Grün. Zeitlos.

»Sie haben eine geheimnisvolle Eleganz«, erklärte mir Lloyd, ich reichte ihm die Mappe zurück.

»Heißt das, der Oberboss segnet die Entwürfe ab?« Ich atmete tief durch und schüttelte den Kopf. Es tat mir leid, ihn zu enttäuschen, aber ich musste im Interesse von Kings of Passion handeln.

»Was stimmt denn nicht mit der Kollektion? Du sagtest selbst, das Unikat sei gut.«

»Ist es auch ...«

»Aber?«

»Ich sehe diese Art Schmuck nicht unter unserem Namen, zumindest nicht als ganze Kollektion. Tut mir leid.«

Lloyd ließ sich in den Stuhl zurücksinken. »Und wieso nicht, wenn man fragen darf?«

»Das historische Flair ist auf seine Weise einzigartig, aber wir müssen die Stücke auch verkaufen. Zeitlosigkeit ist gefragt. Schmuck, der auch in Jahrzehnten noch getragen werden kann. Der Schmuck hat seinen Preis, unser Geschmeide ist eine dauerhafte Investition, keine kurzlebige Modeerscheinung. Und da sehe ich das Problem, es fehlt die Zielgruppe.«

»Caitlin sagt, dass sie da keine Probleme sieht ...«

»Caitlin? Seit wann ist Caitlin denn Expertin im Marketingbereich?«

Lloyd seufzte. »Sie hat doch nur gesagt, dass ihr der Schmuck gefällt und sie sich vorstellen kann, dass es auch anderen Frauen so geht. Er ist eben etwas verspielter, als man es sonst von uns gewöhnt ist, aber ...«

»Dein Unikat, schön und gut, aber mehr kann ich derzeit nicht genehmigen. Barockoko ist zu speziell für unsere Kunden, so leid es mir tut ...«

Sein Gesicht wurde starr wie eine Maske. Er war nicht nur enttäuscht, er war gekränkt.

»Du bist wie Dad«, sagte er leise, doch laut genug, dass ich es hörte. »Seit er nicht mehr ist, tun alle, als wäre er ein Heiliger gewesen. Aber das war er nie. Er hat ein eisernes Regiment geführt, blieb starr in seinen Ansichten verhaftet und hatte nie den Mut, neue Wege zu gehen. Dass er meine Entwürfe abgelehnt hätte, hätte ich erwartet, aber dass du es tust ...« Er brach ab.

Hatte Lloyd recht? War ich zu Dad geworden? Einem Mann, dem der Ruf des Unternehmens wichtiger war als individuelles Glück?

»Ich frage mich manchmal ...« Er zögerte. Hatte er Angst vor mir?

»Was fragst du dich?«

»Ob dir ein Ausgleich fehlt. Immer unter Stress. Ich hab doch gesehen, wie zügig du die Entwürfe durchgeblättert hast. Wahrscheinlich bist du gedanklich schon längst beim nächsten Termin ... Dad hat sich auch immer übernommen. Du weißt, wie das endete. Aber er hatte zumindest Mum.«

Worauf spielte er an? Dass ich heiraten und eine Familie gründen sollte? Dad hätte das gutgeheißen, sofern ich die richtige Partnerin ausgewählt hätte. Schließlich waren wir Townsends, nur außergewöhnliche Frauen aus guten Familien oder zumindest mit aufstrebender Karriere kamen daher als offizielle Partnerinnen infrage. Wie ich diese verstaubten Ansichten hasste. Ich zog es vor, keine Verpflichtungen dieser Art einzugehen, genoss ich meine Unabhängigkeit doch zu sehr.

»Seit Caitlin in meinem Leben ist, bin ich so glücklich wie nie zuvor. Sie gibt mir etwas, was mir keine andere Frau geben konnte. Und du weißt, ich war kein Unschuldslamm. Aber ich brauche das alles nicht mehr und ...«

»Es ist gut, dass du deinen Weg gehst«, sagte ich sachlich. »Und ich gehe meinen. Ich habe alles im Griff.«

Diskussionen über meinen Lebensstil hatten hier nichts zu suchen. Ich leitete einen mächtigen Konzern, ich musste funktionieren. Für ernste Beziehungen war da kein Platz.

Lloyd schien das zu verstehen, zumindest hakte er nicht weiter nach. »Sicher. Das Schmuckset lass ich bei dir – für die Auktion«, sagte er und erhob sich. Seine Enttäuschung war greifbar, aber er musste irgendwann erwachsen werden. Nichts alles, was glänzte, war Gold. Wir waren ein Wirtschaftsunternehmen, auch wenn er sich rein als Künstler begriff. Aber deswegen saß ich im Chefsessel und nicht er.

»Pass auf dich auf«, verabschiedete er sich und verließ mit seiner Mappe mein Büro.

11. Kapitel

Robin

Die Mail mit den ersten Fotos des Bernaduchi war an den Prof rausgegangen. Akribisch hatte ich das Bild Zentimeter für Zentimeter untersucht sowie Proben genommen, um sie an unser Institutslabor zu schicken und analysieren zu lassen, mit welcher Art Leinwand und Farbe wir es hier zu tun hatten. Dies würde den Restaurationsprozess beeinflussen.

Irgendwann am Nachmittag wurde schließlich mein Wagen gebracht. Ich nahm ihn in Augenschein und parkte ihn, mit Marthas Erlaubnis, in der riesigen Garage, wo mal eben zwei Porsches und drei Mercedes-Benz standen. Was hatte ich erwartet? Natürlich besaß Townsend einen eigenen Fuhrpark! Wegen der Werkstattrechnung brauchte ich mir keine Sorgen zu machen, Martha hatte mir versichert, dass das unter Townsends Versicherungsschutz fiel. Und ich war wieder mobil, was wollte ich mehr?

Gegen Abend checkte ich meine E-Mails, aber der Prof hatte noch nicht geantwortet. Womöglich litt er unter Jetlag.

Zeit für den Feierabend. Mein Magen knurrte schon.

Ich begab mich in den Speisesaal, wo das Essen bereits angerichtet war. Townsend war nicht hier. Wieso reagierte ich darauf enttäuscht? Das bedeutete doch, es würde ein gemütlicher Abend werden, ohne nerviges Nachbohren wie: »Gut vorangekommen?«, »Werden Sie sicher rechtzeitig fertig?«, »Haben Sie meinen Bernaduchi ruiniert?« Oder das sinnliche Lippen-Fixieren, das mich immer wieder aus dem Konzept brachte. Als würde jede Frau ihm automatisch verfallen. Wahrscheinlich glaubte er das wirklich. Noch wahrscheinlicher: Es passierte oft genug.

Martha kam herein und brachte mir Wein. »Guten Appetit!«, wünschte sie mir.

»Ist Mr Townsend noch nicht zurück?«, entfleuchte es mir. Wieso wollte ich das wissen?

»Oh, doch, doch, er hat sich in sein Arbeitszimmer zurückgezogen«, erklärte Martha, während sie meinem Blick auswich. Außerdem röteten sich ihre Wangen auf merkwürdige Weise, was mich verwunderte.

Ich hakte nicht weiter nach und zuckte nur mit den Schultern. Townsend war offenbar ein Workaholic, wenn er die Arbeit sogar mit nach Hause brachte. Passte zu dem Erfolgsmenschen, als den ich ihn kennengelernt hatte.

»Haben Sie sonst noch einen Wunsch?«, erkundigte sich die pflichttreue Haushälterin.

Ich schüttelte den Kopf, und sie raunte mir beim Rausgehen verschwörerisch zu: »Die besten Meat Pies, die Sie je gegessen haben.«

Und sie hatte recht, sie schmeckten köstlich. Wenn Townsend nichts davon wollte, blieb umso mehr für mich übrig. Schnell hatte ich eine ordentliche Portion verputzt und fühlte mich rund und träge, genau richtig, um den Tag ausklingen zu lassen. Ich schob den Stuhl zurück und wollte mich auf mein Zimmer zurückziehen, vielleicht noch etwas fernsehen, meine Mails checken …

Mein Weg führte mich in die gewaltige Empfangshalle des Hauses, wovon aus ich direkt über die Haupttreppe zu meinem Zimmer gelangen konnte, doch etwas anderes erregte meine Aufmerksamkeit. In einer der Vitrinen entdeckte ich einen geöffneten Schmuckkasten, der mir vorher nicht aufgefallen war. Vielleicht hatte Townsend ihn erst kürzlich hier platziert. So oder so – ganz schön mutig, etwas so Wertvolles so offen auszustellen, dachte ich. Allerdings war das

Haus gut gesichert. Hier kam niemand ungefragt herein. Dafür sorgten etliche Alarmanlagen.

Ich ging näher heran, um das Schmuckset zu mustern. Es wirkte verspielt. Weißgoldene Stücke, darin gefasst dunkle Opale. Es erinnerte mich an etwas ... doch ich kam gerade nicht drauf.

Aus der Ferne hörte ich ein glockenhelles Lachen, das mich innehalten ließ. Ich verortete es in der Nähe des Haupteingangs. Ganz sicher stammte es nicht von Martha und erst recht nicht von Townsend. Zu feminin, zu sexy. Jetzt machte es Klick! Deswegen hatte Martha so beschämt reagiert, als sie von Townsends Arbeitszimmer sprach. Er hatte tatsächlich etwas mit nach Hause gebracht, aber offenbar nicht die Arbeit. Ich hätte darauf echt gleich kommen können. Vorhersehbar. Was erwartete ich von einem Mann, der für seine vielen Affären bekannt war?

Ich richtete meinen Blick wieder auf das Schmuckset.

Das Weißgold sah unglaublich rein aus, die Verzierungen waren so verspielt, dass ich sie instinktiv dem Rokoko zuordnete, obwohl ich genau wusste, dass der Schmuck nicht aus dieser Zeit stammte. Dazu war er zu filigran gearbeitet. Hier war moderne Technik am Werk gewesen. Und doch erinnerte es mich an etwas Altes ...

Besonders beeindruckten mich die kleinen Opale, die hier und da Akzente setzten. Wer immer es gefertigt hatte, war sehr detailverliebt.

Ah, jetzt fiel es mir ein! Natürlich, auf den Gemälden von Boudivar fanden sich häufig Frauen der Oberschicht, die derartigen Schmuck trugen. Ganz klar war das die Inspirationsquelle gewesen.

Plötzlich tauchte in der Spiegelung der Glasvitrine eine hochgewachsene Gestalt auf. Erschrocken drehte ich mich um.

Sofort setzte das Nackenprickeln ein.

»Ich sehe, Sie haben unser neues Unikat entdeckt. Was halten Sie von dem Set?«, fragte Townsend und sah auf mich herunter. Er war allein, hatte seine Gespielin offenbar verabschiedet. Doch er roch nach ihr.

Neugierig funkelte er mich an. Ob seine Augen immer wie Juwelen leuchteten, nachdem er Sex gehabt hatte?

Was für eine Frage war das denn? O Gott! Das ging mich nichts an. Und wichtiger: Es interessierte mich auch nicht. Kein Stück.

»Ich verunsichere Sie.«

»Wa…s?«

»Mit meiner Frage.«

Wieso sah der Kerl meine Lippen an, wenn es um dieses Schmuckset ging? Weil er mit mir seinen Spaß hatte. Und ich ging auch noch drauf ein.

»Also?«, hakte er amüsiert nach.

Ich wandte mich wieder dem Set zu, fragte mich, wieso ihn überhaupt meine Meinung interessierte. Zugleich hatte ich das Bedürfnis, etwas Schlaues beizutragen, weil ich immer noch das Gefühl hatte, mich ihm beweisen zu müssen. Townsend wollte scheinbar nicht mehr länger warten, er holte den Kasten sogar extra heraus, hielt ihn vor mich.

»Keine Expertise?«, neckte er mich.

Ehrlich, dieses Set war atemberaubend schön und vermutlich so teuer, dass ich mein halbes Leben dafür schuften müsste, um auch nur einen Ohrring tragen zu können. Ich traute mich daher nicht, auch nur eines der Stücke in die Hand zu nehmen, um es mir ganz genau anzusehen.

»Sie sind die Erste, der ich es zeige«, sagte er samten. Das Nackenprickeln wurde stärker, ich ignorierte es mit aller Kraft, doch wenig erfolgreich. »Mein Bruder hat es gefertigt. Es soll auf der Auktion versteigert werden.«

Wieso war ich die Erste, der er das Set zeigte? Was war mit Miss Glockenlachen?

»Ihr Bruder ist sehr talentiert.«

Townsend lächelte. »Das ist er. Sehen Sie sich das Geschmeide näher an. Nur zu«, ermutigte er mich, und ich griff nach einem Armreif, der sich ein wenig kühl anfühlte und überraschend leicht war. Ich ertastete die feinen Rillen, die in das Weißgold geschmiedet waren.

»Das Rokokoflair hat er perfekt eingefangen. Hier, diese kleinen Bögen sind typisch. Er hat sich da wirklich eingearbeitet.«

Ich legte den Armreif vorsichtig aufs Samtkissen zurück. Erst jetzt fiel mir auf, dass wir beide den Kasten festhielten und er meine Finger musterte, insbesondere den, an dem bis vor Kurzem noch mein Verlobungsring gesteckt hatte. Das hatte er schon mal gemacht, nur da war ich noch mit Anthony zusammen und meine Hand mit laubgrüner Farbe beschmiert gewesen. Ahnte er, dass …?

Ach, es interessierte ihn sicher gar nicht, wie es in meinem nicht mehr vorhandenem Liebesleben aussah. Aber bei mir löste der Gedanke daran ein Druckgefühl in der Herzgegend aus. Keine Ahnung, wieso das ausgerechnet jetzt aufkam. Ich ließ von dem Schmuckkasten ab und machte ein paar Schritte zurück.

»Warum haben Sie mich nach meiner Meinung zu dem Schmuck gefragt?«, wunderte ich mich und versuchte, mich zugleich von meinen schmerzhaften Erinnerungen abzulenken. Ich sah ihn an. Sein scharfkantiges Kinn, seine gerade Nase, die vollen dunklen Haare. »Mit modernem Schmuck kenne ich mich nicht aus, da sind Sie der Experte.« Denn letztlich waren es keine historischen Stücke, auch wenn sie es vortäuschten. Hielt Townsend echt so viel von meiner Meinung?

»Sehen Sie es als Marktforschung an.«

»Verstehe.« Eine enttäuschend banale Erklärung. Als Frau gehörte ich halt zur Zielgruppe. Mit meinem Fachwissen hatte es nichts zu tun. Und auch mit sonst nichts.

»Nun haben Sie ja meine Expertise«, sagte ich leise. »Gute Nacht, Mr Townsend«, verabschiedete ich mich.

12. Kapitel

Robin

Ich wollte nicht mehr weinen. Also zwang ich mich, an etwas völlig anderes als an Anthony zu denken. Eigentlich vermisste ich auch nicht ihn, sondern das Bild, das ich von ihm hatte. Vom lieben, romantischen und manchmal auch etwas wilden Anthony, der mich damals im Supermarkt über den Haufen gerannt hatte, um mich dann mit Ravioli zu verführen. Aber er existierte nicht. Ich hatte ihn lediglich so sehen wollen, anstatt des wahren Tonys, der Simone nie loslassen konnte. War er damals nicht frisch von ihr getrennt gewesen? War ich das Trostpflaster gewesen? Ich hatte genug von all diesen Fragen. Wie gut, dass endlich eine Mail vom Prof eingetroffen war. Nichts lenkte besser ab als Arbeit kurz vor Mitternacht.

Der Einsatz von nicht-ionischen Tensiden bietet sich bei der Reinigungsarbeit jeder Leinwandoberfläche an. Wenn Sie vorsichtig mit einem Wattestäbchen auf kleiner Fläche arbeiten, sollten Sie annehmbare Resultate erzielen.

Doch wir müssen aufpassen, Bernaduchi war dafür bekannt, seine Leinwände mehrfach zu verwenden. Vielleicht befindet sich unter »Die Liebenden« eine Überraschung.

Ich habe ferner gute Nachrichten für Sie: Wie versprochen habe ich einen Kunstsachverständigen kontaktiert. Er ist be-

reit, sich die Werke Ihrer Bekannten anzusehen, sobald ich wieder in Australien bin.

Meilleurs vœux
Will Gordon

Ich schloss die Mail des Professors und legte meinen Laptop zugeklappt auf dem Nachttischchen ab. Offenbar war er gut in Paris gelandet. Und er hatte seine Ankündigung, Maya zu helfen, auch schon angefangen umzusetzen. Der Bernaduchi bereitete mir trotz der aufmunternden Worte Kopfschmerzen. Konnte da wirklich ein Gemälde unter dem Gemälde sein? So wie Tony zwei Gesichter hatte? Verdammt, wieso ließ er mich nicht in Ruhe?

Ich musste aufpassen, wenn ich mit der Säuberung des Bernaduchi begann. Der Druck war groß, handelte es sich doch um ein Original, unbezahlbar für die Kunstwelt. Ich wäre in der Branche verrufen, wenn ich das versaute. Das war eine andere Nummer als ein Boudivar. Vielleicht das herausforderndste Projekt, an dem ich bisher gearbeitet hatte. Das letzte Mal war ich bei meiner mündlichen Abschlussprüfung so aufgeregt gewesen, da war es um weniger gegangen.

Ich brauchte frische Luft. Musste mir die Beine vertreten, um mich wieder zu erden und heute Nacht noch etwas Schlaf zu finden. Rasch zog ich mir etwas über und verließ mein Zimmer.

Es war erstaunlich frisch, als ich durch die nächtliche Gartenanlage ging, doch der Wind, der über meine Wangen strich, half mir, ein wenig runterzukommen. Was für eine schöne sternenklare Nacht.

Ich blickte zum Himmel auf und genoss den Anblick Tausender Juwelen über mir. Sie sahen aus, als stammten sie direkt aus der Kings-of-Passion-Schmiede.

Ich hatte es doch gut getroffen. Mein Studium war abgeschlossen, ich stand auf eigenen Beinen, hatte einen tollen Job, diese Megachance hier. Wenn ich Townsend mit meiner Arbeit zufriedenstellte, würde er die Werbetrommel für mich und das Institut rühren. Ich war stolz auf meine Arbeit und das, was ich bisher erreicht hatte. Da würde mich auch ein Bernaduchi nicht kleinkriegen. Und der treulose Anthony schon dreimal nicht!

Ich wollte gerade umkehren, als sich mir ein Schatten näherte. Als er ins Licht der Gartenbeleuchtung trat, erkannte ich Townsend. Ich atmete auf, wenigstens kein Strauchdieb.

»Noch wach, wie ich sehe.«

»Verfolgen Sie mich etwa?«, gab ich entrüstet zurück. Erst das Treffen an der Vitrine, jetzt hier beim Nachtspaziergang.

»Das ist mein Garten.« Er verschränkte die Arme vor der Brust und grinste breit. Da er jetzt nur ein einfaches Hemd trug, konnte ich die Muskeln unter dem seidigen Stoff erkennen. Und was sich darunter befand, war nicht zu verachten, das wusste ich ja, seit er mich getragen hatte. Wo kam der Gedanke denn plötzlich her? Ein kleiner Schauer erfasste mich.

»Das ist keine Antwort auf meine Frage«, fand ich zum Thema zurück.

»Die Welt dreht sich nicht allein um Sie, Miss Mayne. Ich mache hier abends oft einen Spaziergang, um den Tag ausklingen zu lassen.«

»So?« Ich wusste nicht, ob ich ihm das abnehmen sollte. Aber er hatte ja nicht wissen können, dass mir der Sinn nach einem nächtlichen Spaziergang stehen würde. Außerdem, ich war sicher die Letzte, an der er ein irgendwie geartetes Interesse hatte. Ich war kein Model, wir eckten ständig an, und dann war da ja noch Miss Glockenlachen. War Townsend bei ihr vielleicht nicht auf seine Kosten gekommen?

War das mein Problem? Eigentlich wollte ich nur meine Ruhe haben, weswegen ich ja in den Garten gekommen war.

Townsend sah mich so eigenartig an, dass mir das Herz bis zum Hals klopfte. Warum tat er das?

Weil es ihm Spaß machte, mich zu verunsichern. Hatte ich die Lektion noch nicht gelernt?

»Und Sie sind hier, weil ...?«

»Aus demselben Grund«, schoss es einen Tick zu schnell aus mir hervor. »Aber inzwischen ist mir zu kalt, ich gehe wieder zurück.«

Sein Blick ruhte auf mir, als glaubte er mir kein Wort. Dazu das arrogante Grinsen. Wir würden wohl niemals Freunde werden. Und dann machte es Klick.

»Sie denken doch nicht, dass ich wegen Ihnen hier bin«, entfuhr es mir. Er machte sich gern über mich lustig, so viel hatte ich schon kapiert. Aber diesmal schien er es ernst zu meinen. Sein Grinsen wurde größer. »Ich war zuerst hier, also sind doch Sie mir gefolgt«, schlussfolgerte er messerscharf.

Echt jetzt? Auf diesem Niveau waren wir jetzt angelangt? Ich war zuerst hier gewesen! Nein, ich ... Er war vor mir in den Garten gegangen ...

Dennoch, er hatte offenbar ein schräges Bild von mir. Es sei denn, ich hatte *es* doch laut ausgesprochen. Ihn gebeten, mich zu küssen. Mein Herz pochte wie verrückt bei der Vorstellung. Wenn er sich darauf etwas einbildete, war ihm nicht zu helfen, sorry! Ich war nicht ich selbst gewesen. Und nun zu denken, ich wäre ihm gefolgt ...

Konnte ja sein, dass sich sein Liebchen und meinetwegen jede andere Frau auf diesem Planeten in seiner Nähe in ein sabberndes Etwas verwandelte – aber ich nicht! Er war nicht mal im Ansatz mein Typ, ich mochte Schürzenjäger nämlich nicht.

»Sie sind ein eingebildeter Gockel, Mr Townsend«, fuhr ich ihn an.

Ich stampfte über die Wiese, doch ich bereute meine Worte schnell, denn er war immerhin mein Auftraggeber. Ich wollte gerade umdrehen, um das ein bisschen abzuschwächen, als mich wie aus dem Nichts eine wahre Flut kaltes Wasser erfasste. Von unten, von allen Seiten. Was zum ...

Ich schrie auf.

Ehrlich, ich hatte mich noch nie so laut schreien hören. Es tat in meinen Ohren weh. Noch schlimmer war die eiskalte Dusche.

Ich brauchte einen Moment, ehe ich begriff, dass es nur der Rasensprenger war, der mich erwischt hatte.

»Sind Sie völlig verrückt geworden?«, fuhr ich Townsend an und stakste klatschnass auf ihn zu. Vor Wut spürte ich nicht mal die Kälte. Unzählige Tropfen perlten aus meinen Haaren. Er wagte es auch noch zu lachen! »Wie können Sie den Rasensprenger einschalten, wenn ich da gerade langgehe?«

»Beruhigen Sie sich, Miss Mayne«, meinte er, und ich sah ihm an, dass er das Lachen jetzt stark unterdrücken musste. »Der Rasensprenger ist programmiert. Es dreht sich wirklich nicht alles um Sie.«

»Und warum sprengen Sie bitte nachts?«

»Weil das eine effektive Methode ist. Sie haben von ökonomischer Bewässerung offenbar keine Ahnung. Außerdem nennt sich das Karma«, erklärte er selbstgefällig.

Klar, weil ich ihn eingebildeter Gockel genannt hatte – was einfach nur die Wahrheit war –, hatte ich diese kalte Dusche verdient?

Ich bemerkte, dass sein Blick zur Abwechslung auf meinen Brüsten haftete. Wenn auch nur kurz. Er war ja ein Gentleman ...

Langsam schaute ich an mir hinunter und erstarrte. Meine durchnässte Kleidung war durchsichtig geworden. Man konnte alles sehen. Vor allem meine harten Brustspitzen, die sich aufgrund der Kälte aufgerichtet hatten.

O Gott, blieb mir denn wirklich nichts erspart?

»Das … das ist doch … Argh!« Wütend drehte ich mich um und eilte zur Villa zurück. Eine tropfende Spur hinter mir herziehend.

»Gute Nacht, Miss Mayne«, rief Townsend mir nach. Sein Duft umwehte mich noch, als ich längst im Innern der Villa verschwunden war. Rosenwasser. Ärgerlich wedelte ich mit den Händen vor meinem Gesicht, um die sinnliche Note zu vertreiben, während meine Zähne nun unkontrolliert klapperten. Nachts Rasen sprengen? Wem wollte er das erzählen?

Und der Duft war auch nicht seiner, sondern ihrer. Nach einer ordentlichen Dusche, die ich dringend zum Aufwärmen benötigte, war ich ihn erst los. Ich war so kaputt, ich schlief sofort ein, als ich mich ins Bett gelegt hatte.

13. Kapitel

Robin

Mein Google-Assistent suchte mir in Windeseile das beste Fachgeschäft für Restaurationsbedarf in der Nähe heraus, während ich am Frühstückstisch saß und Martha mir Tee eingoss.

Ich bemerkte ihr Missfallen beim Blick auf mein Smartphone und ließ es in der Hosentasche verschwinden. Martha war eben noch eine andere Generation. Bei Tisch saß man gerade, spielte nicht mit dem Handy, setzte die Mütze ab, falls man eine hatte, und sprach nicht mit vollem Mund.

Ich mochte sie trotz dieser Strenge sehr gern. Und nun, da ich »brav« war, schenkte sie mir auch ein gütiges Lächeln.

»Sie müssen sehr stolz sein, in so einem Traditionshaus zu arbeiten«, fing ich unverfänglichen Small Talk an.

»Traditionshaus? Mr Townsend bewohnt diese Villa erst seit vier Jahren und zehn Monaten. Genau so lange arbeite ich hier.«

So kurz nach dem Brand war er also hergezogen? Zufall? Das machte mich neugierig.

»Hat es ihm auf dem Familienanwesen nicht mehr gefallen?«, fragte ich zwanglos. Das war ja immerhin Mini-Versailles und eigentlich genau der Ort, an dem sich so ein Snob wohlfühlen sollte.

»Das müssen Sie ihn schon selbst fragen, Miss Mayne.« Sie lachte und verließ das Speisezimmer, während ich mir ein Croissant schnappte.

Vielleicht fragte ich ihn wirklich mal?

Nach dem Frühstück beschloss ich, in die City zu fahren, um das passende Reinigungsmittel für den Bernaduchi zu besorgen. Mein Wagen war ja zum Glück repariert.

Ich sagte kurz Martha Bescheid und machte mich sodann auf den Weg. Mit dem Navi gelangte ich innerhalb weniger Minuten in den Central Business District. Ich parkte vor dem Laden, den mein treuer Assistent herausgesucht hatte, und stellte amüsiert fest: Nur zwei Straßen weiter befand sich eine Filiale von Kings of Passion. Nicht nur das, offenbar handelte es sich sogar um die erste überhaupt. Das jedenfalls behauptete mein Google-Assistent, als ich um mehr Informationen bat. Ob ich nachher mal vorbeischaute? Reizen würde es mich ja schon. So rein wissenschaftlich betrachtet.

Jetzt brauchte ich aber erst einmal die Tenside. Ich stieg aus, betrat den Laden und fand mich im Paradies für Restauratoren wieder. Regale voller Reinigungsmittel, Farbmischungen, Instrumente.

Vielleicht nahm ich bei der Gelegenheit etwas Ölfarbe in Braun und Grün mit. Wenn ich es recht bedachte, würde ich an der ein oder anderen Stelle nachbessern müssen. Es war anzunehmen, das selbst das sanfteste Reinigungsmittel etwas Farbe abtrug.

»Kann ich Ihnen helfen?«, fragte eine freundliche Verkäuferin, aber ich winkte ab. Ich wusste, was ich brauchte, und ich fand es ohne Mühe.

Nicht-ionische Tenside verschiedener Hersteller – es schadete nicht, auf Nummer sicher zu gehen und zwei unterschiedliche Fläschchen mitzunehmen. In beiden Fällen handelte es sich um Alkylpolyglucoside, die leicht abbaubar waren und aus nachwachsenden Rohstoffen hergestellt wurden, wie mir das Etikett verriet. Perfekt für meine Zwecke!

»Wäre das alles?«, fragte mich dieselbe Dame von vorhin an der Kasse.

»Ja, das ist alles«, erwiderte ich, bezahlte die Mittel und die Farbtuben, um alles im Kofferraum zu verstauen und mir anschließend den ersten Schmuckladen der Townsends anzusehen. Als History-Nerd war das einfach ein Muss.

Ich lief die Straße hoch, bog zweimal ab und stand wenig später in der berühmten Collins Street, der Hauptstraße vom District.

Hier gab es vieles, was mein Herz höherschlagen ließ. Alte viktorianische Architektur, das bekannte Alston's Corner, das schon früher ein Geschäftsgebäude gewesen war und nun auch Apartments beherbergte, sowie das Regent und das Athenaeum Theatre, historische Gebäude und natürlich zahllose Boutiquen, größere und kleinere Geschäfte.

Mein Handy klingelte, rasch ging ich ran, als mir schon Mayas schrille Stimme entgegenschlug. »Ist das wahr? Dein Gordon will mir einen Kunstkenner vorstellen?«

Ich hatte ihr gestern noch über WhatsApp Bescheid gegeben.

»Jepp.«

»Das ist ja der Wahnsinn! Wie kommt es denn dazu?«

»Och, ich hab etwas gute Fee gespielt.«

»Danke, das ist großartig. Ich hoffe nur, der mag meine Sachen. Was, wenn nicht? O Gott!«

»Beruhige dich, er wird es schon mögen. Du bist gut.«

Ich lief die Straße weiter entlang. Vorbei an den imposanten alten Bauwerken.

»Du bist so lieb. Weißt du denn, wer es ist?«

»Hat mir der Prof leider nicht gesagt ...«

»Oh, warte mal, es klingelt an der Tür. Wir reden später weiter, ja?«

»Alles klar«, erwiderte ich, und sie legte auf.

Ich musste nicht lange nach Kings of Passion Ausschau halten, der übergroße Schriftzug an einem älteren zweistöckigen Gebäude lenkte alle Aufmerksamkeit auf sich.

Direkt dahinter befand sich ein Hochhaus, das den gleichen markanten Schriftzug an der Fassade aufwies, der auch Erkennungszeichen der Firma war. Darin befanden sich wohl die Büros des Unternehmens.

Ich blieb vor dem riesigen Schaufenster des Schmuckladens stehen.

Eine goldene Plakette wies darauf hin, dass das Geschäft seit 1929 existierte.

Die Auslage war atemberaubend. Es funkelte und glitzerte überall. Gelbgold, Rotgold, Weißgold und Silber. Rubine, Smaragde, Perlen, Saphire und natürlich Opale glänzten um die Wette. Sie verzierten Ringe und Armreifen, Halsschmuck und Ohrringe, Haarspangen, Uhren und Manschettenknöpfe.

Ich erkannte die Handschrift des Schmuckdesigners wieder, denn die wunderschönen Stücke ähnelten dem verspielten Rokokoset in der Empfangshalle der Villa. Sie besaßen zwar keine historischen Akzente, waren aber ebenso filigran gestaltet.

Ich traute mich nicht, mir die Preise anzusehen, bis ich merkte, es gab keine. So lief es in der Welt. Die wirklich teuren Sachen hatten keine Preisschilder, denn die Leute, die sie einkauften, achteten in der Regel nicht aufs Geld.

Im Laden entdeckte ich ein junges Pärchen, das sich vom Verkäufer Ringe zeigen ließ. Gemeinsam wählten die beiden welche aus. Die Frau probierte ihren an und fiel dem Mann vor Freude um den Hals. »Haben Sie etwas gefunden, das Sie interessiert?«, raunte plötzlich eine vertraute Stimme hinter mir.

Ich hob erschrocken den Blick, sah seine imposante Spiegelung im Schaufenster und hielt den Atem an. Ein Gefühl von Déjà-vu überkam mich. Wieso liebte er es nur so, sich an mich anzuschleichen wie ein Raubtier an seine Beute?

Meine Nackenhärchen stellten sich auf, als ich Townsends Atem spürte, der darüber strich. Er roch verdammt gut. Natürlich! Kein Rosenwasser, sondern wieder sein herber Mandelduft. Aber ich wollte seinen Geruch – ich wollte ihn – nicht anziehend finden.

Langsam drehte ich mich zu ihm um, blickte zu ihm auf. Ein freches Lächeln umspielte seine Lippen.

Was machte er hier? Stalkte er mich doch? Okay, eine gewagte These, bedachte man, dass hier seine Firma saß. Aber dass er sich immer von hinten anschlich, war doch Absicht.

»Nein, mich ... interessiert hier ... nichts«, stammelte ich durcheinander.

»Nichts?« Er hob zweifelnd eine Braue. Dann legte er seine Hände auf meine Schultern und drehte mich herum, sodass ich wieder die Schmuckauslage sah.

»Schauen Sie noch mal genau hin, Robin. Sie können mir nicht erzählen, dass Sie sich für nichts, was Sie dort sehen, erwärmen können.«

Ich sah nicht den Schmuck, sondern erneut das Pärchen. Ein Kloß bildete sich in meinem Hals.

»Ist alles in Ordnung, Miss Mayne?«, fragte Townsend plötzlich sanft. Er sah mich komisch von der Seite an, nicht so selbstgefällig wie sonst.

»Alles bestens!«, fuhr ich ihn an, es tat mir im selben Moment leid. Doch ich fühlte mich ertappt. In letzter Zeit war nichts in Ordnung, und jetzt dieses Pärchen zu sehen, riss die Wunde wieder auf. Denn das hätten auch Tony und ich sein können. Zugegeben, wir hätten uns keine Ringe von Kings of Passion leisten können ...

»Vaughan«, rief plötzlich jemand von der Seite. Diese glockenhelle Stimme kannte ich doch. Sie gehörte seinem Liebchen von gestern.

»Ich schicke sie weg«, meinte er. »Setzen wir uns in ein Café, und dann erzählen Sie mir, was Sie bedrückt?«

»Gehen Sie ruhig«, sagte ich ruppiger, als ich es wollte. Ich brauchte keinen Retter. Schon gar nicht, wenn er Townsend hieß, der sich nun als übergroßer Gönner aufspielte! Oder meinte er es ernst? Ich war mir bei ihm nie sicher.

Er sah mich zweifelnd an.

»Wir reden später«, meinte er schließlich, als ich noch immer zögerte, und ließ von mir ab. Er wandte sich der hübschen Blondine im Businessoutfit zu, die wieder glockenhell lachte. Ich blickte nun auch zu ihr, und im ersten Moment dachte ich tatsächlich, es wäre Simone! Doch diese Version von ihr war größer und noch um einiges schlanker.

»Tut mir leid, ich bin spät dran«, erklärte die Doppelgängerin. Sogar ihre Stimme klang ähnlich. So melodisch-beschwingt.

Townsend warf mir einen Blick zu. Ich ahnte, wenn ich jetzt meine Meinung änderte, würde er sie stehen lassen. Was wohl bedeutete, dass er kein allzu schlechter Kerl sein konnte. Aber ich wandte mich um und blickte wieder in die Spiegelung des Schaufensters, das mich vom teuren Geschmeide trennte. Ich musste mich ordnen, dazu brauchte ich ihn nicht.

Er ging zu dem Model, legte den Arm um sie und führte sie über die Straße, wo die beiden in einem noblen Restaurant verschwanden.

Tief atmete ich durch.

Im nächsten Moment verließ das Pärchen den Laden. Auf der Straße küsste es sich innig, das sah ich deutlich in der Spiegelung. Und noch etwas sah ich: Ich war allein.

14. Kapitel

Vaughan

Gegen siebzehn Uhr machte ich Feierabend. Ich hatte einen anstrengenden Tag hinter mir und war mit den geschäftlichen Entwicklungen zufrieden. In Europa hatten wir vor einem halben Jahr zwei neue Filialen in London und Paris eröffnet, deren Bilanz mir nun vorlag. Die Verkaufszahlen konnten sich sehen lassen, die Geschäfte waren offenbar gut angenommen worden. Dad wäre stolz gewesen. »Harte Arbeit zahlt sich aus«, hätte er gesagt.

Außerdem hatten unsere Mitarbeiter in den USA einige Schmuckstücke an Hollywoodstars verliehen, die diese in den nächsten Tagen und Wochen auf roten Teppichen zur Schau stellen würden. Kostenlose Werbung, großer Effekt. Ein Projekt designed by Caitlin. Man musste ihr zugutehalten, sie verstand ihren Job.

Mit Claudine, Mums persönlicher Assistentin, hatte ich heute zu Mittag gegessen, um mit ihr die Unterlagen zu besprechen, die sie mir gestern Abend vorbeibrachte. Sie hatte unglaublich viel geredet, wie es ihre Art war.

Während wir beim Nobel-Italiener gesessen hatten, hatte ich immer wieder an Robin denken müssen. An ihren Fransen-Pony, der ihr frech in die Augen hing. Ihre großen vollen Lippen in der Farbe reifer Kirschen, die so einladend glänzten. Ich erinnerte mich an den Moment, an dem ihre Brüste durch ihr Hemd geschimmert hatten, weil Robin vom Rasensprenger erwischt worden war. Die wunderschönen

Spitzen, die ich gern sanft gestreichelt hätte. Ich wusste, hinter dieser süßen Fassade brodelte wilde Leidenschaft. Sobald sie ihren Kopf ausschaltete, würde diese Besitz von ihr ergreifen. So wie sie es getan hatte, als Robin wegen des kleinen Hitzschlags nicht sie selbst gewesen war. Ich lachte leise. »Küssen Sie mich.« Würde sie es jetzt zu mir sagen, würde ich keine Sekunde zögern.

Aber ich merkte auch, da war eine Mauer um sie, die nicht leicht zu durchdringen war. Sie reagierte schnell über, ging in Verteidigungshaltung. Vielleicht weil sie irgendwann sehr verletzt worden war. Das Problem war: Frauen mit Schutzwall weckten meinen Eroberungsinstinkt. Sie waren so viel reizvoller als die Claudines und Caitlins dieser Welt, die sich einem an den Hals warfen. Ich liebte die Herausforderung.

Ja, ich hatte eine Schwäche für Robin Mayne. Sie war genau mein Typ, eben nicht so gertenschlank wie die meisten Laufsteg-Models, sondern mit Rundungen an den richtigen Stellen. Als wir vorhin vor dem Schaufenster gestanden hatten, hatte ich sie gewollt. Mein Schritt so nah an ihrem Hintern … Ich hatte schon befürchtet, sie würde *es* merken. Doch das war nicht der Fall gewesen. Sie schien weder zu ahnen, wie scharf sie mich schon die ganze Zeit machte, noch wie scharf sie war.

Doch dann war etwas vorgefallen, das mich noch jetzt beschäftigte. Ihre Augen hatten unendlich traurig ausgesehen. Ich wusste nicht, was vorgefallen war, aber ich wusste, wie Schmerz aussah. Und plötzlich war da der Wunsch in mir gewesen, ihr zu helfen. Der Gedanke, jemand könne ihr wehgetan haben, weckte unendlichen Zorn in mir. Wollte ich mit ihr schlafen? Klares Ja. Wollte ich sie beschützen? Verdammt, ja!

Mir kam eine Idee.

Ich griff nach meinem Handy und rief Garrett an. Den älteren meiner beiden jüngeren Brüder.

»Hey, Mate, was für eine Überraschung«, erklang Garretts Stimme. Er hatte die Aufsicht über die Opalminen des Unternehmens. Sein Job brachte es mit sich, dass er die meiste Zeit in der Abgeschiedenheit unterwegs war. Doch genau das war es, was er an seiner Arbeit genoss. Er war ein Einzelgänger durch und durch. Und in ebendieser Abgeschiedenheit befand sich etwas, womit ich Robin zweifelsfrei eine Freude machen und sie ablenken konnte von dem, was immer sie auch quälte.

»Befindet sich Großvaters Venusstatue noch in deinem Besitz?«, hakte ich nach und presste genüsslich die Lippen aufeinander, denn ich stellte mir bereits vor, wie Robin reagierte, wenn sie das Kunstwerk sah.

»Aber sicher. Ist ein bisschen eingestaubt, und steht hier nur im Weg rum. Die kannst du für deine Auktion haben, wenn du willst. Darum geht's dir doch, oder?«

Perfekt! Eingestaubt klang, als bräuchte die Venus eine Restauration. Diese Freude wollte ich Robin unbedingt machen.

»Richte dich auf Besuch für morgen ein.«

»Du willst mal wieder vorbeischauen?« Garrett lachte. »Ich dachte, du hasst die Minen.«

»Es gibt schönere Orte. Aber die Venus ist ein Auktions-Highlight, also hole ich sie persönlich ab. Und ich bringe jemanden mit, der ihr neuen Glanz verleiht.«

»Alles klar, freue mich, euch in meiner bescheidenen Hütte willkommen zu heißen. Und wenn du dann eh schon da bist, können wir endlich mal über die Anschaffung neuer Bohranlagen reden. Unsere Männer arbeiten mit einem Equipment, das gefühlt aus der Kreidezeit stammt. Effizienz geht anders.«

Richtig, da war was gewesen. Er hatte das schon öfter angesprochen. Kostspielige Sache. Aber er hatte recht.

»Die Opalerträge könnten verdoppelt werden, wenn ...«

»Ich verschaffe mir einen Überblick, und dann sehen wir weiter.«

»Mehr will ich gar nicht, Bro.«

Wir verabschiedeten uns. Mit einer raschen Handbewegung fuhr ich meinen Rechner herunter und machte mich auf den Heimweg. Ich konnte es nicht erwarten, ihr von der Statue zu erzählen. Das Leuchten in ihren Augen zu sehen, das ihre Traurigkeit verdrängen würde.

Doch als ich eine halbe Stunde später frisch eingekleidet den Speiseraum betrat, war Robins Platz leer. Ich wandte mich an Martha, die den Servierwagen hereinschob.

»Wo ist Miss Mayne?«

»Ist sie nicht hier?« Martha hob verwundert den Kopf und sah sich in dem Zimmer um. »Sie weiß doch, wann es Abendessen gibt.«

»Offensichtlich nicht.«

»Ich sehe mal nach ihr.«

»Machen Sie eine Pause, Martha. Sie haben lange genug in der Küche gestanden. Ich kümmere mich um Miss Mayne«, entschied ich und ging los.

Ich eilte die Treppe ins Gewölbe hinunter und betrat zügig die Werkstatt, indem ich die Tür aufriss. Denn ich vermutete, dass sie dort war, und ich behielt recht. Robin stand mit einem seltsamen Brillengestell auf der Nase und in ihrem bunt gefleckten Overall vor dem Bernaduchi und strich Zentimeter für Zentimeter die Spuren des Brandunglücks mit einem Wattestäbchen von der Leinwand. Es war ein komischer Anblick, doch ihr Gesäß in dem engen Stoff wippte so verführerisch hin und her, dass ich den drängenden Wunsch verspürte, diesen hinreißenden Hintern zu berühren. Und noch ganz andere Dinge mit ihr anzustellen.

Ich lachte los, als ich hörte, dass sie zu Musik aus den Achtzigern sang. Es klang ... einfach nur schrecklich.

Erschrocken fuhr sie herum und schaute mich wütend durch die Lupenbrille an, die ihre Augen immens vergrößerte.

»Sie schon wieder! Und wieder von hinten?«

»Von hinten?« Ich grinste, das wurde ja immer reizvoller.

»Sie wissen genau, was ich meine!« Sie kam näher und fuchtelte mit dem Wattestäbchen vor meinem Gesicht herum. Ein seltsam intensiver Geruch, der entfernt an Essig erinnerte, ging davon aus. »Andauernd tauchen Sie aus dem Nichts auf, um mich zu erschrecken.«

Gut, es ging ihr besser. Sie wirkte wieder so kratzbürstig wie eh und je.

»Das war wirklich nicht meine Intention. Ich wollte Sie nur an das Abendessen erinnern. Martha hat sich viel Mühe gegeben.« Natürlich ging es mir nur darum ...

»Oh«, machte sie, und ihre Lippen bebten. Der Geruch von Honig und Rosen stieg mir in die Nase und übertünchte den Nagellackentferner. Ich sog ihn tief ein und vergaß für einen Moment alles um mich herum, sah nur ihre Kirschlippen und verspürte den Drang, diese mit meinen zu berühren. »Küssen Sie mich«, hallte ihre süße Stimme in meinen Ohren nach. Sag es jetzt, Robin, und ich tue es sofort, dachte ich.

Seit sie hier war, machte sie mich verrückt und ahnte es nicht mal. Ich hätte mir das nicht träumen lassen, aber es war, wie es war. Selbst mit diesem Gestell auf der Nase fand ich sie sexy.

Bevor ich dem Impuls nachgeben konnte, zog sie sich die Brille vom Kopf. »Ich ... hab das vergessen. Ich mache mich frisch und bin gleich bei Ihnen.«

Ich nickte, sicher war es besser so. Wenn mir ihr Duft in die Nase strömte, vergaß ich alles um mich herum. Eine halbe Stunde später saßen wir uns an der Tafel im Speisezimmer gegenüber. Jetzt trug sie ein luftiges Shirt, die Haare waren offen, flossen wie ein dunkler Wasserfall über ihre

Schultern. Sie sah hinreißend aus. Ihre Traurigkeit schien verflogen. Vorerst zumindest.

»Wie war Ihr Tag?«, fragte ich unverfänglich.

Sie zuckte mit den Schultern. »Ich bin gut vorangekommen. Die nicht-ionischen Tenside zeigen Wirkung ... Und wie war Ihr Tag?«

»Ich kann nicht klagen. Wenngleich das Wetter für Arbeit im Büro eigentlich viel zu schön ist.«

»Wem sagen Sie das?«

»Was halten Sie davon, etwas rauszukommen?«, leitete ich zu meinem eigentlichen Plan über.

Sie hob fragend eine Braue.

»Ich würde gern mit Ihnen nach White Cliffs reisen.«

»Wir beide?«

Ich nickte.

»Morgen, um genau zu sein.« Sollte sie mir ruhig alles aus der Nase ziehen, ich liebte es, sie ein wenig hinzuhalten.

»Und meine Arbeit? Schönes Wetter hin oder her. Sie wollen doch, dass das Gemälde bis zur Auktion fertig ist. Ich mache mir Sorgen, dass das so nicht klappt.«

»Es sind nur zwei Tage. Sie werden genügend Zeit für Bernaduchi übrig haben. Im Besitz meines Bruders befindet sich ein Objekt, das wir uns ansehen werden, es ist für die Auktion interessant.«

»Ein neues Objekt?« Ihre Augen funkelten begeistert. Aber dann wurde ihr Blick wieder ernst, genauso wie ihre Stimme. »Das steht eigentlich nicht im Vertrag.«

Wie süß, sie sträubte sich, mit mir zu verreisen. Das versprach, interessant zu werden.

»Im Vertrag steht: Option auf Folgeaufträge.« Ich wusste sehr gut, was drinstand. Meine Rechtsabteilung hatte ihn schließlich für mich aufgesetzt.

Sie nickte, spielte mit den Fingern, machte ich sie nervös? »Na schön. Also morgen fahren wir los?«, gab sich Robin geschlagen.

»Wir fliegen mit einer Chartermaschine.«

An ihrem Gesicht sah ich, wie wenig ihr diese Aussicht zu gefallen schien. Fliegen war wohl nicht ihr Ding.

»Keine Angst, ich nehme zwei Fallschirme mit, falls was passiert.«

Ihre Augen weiteten sich. Mir fiel zum ersten Mal auf, wie groß, warm und funkelnd diese waren. Und dieser Reh-im-Scheinwerferlicht-Blick ... zu süß.

»Ein Scherz«, beruhigte ich sie.

15. Kapitel

Robin

Ich hatte keine Ahnung, wie ich hierhergekommen war, doch ich stand erneut vor dem Schaufenster des Juweliers im Central Business District und musterte die Auslage. Golden funkelten mich verschiedene Ringe und Medaillons an. Filigran und schillernd wie die Flügel einer Libelle.

»Sehen Sie etwas, das Sie interessiert?«, raunte eine tiefe Stimme in mein Ohr. Ich spürte, wie Vaughans Lippen mein Ohrläppchen sacht berührten, dass es sinnlich kitzelte.

Ich hob überrascht den Kopf, hatte ich doch nicht erwartet, dass er zurückkäme, und musterte unsere Spiegelung im Schaufenster. Er stand dicht hinter mir, in seinem eleganten Anzug. Seine Haare wirkten leicht verwuschelt, als hätte der Wind sie durcheinandergebracht. Doch es wehte gar kein Wind. Es war ruhig um uns herum, ich hörte nicht einmal den Verkehrslärm.

»Sehen Sie genau hin«, forderte er mich auf, doch statt der Schmuckstücke hatte ich nur Augen für ihn.

Ich wollte mich zu ihm umdrehen, ihn fragen, was das alles zu bedeuten hatte, doch seine Hände legten sich fest auf meine Schultern und zwangen mich, in dieser Position zu verharren.

»Sagen Sie mir, was Sie interessiert«, sagte er bestimmt, woraufhin seine Lippen sacht über meinen Hals glitten. Ich hielt den Atem an, spürte, wie mein Herz schneller schlug und meine Haut kribbelte, wo seine Lippen sie berührten.

Was um alles in der Welt hatte er vor?

»Ich weiß, was Sie sich wünschen, Robin.«

Ich verkrampfte mich, doch seine Hände glitten nun von meinen Schultern über meine Arme, dabei hinterließen sie eine Gänsehaut ...

»Ich sollte gehen«, sagte ich halbherzig, denn seine Berührungen fühlten sich besser und besser an.

»Nein, du solltest bei mir sein.« Eine Hand glitt unter mein Shirt. Ich stöhnte überrascht auf. Wir waren hier nicht allein! Er konnte mich doch nicht in aller Öffentlichkeit so intim berühren. Und wieso fühlte sich das nicht nur gut, sondern sogar aufregend an?

Mit Daumen und Zeigefinger umschloss er meine Brustwarze, in der es leicht pulsierte. Ich spürte, wie sie steif wurde und sich aufrichtete, während er sie sacht zwirbelte.

»Vaughan ... Nicht ...« Meine Stimme klang belegt. Und erregt – weil ich erregt war. Doch zugleich hatte ich Sorge, jemand könnte uns so beobachten. Ich sah mich nach allen Seiten um.

Doch ich entdeckte weder Menschen im Laden noch jemanden auf der Straße, die wie ausgestorben wirkte.

Es gab nur ihn und mich.

Und irgendwie war das sogar schön. Ich schloss die Augen, seufzte, während seine Lippen an den feinen Härchen in meinem Nacken zupften und sich seine Hand stärker um meine Brust schloss, was mir einen Schauer über den Rücken jagte.

»Gib es zu«, forderte er amüsiert.

»Was denn?«

»Es gefällt dir.« Er klang so selbstbewusst und überzeugt ... Langsam glitt seine Hand über meinen Bauch und weiter nach unten. Sie schlüpfte in meine Hose und legte sich besitzergreifend zwischen meine Beine. Ich keuchte erregt auf, denn es fühlte sich unbeschreiblich gut an. Irgendwie schaffte er es, seinen Finger unter meinen Slip zu schieben und sich vor meine Scheide zu platzieren.

Verzückt biss ich mir auf die Unterlippe.

»Sag mir, dass du mich jetzt willst«, raunte er, aber ich schüttelte den Kopf. Er war ein furchtbarer Mann, der immer bekam, was er wollte. Doch mein Körper rebellierte gegen mich, ich spürte es heiß in mir pulsieren, kämpfte vergeblich dagegen an.

Seine Kuppe drang in mich, es genügte, mich lustvoll aufschreien zu lassen. Alles um mich herum drehte sich plötzlich. Ich schnappte nach Luft ... wollte, dass es nicht aufhörte – dass *er* nicht aufhörte.

Im nächsten Moment saß ich kerzengerade und keuchend in meinem Bett. Ach du Sch... was war das denn bitte gewesen? Ein feuchter Traum? Mit Vaughan Townsend in der Hauptrolle?

Was wollte mir der Traum sagen? Dass ich auf Vaughan stand? Weil er dominant und selbstbewusst war? Weil er mich, zumindest im Traum, begehrte?

Oder war die Botschaft eine andere? Ich vermisste es, berührt zu werden. Ich spürte immer noch die Erregung zwischen meinen Schenkeln und ließ meine Hand genussvoll in meinem Slip verschwinden ...

Von Melbourne nach White Cliffs waren es fast neunhundert Kilometer, weswegen Vaughan eine Chartermaschine samt Pilot gemietet hatte, die eine überraschend luxuriöse Innenausstattung aufwies. Sogar eine Minibar, und der Flieger war so herrlich leise. Viel besser als der Helikopter!

Einen Zwischenstopp würden wir am Airport von Broken Hill einlegen, um den letzten Teil der Strecke mit dem Auto zurückzulegen. In Little Topar, wo Townsends Bruder lebte, gab es keinen Flughafen. Dort würden wir übernachten, ehe es tags darauf direkt nach White Cliffs ging, dem Ort, der für seine Opalschürfungen bekannt war.

Ich lehnte mich zurück, fing an, mich zu entspannen. Der Blick nach unten war atemberaubend. Besonders als wir die grüne Landschaft vom Bundesstaat Victoria hinter uns ließen und sich die Steppe von New South Wales unter uns auftat.

Die Natur hier war trotz aller Trockenheit beeindruckend, zwischen gelben Kieselbergen und sandigen Tälern wuchsen überall Sträucher und vereinzelt Bäume, die sich ihren Weg an die Oberfläche gebahnt hatten. Sie erinnerten an kleine grüne Juwelen inmitten von Staub.

»Es freut mich, dass Sie gute Laune haben«, sagte Townsend. »Zumindest habe ich heute noch kein verärgertes Wort von Ihnen gehört.«

War ich wirklich so unausstehlich? Er provozierte mich doch immer wieder ... aber ja, dieser Flug war wundervoll.

Er lächelte zufrieden.

»Müssen Sie diese Strecke öfter fliegen?«, fragte ich Vaughan, der in einem genauso angenehm gepolsterten Sitz saß wie ich. Ein Thron für den Opalkönig. An den Traum von letzter Nacht wollte ich nicht denken, doch mein Blick wanderte immer wieder zu seinen Lippen.

»Kommt vor. Mein Bruder Garrett betreibt unsere Minen. Er hat alles im Griff, doch manche Geschäfte regelt man unter vier Augen.«

»Sie sind der Älteste?«

Für einen kurzen Moment stellte ich mir vor, wie Vaughan als Junge ausgesehen haben mochte. Ob er schon damals dieses verwegene Lächeln besessen hatte, mit dem er mich immer wieder bedachte?

Er nickte. »Mit zwei jüngeren Brüdern aufzuwachsen, kann eine Plage sein.«

Konnte ich mir gut vorstellen, obwohl ich Einzelkind war.

»Wir liegen nur wenige Jahre auseinander. Trotzdem könnten wir nicht unterschiedlicher sein. Von Lloyds Talent wissen Sie ja schon.«

»Sein Schmuck ist wirklich toll.«

»Ich schätze ihn und seine Stücke sehr. Und Garrett ist eher ein Naturbursche. Große Städte sind ihm ein Gräuel. Er liebt das Outback und die Unabhängigkeit. Sie werden ihn ja in Little Topar kennenlernen.«

Lloyd und Garrett klangen sehr gegensätzlich, und auch Vaughan schien mir völlig anders als seine Brüder. Wie sie es wohl schafften, dieses riesige Unternehmen gemeinsam zu leiten?

»Jeder hat seine Stärken und bringt diese ein, nur so kann es funktionieren«, erklärte Vaughan, als hätte er meine Gedanken gelesen.

Ich nickte. Jeder hatte seine Domäne.

»Haben Sie Geschwister?«

Ich schüttelte den Kopf. »Ich bin Einzelkind, habe mir aber immer eine Schwester oder einen Bruder gewünscht.«

»Eine große Familie zu haben, hat nicht nur Vorteile.«

Hörte ich einen gewissen Groll aus seinen Worten? Wenn sie so unterschiedlich waren, kam es sicher oft zu Reibereien.

»Nett«, meinte er dann, lehnte sich zurück und lächelte zufrieden.

»Was meinen Sie?«

»Wir haben es geschafft, ein paar Sätze zu wechseln, ohne uns gegenseitig anzufahren. Ich würde sagen, wir sind auf einem guten Weg.«

Ich lachte leise. Er hatte wohl recht.

»Wer ist eigentlich der Bildhauer der Statue, die ich mir ansehen soll?«

»Ich sage es Ihnen, wenn Sie mir verraten, was mit Ihnen los ist.«

»Ich erkenne den Bildhauer doch sowieso, sobald ich die Statue sehe«, warf ich ein, da ein kleiner Widerstand in mir aufzuckte, ihm so etwas Persönliches zu erzählen.

Townsend sah mich nur intensiv an. Konnte ich ihm vertrauen? Es gefiel mir nicht, dass ich mich das überhaupt fragen musste. War ich wirklich so misstrauisch geworden und konnte mir nicht vorstellen, dass jemand es einfach nur gut meinte?

Er warf mir einen auffordernden Blick zu.

»Also schön, auch wenn das nichts mit meiner Arbeit zu tun hat ... und auch nicht Ihre Angelegenheit ist: Mein Verlobter hat sich spontan in seine Ex verliebt und mich verlassen. Sicher erzählen Sie mir gleich etwas von Karma ... dass ich es nicht anders verdient habe, weil ich so kratzbürstig bin. Oder was immer Ihnen für eine Stichelei einfällt.«

Das hatte ich so gar nicht sagen wollen, es war dennoch über meine Lippen gekommen. Ich war echt verbittert.

»Sie haben ein merkwürdiges Bild von mir.«

Ich zuckte mit den Schultern. Mit Townsend brachte ich eben als erstes Arroganz in Verbindung und – ja – seinen umwerfenden Duft ... Aber vielleicht irrte ich mich in ihm. Ich wünschte es mir sogar.

»Wenn ich etwas für Sie tun kann, sagen Sie es mir«, meinte er nur. Kein dummer Kommentar, wofür ich dankbar war. Ich nickte ihm zu, irgendwie froh darüber, es ihm gesagt zu haben. Auch wenn das nicht wirklich etwas änderte. Aber vielleicht sah er es mir nach, wenn ich hin und wieder merkwürdig reagierte. Ich schaute wieder aus dem Flieger. Die Landschaft hatte sich kaum verändert. Ich würde mich dort draußen gnadenlos verlaufen.

Erst nach einer ganzen Weile sah ich Vaughan wieder an.

»Und wer ist nun der Bildhauer?«, fiel es mir wieder ein.

»Michelangelo.«

Mir entglitten die Gesichtszüge, während mir mein Restauratorinnenherz bis zur Schädeldecke klopfte.

»Ist das Ihr Ernst? Sie ... Sie besitzen ... einen echten Michelangelo?«

Er grinste. »In unserer Familiensammlung ist alles echt, oder haben Sie etwa Fälschungen entdeckt?«

Ich schüttelte fassungslos den Kopf.

»Mein Gott ... damit habe ich nicht gerechnet, erst Bernaduchi ... jetzt Michelangelo!« Hibbelig knetete ich meine Finger im Schoß.

»Freut mich. Ich weiß ja, Sie und Michelangelo haben eine besondere Verbindung.«

»Daran erinnern Sie sich?« Ich war gerührt.

»Sie haben es eindrücklich geschildert.«

Ich lachte leise. Er war heute wirklich alles andere als übel. Langsam fing ich sogar an, ihn zu mögen.

Wir schwiegen eine Weile, und ich vertiefte mich in das Fachmagazin für Restauration, das ich mitgenommen hatte, bis schließlich die Stimme des Piloten über die Lautsprecher erklang. Er teilte uns mit, dass wir in geschätzten fünfzehn Minuten ankamen.

Instinktiv krallte ich meine Finger in die gepolsterten Armlehnen meines Sessels. Landungen machten mir immer noch eine Heidenangst. Ich wollte nicht, dass Townsend das mitbekam. Doch dafür war es zu spät ...

Vaughan legte beruhigend seine Hand auf meine und lächelte mich an. Mein Herz schlug schneller, aber das lag allein an der bevorstehenden Landung.

»Denken Sie an Michelangelo«, raunte er mir zu.

Augenblicklich versank ich jedoch in seinem Blick und bekam kaum noch mit, dass wir uns langsam der Erde näherten.

Schließlich glitten wir über die Rollbahn des Airports von Broken Hill ...

16. Kapitel

Robin

Wir stiegen in der kleinen Stadt im Nirgendwo aus. Drückende Hitze stieg mir entgegen. Was für ein Januar ... Immerhin herrschte eine leichte Brise, die jedoch Sand aufwirbelte.

Hier gab es nicht viel Flugverkehr, so viel stand fest, denn es war ausgesprochen ruhig und leer in der Gegend. Wir liefen durch die Flughafenhalle und folgten den Ausschilderungen nach draußen.

Dort erblickte ich einen Pick-up auf einem kleinen Parkplatz, an dem ein Mann mit hochgekrempelten Ärmeln lehnte, einen Cowboyhut ins Gesicht gezogen.

Als er uns entdeckte, hob er den Arm. Der australische Marlboro-Mann – nur ohne Zigarette. Ein Model, wie offenbar alle Townsends.

»Garrett?«, mutmaßte ich, und Vaughan nickte. Wir gingen auf den Truck zu, der vom Sand der Umgebung eingestaubt war.

»Schön, dass du mal wieder in der Gegend bist«, sagte Garrett, unter dessen Hut schulterlanges gewelltes Haar hervorlugte. Lässig breitete er die Arme aus, um Vaughan an sich zu drücken, der in seinem Anzug irgendwie fehl am Platz wirkte. Manchmal fragte ich mich, ob er wie Barney Stinson auch Schlafanzüge im Anzugdesign besaß. Aber die Dinger standen ihm auch vortrefflich.

»Und das ist deine Freundin, nehme ich an?« Garrett ließ von Vaughan ab und reichte mir eine Hand.

Ich? Townsends Freundin? Ich lachte leise, das würde Miss Glockenlachen wohl nicht gern hören.

»Das ist Robin Mayne«, klärte Vaughan ihn auf, sah mich aber dennoch mit seinem Funkelblick an, der mir immer noch unter die Haut ging. »Sie ist wegen der Statue hier.«

»Ah, sehr erfreut!« Garrett lachte.

»Sie arbeitet als Restauratorin für mich.«

»Und sie kann auch allein sprechen«, mischte ich mich ein.

»Verstehe. Das können nicht viele.« Garrett blinzelte mich unter seiner Hutkrempe amüsiert an. »Na dann steigt mal ein, ich bring euch in mein trautes Heim.«

Wie poetisch.

Vaughan öffnete mir die Tür des alten Trucks, und sein herber Geruch umwehte mich. Ich stieg ein, er dicht hinter mir, sodass ich seinen Atem in meinem Nacken spürte. Es kitzelte angenehm.

»Rutschen Sie durch«, sagte er tief, und ich nahm auf dem mittleren der drei Sitze Platz. Genau zwischen diesen beiden muskulösen Hünen, was mein Blut, zugegebenermaßen, ziemlich in Wallung brachte. Mal ehrlich, wie viele Frauen konnten von sich behaupten, mit zwei Opalkönigen, die wie verdammte Unterwäschemodels aussahen, durch die Gegend zu kurven?

Garrett setzte sich rechts neben mir hinters Steuer und passte genau auf, dass wir uns anschnallten. An meinem Gurt zog er sogar kurz, um sicherzugehen, dass er fest saß.

Noch ein Townsend mit Kontrollwahn?

Ich verstand schnell, warum Garrett darauf Wert legte, denn er trat mit Power aufs Gas, als gäbe es kein Morgen mehr. Ich wurde mit Karacho in den Sitz gedrückt. Himmel!

Wie ein Irrer nahm er die Kurve, wirbelte eine Spur aus Staub hinter uns auf und brauste über die Sandstraße, die so uneben war, dass der Wagen wie verrückt ruckelte. Wollte der die nächste Rallye-Weltmeisterschaft gewinnen? Er hätte gute Chancen.

Ich erwartete, dass Vaughan sich beschwerte oder zumindest etwas Gesichtsfarbe verlor. Aber stattdessen lachte er und schien sich über den Fahrstil seines Bruders zu amüsieren. Ich war die Einzige, die nach Atem rang.

»Ist das alles, was du draufhast?«, fragte Vaughan. »Caitlin würde dich mit ihrem Ferrari ihren Staub schlucken lassen.«

»Hör mal, ich nehme Rücksicht auf deine ... Restauratorin.« Garretts Grinsen wurde größer. Längst hatten wir Broken Hill hinter uns gelassen. Ich hingegen versank tiefer in meinem Sitz. Aus zwei Gründen.

Erstens: Garrett nahm uns das mit der Restauratorin aus irgendwelchen Gründen nicht ab. Bestimmt brachte Vaughan öfter Freundinnen mit hierher in die Abgeschiedenheit. Und was sie hier machten, war wohl kein Geheimnis ... Aber ich war nun mal wirklich nur seine Restauratorin! Zweitens: Das nannte Garrett rücksichtsvolles Fahren?

Man musste ihm zugutehalten: Wir erreichten das Farmhaus im Nirgendwo nahe Little Topar zwischen Broken Hill und White Cliffs sicher nach der Hälfte der Zeit, die ich mit meinem Wagen gebraucht hätte. Und wir waren alle drei unbeschadet, was bei dem Fahrstil definitiv erwähnenswert war.

Was ich hier vor mir sah, trug nicht die übliche Townsend-Handschrift. Keine Villa. Keine prächtige Mauer mit ferngesteuertem gusseisernem Tor.

Stattdessen ein Gehege mit schnatternden Emus, die wild durcheinanderliefen, weil unsere Ankunft sie offenbar nervös machte. Auch das war so gar nicht »Townsend«.

War Garrett adoptiert worden, oder wieso wirkte diese Farm genauso wenig luxuriös wie die anderen hundertsiebenunddreißigtausend Landwirtschaftsbetriebe Australiens?

Wir stiegen aus und liefen zu dem Haus rüber, das aus Holz und Backsteinen bestand und eine ländliche Idylle ausstrahlte. Es wäre sicher ein schönes Ferienhaus, würde es nicht mitten in der Steppenlandschaft stehen.

Plötzlich stürmte ein Schäferhund aus der offen stehenden Tür auf uns zu und sprang Garrett in die Arme, schleckte sein Gesicht von oben bis unten ab, ohne ihm auch nur den Ansatz einer Verschnaufpause zu gönnen.

»Mandy, Süße ... ganz ruhig.«

Mandy, schwer verliebt, wie sie offensichtlich war, bemerkte uns erst jetzt und ließ von Garrett ab, um uns freudig zu beschnüffeln.

»Darf ich euch die Dame des Hauses vorstellen? Das ist Mandy«, stellte Garrett die aufgeweckte Hündin vor.

Vorsichtig strich ich ihr über den Kopf, worauf sie begeistert hechelte und mit dem Schwanz wedelte. »Du bist ja lieb«, lobte ich sie und verdrängte meine angeborene Angst vor großen Hunden.

»Ich zeig euch dann mal eure Zimmer«, erklärte Garrett und betrat das Haus, das rustikal, aber gemütlich eingerichtet war. Ein bisschen altmodisch, als hätte er die Einrichtung der Vorbesitzer übernommen. Wieder: so gar nicht Townsend.

Niemand, der das Haus betrat, würde wohl vermuten, dass hier ein Milliardär lebte.

»Kommen Sie«, sagte Vaughan samtig und legte eine Hand auf meine Schulter, um mich voranzuschieben. Verflucht. Wieso prickelte es denn jetzt schon wieder?

Wir folgten Garrett über eine hölzerne Wendeltreppe in das obere Stockwerk, wo er uns zwei Zimmer nebeneinander zuwies. »Richtet euch ein, ruht euch aus, später gibt's Essen.«

»Himmel, willst du etwa kochen?« Vaughan grinste.

»Über meine Emu-Rühreier hast du dich früher nicht beschwert.«

»Stimmt, die waren einsame Spitze.«

Garrett nickte zufrieden, während wir unsere Zimmer betraten.

Für zwei Tage hatte ich nicht viel mitgenommen, zumal ich den Michelangelo ja nur prüfen, aber nicht sofort restaurieren sollte. Meine wenige Garderobe räumte sich quasi von allein in die Kommode.

Ich genoss die angenehme Temperatur, dank Klimaanlage, und hörte von draußen das Geschnatter der Emus. Garrett war mit Sicherheit Selbstversorger, zumindest teilweise, was sich hier draußen kaum vermeiden ließ.

Als ich merkte, dass ich ein wenig verschwitzt war, beschloss ich, zu duschen und die Kleidung zu wechseln. Dem etwas strengem Geruch unter meinen Achseln nach zu urteilen hatte ich bei dem langen Flug doch mehr Bammel gehabt als erwartet. Hier musste etwas geschehen!

Nachdem ich frisch geduscht war, huschte ich zu der Kommode, schlüpfte in frische Unterwäsche und hielt erschrocken inne, als eine Seitentür öffnete, die farblich perfekt an die umgebende Wand angepasst war.

Plötzlich stand Vaughan vor mir – und ich war halb nackt! War ich überrascht? Nicht wirklich. Ich unterdrückte einen Aufschrei und funkelte ihn böse an. War er vorhin im Flieger noch einfühlsam und echt nett gewesen, grinste er mich nun wieder unverschämt an. Rasch streckte ich die Hand nach dem Handtuch aus, das ich nach der Dusche aufs Bett geworfen hatte.

»Schon wieder!«, schimpfte ich. »Schon wieder schleichen Sie sich an!«

»Keine Absicht, wirklich nicht!« Er grinste noch mehr. Und so selbstgefällig, dass mein Adrenalinpegel bis zum Anschlag hochschoss.

»Drehen Sie sich gefälligst um«, fuhr ich ihn an.

Vaughan lachte.

»Was ist jetzt bitte schon wieder so lustig?«, ärgerte ich mich.

»Glauben Sie im Ernst, ich hätte noch nie eine Frau in Unterwäsche gesehen?« Er drehte sich dennoch um, und ich hüllte mich rasch in das Handtuch ein.

»Mir doch egal. Was machen Sie überhaupt hier?«

»Darf ich mich wieder umdrehen?«

»Sie dürfen.« Ich blickte ihn abwartend an. Langsam drehte er sich um, natürlich grinsend.

»Ich wollte Ihnen nur mitteilen: Wir haben eine Verbindungstür.« Wieder dieses Grinsen.

»Wirklich? Ist ja ein Ding. Hätten Sie da nicht vorher anklopfen können?«

»Dann wäre mir allerdings etwas entgangen.«

Ich schnaubte verächtlich.

»Unser nettes Gespräch selbstverständlich.« Er zwinkerte. Selbstverständlich ...

»Glauben Sie es oder nicht, ich unterhalte mich gern mit Ihnen.« Er klang ehrlich, doch er sah mich an, als wäre das nicht das Einzige, was er gern mit mir tun würde. Und Miss Glockenlachen? Die war wohl vergessen.

Sein Blick ging mir nun wirklich unter die Haut, weil er merkwürdig intim war ... begehrlich. Auf diese Weise hatte er mich bisher noch nicht angesehen, außer in meinem Traum. Und ich wollte auch nicht so angesehen werden! Oder doch? Ich schluckte. Zupfte nervös an meinem Handtuch.

Plötzlich klopfte es an der Zimmertür. Ich war froh über die Unterbrechung ... und enttäuscht zugleich.

»Ladys? Lust auf meine perfekten Emu-Rühreier?«, klang Garretts Stimme durch die Tür.

Ich schmunzelte unwillkürlich.

»Keine Schweinereien da drin, sonst muss ich reinkommen.« Garrett lachte tief und kehlig.

»Woher weiß der denn, dass Sie bei mir sind?«, wunderte ich mich und krallte die Finger fester in mein Handtuch.

»Er hat es zuerst bei mir versucht, schätze ich.«

»Ich kann euch hören, Ladys. Ich erwarte euch in fünf Minuten in meinem bescheidenen Esszimmer.«

Garretts Schritte entfernten sich. Etwas zu essen, könnte ich schon vertragen. Und es war der perfekte Grund, diese seltsam aufgeladene Situation zu verlassen.

»Ich würde mich dann gerne anziehen.« Ich schaute ihn auffordernd an.

Vaughan nickte mir zu und verschwand durch die Verbindungstür, nicht jedoch ohne mir noch einen intensiven Blick zu schenken. Was hatte sich Garrett nur dabei gedacht, uns ausgerechnet diese beiden Zimmer zu geben? Und was hatte Vaughan sich gedacht, einfach hier reinzuschneien?

Eilig verriegelte ich die Tür, schnappte mir frische Kleidung und machte mich fertig. Die Haare zu einem Zopf gebunden, ging ich los.

17. Kapitel

Robin

Es gab leckeres Weißbrot sowie Emu-Rühr- und Spiegelei. Was für ein riesiges Dotter. Noch weich und richtig schön gelb. Garrett hatte nicht zu viel versprochen, es schmeckte wirklich ausgezeichnet. Aber zugegebenermaßen auch ähnlich wie herkömmliches Hühnerei.

Mandy lag unter dem Tisch und hoffte wohl, dass etwas für sie abfiel. Ich beobachtete, wie Vaughan ihr heimlich etwas zusteckte.

»Noch eine Portion?«, hakte Garrett nach und wollte mir schon aus der Pfanne auftun, aber ich winkte dankend ab.

»Es war bereits eine ordentliche Menge. Aber sehr lecker.«

»Das freut mich.« Garrett lächelte und bot nun Vaughan etwas an, der ebenfalls ablehnte, also tat er sich selbst auf und brachte die Pfanne zum Herd zurück. Als er sich wieder zu uns setzte, strich er seine Haare zurück, den Hut hatte er längst abgelegt. Wirklich ein total anderer Typ als Vaughan. Hochgekrempelte Ärmel, eine Art Holzfällerhemd, dazu Jeans. Aber seine Augen und die kantigen Züge verrieten, dass die beiden Männer Brüder waren.

»Und Sie sind Restauratorin?«, hakte er nach und genoss sein Ei sichtlich. Ungeniert schaufelte er sich die weichen gelben Stücke in den Mund.

»Eine sehr gute«, sagte Vaughan ohne jede Ironie, was mich überraschte, wenn man bedachte, dass er mich zuerst für zu unerfahren gehalten hatte.

»Sie brennt darauf, den Michelangelo zu sehen«, fügte er, erneut ohne Spott, hinzu.

»Dann sehen wir ihn uns doch gleich mal an.« Inzwischen hatten wir alle aufgegessen, selbst Mandy schien satt.

»Ich muss passen«, meinte Vaughan. »Es kamen vorhin noch ein paar Kalkulationen rein, die meine Aufmerksamkeit erfordern. Außerdem sehe ich mir deine Unterlagen an, Garrett.«

»Alles klar, Bro. Ein CEO hat nie Feierabend.«

Ich blickte besorgt zu Vaughan, aber der winkte ab. »Gehen Sie nur, Sie freuen sich doch schon die ganze Zeit auf Ihren Michelangelo.«

Garrett erhob sich, und ich folgte ihm durch das Farmhaus in eine kleine Bibliothek. Ich war wirklich erstaunt, dass es hier so etwas gab. Inmitten der deckenhohen Bücherregale machte ich eine knapp einen halben Meter große Marmorstatue der Venus aus.

Sie sah atemberaubend aus, obwohl sie eingestaubt und an einer Seite leicht beschädigt war. Mein Herz schlug sofort schneller. Ein echter Michelangelo, hier, auf dieser Farm im Nirgendwo. Völlig verrückt.

»Hier draußen ist nicht viel los. Da muss man sich beschäftigt halten«, erklärte Garrett und nickte zu den Büchern rüber. »Aber genau das mag ich.«

Ich lief um die Statue herum, musterte sie ehrfürchtig von allen Seiten, traute mich nicht, sie zu berühren.

Ich meine, hallo? Michelangelo? Der war quasi heilig für Restauratoren. Nicht nur für sie, natürlich. Es kam im Prinzip nicht vor, dass sich ein Werk dieses frühzeitigen Universalgenies in einer Privatsammlung befand. Unfassbar, dass ich dieses Stück restaurieren durfte. Ehrfurcht packte mich. Das war kein Spiel, es war ein Vermächtnis früherer Zeiten.

So etwas verhunzte man nicht. Man veränderte es auch nicht, weswegen ich eine Entscheidung traf.

»Ich kann die Statue reinigen, das ist kein Problem. Aber die Seite hier, der Teil der Muschel und das Bein der Venus ... das würde ich lassen, wie es ist. Es sei denn, die abgebrochenen Teile existieren noch.«

»Leider nein. Ist das ein Problem?«, wunderte sich Garrett.

»Man könnte die Stellen mit Spezialmasse ausbessern, aber es wäre, als würde man in das Werk des Meisters ... reinpfuschen.« Es gab kein besseres Wort, das zu beschreiben.

»Ich verstehe ...«

»Wenn Sie eine Wiederherstellung des Seitenbereichs anstreben, würde ich Sie an Professor Gordon verweisen.«

Er nickte nachdenklich.

»Wollen Sie die Statue denn wirklich versteigern?«, überlegte ich, denn dieses Stück war wunderschön. Wäre es meine Venus, ich würde sie im Leben nicht hergeben.

»Warum sollte ich etwas dagegen haben?« Er sah mich an, seltsamerweise hatte ich jedoch das Gefühl, Vaughan in die Augen zu blicken. Ganz so unähnlich waren sich die Brüder also doch nicht.

»Ich dachte, sie gefällt Ihnen vielleicht.«

Garrett lachte tief und kehlig. »Ich bin ein Kunstbanause. Mich interessieren solche Dinge nicht.«

Was sollten einsame Wölfe auch mit Kunst anfangen?

»Sagen Sie mir einfach Bescheid, wie Sie verfahren möchten, wenn Sie sich entschieden haben«, schlug ich ihm vor.

Die ersten Sterne strahlten am Himmel. Es waren schon jetzt mehr, als man zu später Stunde in der Großstadt sehen konnte.

Ich hatte mich auf die Veranda zurückgezogen, um noch etwas frische Luft zu schnappen. Im Emu-Gehege war es ruhig. Mandy leistete mir Gesellschaft, sie döste vor sich hin, während ich in einem Liegestuhl saß. Da zuckten ihre Ohren und Schritte waren zu hören.

»Garrett meinte, Sie wollen die Rekonstruktion des Michelangelos nicht übernehmen. Ich denke, Sie sind besorgt, das Kunstwerk zu ruinieren, und haben deswegen abgelehnt«, mutmaßte Vaughan, der hinter mich auf die Veranda getreten war.

Ich drehte den Kopf zu ihm. »Ich wusste, dass Sie es sind. Ich habe die ganze Zeit mit Ihrem Auftauchen gerechnet.« Diesmal hatte er sich nicht anschleichen können.

Er lachte leise und stellte sich neben den Stuhl. Kein Anzug, doch ein seidiges Hemd zierte seinen Oberkörper.

»Was den Michelangelo angeht ... Etwas schon«, gab ich zu. »Ich bin auf alte Gemälde spezialisiert.«

»Und trotzdem träumen Sie seit jeher davon, an einer Statue von Michelangelo zu arbeiten.«

Vaughan zog einen zweiten Liegestuhl heran und setzte sich zu mir. Sein sinnlicher Geruch stieg in meine Nase. Ich atmete ihn ein.

»Sie sind gut«, betonte er erneut und blickte mich warm an. Allmählich beschlich mich das Gefühl, er meinte es ernst.

Normalerweise gab es mir ein befriedigendes Gefühl, alte Kunst zu reparieren. Ein Teil von deren Geschichte zu sein. Aber hier war ich wirklich zurückhaltend.

»Wenn Sie die Statue unbedingt reparieren lassen möchten, müssen Sie einen anderen Restaurator beauftragen.« Der Prof kam ja bald nach Australien zurück ... »Ich kann nur eine Reinigung anbieten.«

Vaughan wog den Kopf hin und her.

»Ich will nur Sie«, sagte er entschieden.

Sein Blick tauchte in meinen. Mein Herzschlag setzte nach kurzem Zögern wieder ein und machte in doppelter Geschwindigkeit weiter. Was war nur los mit mir? Er meinte natürlich als Restauratorin ... oder?

Wie albern, auch nur etwas anderes zu denken.

»Wenn Sie nur eine Reinigung empfehlen, vertraue ich Ihnen. Bringen Sie die Venus zum Glänzen«, sagte Vaughan und erhob sich wieder. Er wandte sich zum Gehen. »Morgen fahren wir nach White Cliffs. Ich habe dort geschäftlich zu tun. Doch der Ort wird Ihnen gefallen. Sie sollten ihn sich ansehen. Denken Sie an festes Schuhwerk.«

»Das hätten Sie ruhig früher erwähnen können, zum Glück habe ich Turnschuhe dabei.« Weil ich eh vorgehabt hatte, mir die Gegend anzusehen.

Er war schon an der Tür, als ich erneut seine Stimme vernahm. »Das ist wirklich Glück. Gute Nacht, Miss Mayne.«

Ich lächelte und nickte ihm zu.

Kurz darauf lag ich mit vor Aufregung klopfendem Herzen in meinem Gästebett. Erfolgreich redete ich mir ein, dass es allein an der Venusstatue lag, und schrieb dem Prof eine Mail per Handy, um ihn über die neuesten Entwicklungen zu informieren. Ein Michelangelo! Dieser Auftrag entwickelte sich immer besser! Erst Bernaduchi, dann Michelangelo. Fehlte nur noch Leonardo.

Außerdem hoffte ich auf einen kleinen Bericht von ihm über seinen Vortrag im Louvre. Bisher hatte er mir nicht mehr geschrieben. Aber das machte nichts, denn wir würden uns ja ohnehin bald im Institut wiedersehen. Dann konnte er mir jedes Detail erzählen.

Nachdem ich auf Senden geklickt hatte, beschloss ich, noch etwas über Michelangelos Venus zu recherchieren. Ich fand ein paar alte Aufnahmen in Schwarz-Weiß über die Bildersuche. Schon damals war die eine Seite der Venus beschädigt gewesen. Zudem hatte sie wohl nicht in der Nähe des großen Brands auf dem Familienanwesen gestanden, wie mir einfiel. Statt einer Rußschicht hatte ich am Marmor lediglich einige Verfärbungen und etwas Staub entdeckt. Die Reinigung würde mir keine Probleme bereiten, sofern sich Garret dafür entschied, die Statue von mir restaurieren zu lassen.

Ein seltsames Geräusch ließ mich hochschrecken. Es war von nebenan gekommen. Ein seltsames Knarzen. Ich lauschte, hörte aber nichts weiter. Sicher war es das Holz. Hieß es nicht, alte Häuser würden atmen? Spuken würde es hier ja wohl nicht.

Vielleicht war aber auch Townsend noch wach? Wir lagen Kopf an Kopf, nur von der Wand getrennt. Das war irgendwie ... intim. Ob er mich hören konnte?

»Psssst?«, machte ich, bekam aber keine Reaktion.

Weil ich nichts weiter hörte, widmete ich mich wieder den alten Fotografien von Michelangelos Statue, einige stammten vom Anfang des vorherigen Jahrhunderts und waren in einem Museum aufgenommen worden.

Welche Reisen die Venus wohl hinter sich hatte? Der Gedanke weckte meine Fantasie, ich fragte mich, wer sie besessen und in seinen Hallen präsentiert hatte, bevor sie schließlich in der Sammlung der Townsends gelandet war. Aristokraten hatten sie vielleicht ihr Eigen genannt. Erneut dieses Geräusch. Ich war mir sicher, es war kein Knarzen, eher ein schnelles Atmen. Ob da nebenan alles okay war? Ich ging zur Verbindungstür und klopfte leise an. »Mr Townsend?«

Keine Reaktion.

Vielleicht hatte ich mir das alles auch nur eingebildet. Auf nackten Füßen schlich ich ins Bett zurück, um noch ein paar Artikel über die Venus zu lesen. Erstaunlich, in dem einen wurden sogar zwei Vorbesitzer genannt. Eine französische Händlerfamilie hatte der Venus Mitte des neunzehnten Jahrhunderts ein Zuhause gegeben, ehe ein britischer Offizier sie auf einer Aktion erworben hatte. Danach war sie vermutlich zu den Townsends gelangt. So besaß jedes Objekt seine Geschichte. Manchmal wünschte ich, sie könnten sie mir einfach erzählen. Indirekt taten sie das ja bereits durch die Schäden und Verfärbungen, die sie davongetragen hatten.

Ich überlegte, noch mal runterzugehen und mit dem Handy Fotos von der Venus zu machen. Die könnte ich dem Prof noch schnell hinterherschicken. Ich hätte vorhin schon daran denken sollen.

Townsend stöhnte plötzlich laut auf. Es gab keinen Zweifel, dass er es war. Es sei denn, es gab hier tatsächlich Geister. Sofort rutschte mir das Herz in die Hose. So schnell, wie ich nur konnte, rannte ich zur Tür, schloss sie auf und stürzte in sein Zimmer, denn es hatte bedrohlich geklungen.

»Mr Townsend, ist alles okay?«, fragte ich und stolperte über die Teppichkante eines Läufers fast in sein Bett.

»Miss Mayne? Was machen Sie denn hier?«

Er schaltete das Nachtlicht an. Ein Fehler. Hätte er sich nicht zumindest die Decke bis zum Kinn hochziehen können?

Ich sah seinen nackten Oberkörper, die Muskelberge an Armen und Brust, die seine sanft gebräunte Haut noch hervorhob. Er trainierte, zweifelsohne.

Ich spürte, wie mir Hitze in die Wangen stieg. Unfähig, mich zu rühren, starrte ich ihn an. Ihn und seine endlosen Muskeln.

»Ist alles in Ordnung?«, fragte er besorgt, kletterte aus dem Bett und griff mich bei den Schultern. »Brauchen Sie Hilfe?«

Ich? Ich dachte, er ...

»Ich ... habe Geräusche gehört.«

»Geräusche?«

»Ein Stöhnen oder so was. In Ihrem Zimmer! Hatten Sie einen Albtraum?« Oder hatte er vor dem Einschlafen noch etwas Druck ablassen wollen? Gott, dass mir das nicht vorher eingefallen war! Hatte ich ihn jetzt auch noch dabei gestört?

Er lachte. Ziemlich laut sogar. Über mich. Na toll, da machte ich mir Gedanken um den arroganten Schmuck-Schnösel, und das war der Dank?

»Das müssen Sie sich eingebildet haben, Miss Mayne. Ich habe zwar schon geschlafen ...«

Gott sei Dank!

»... ich hatte aber keinen Albtraum«, beruhigte er mich.

Warum sollte er mich anlügen? Vielleicht erinnerte er sich auch nicht? Oder ich hörte das Gras wachsen. In jedem Fall war es peinlich, in meinem Nachthemd vor ihm zu stehen, das nur bis zu den Knien reichte, mit glühenden Wangen.

»Womöglich haben *Sie* geträumt«, überlegte er.

Vielleicht ...

»Haben Sie sich Sorgen um mich gemacht?« Er grinste und schien sich prächtig zu amüsieren. Aber da war auch etwas Sanftes in seinem Blick, das ich sonst nicht bemerkt hatte. Es sorgte für das altbekannte Nackenprickeln.

Wieder fiel mir mein Traum ein und was er in diesem mit mir gemacht hatte ... Ich glaubte sogar, seine sinnlichen Lippen an meinem Ohrläppchen zu spüren. Meine Kehle wurde trocken. Immer noch sah er mich merkwürdig an, sein Blick richtete sich auf meinen Mund, als wollte er mich küssen. Träumte ich gerade schon wieder?

Wenn er sich jetzt auch noch vorbeugte, was würde ich dann tun? Sein männliches Aroma umwand mich verführerisch, als wollte es mich locken.

Ich spürte mein Herz wild klopfen. Dieser Moment war ganz anders als sonst. Das Funkeln seiner Augen zog mich an. Seine Lippen kamen näher, ich spürte schon seinen Atem auf meinen Wangen, als plötzlich das Handy auf seinem Nachtschrank klingelte.

Wir stoben auseinander. Mein Herz klopfte noch wilder. Er murmelte etwas von »Adelaide«, während er auf das Display sah. Ich wusste, der Anruf war wichtig, denn sie waren es immer. Langsam kam ich wieder zu Sinnen, erinnerte mich, dass er mit Miss Glockenlachen zusammen war und ich hier nichts zu suchen hatte.

»Gute Nacht«, sagte ich eilig. Er hob den Blick, nickte nur. Doch da war auch etwas Sehnsüchtiges in seinen Augen. Wenn auch nur kurz. Schon ging er ans Handy, und ich zog mich zurück, riegelte die Verbindungstür wieder ab.

18. Kapitel

Robin

Wir fuhren früh mit dem Truck zu den Minen rund um den Ort White Cliffs. Ich wusste nicht, was ich genau erwartet hatte, in jedem Fall nicht das, was ich vor mir sah. Die Zugänge zu den Minen befanden sich im Erdboden. Bagger schaufelten neue Eingänge frei, riesige Bohranlagen legten unterirdische Gänge an. Über weite Strecken war das sandige Gebiet durchlöchert wie ein Schweizer Käse.

Vaughan sagte nichts wegen gestern Abend, er war ganz im CEO-Modus, wofür ich dankbar war. Doch immer wieder bemerkte ich die intensiven Blicke, die er mir zuwarf.

Hin und wieder hielt Garrett an und stieg mit Vaughan aus, um ihm etwas zu den Maschinen zu erklären, die hier im Einsatz waren. Nach unserer Tour durch das Nirgendwo hielten wir an einem ruhigen Fleck ohne Bohrlärm und stiegen aus.

In der Ferne gab es vereinzelte Häuser. Sie wirkten merkwürdig deplatziert. Und dennoch hatte die Gegend etwas Beruhigendes an sich. Sicher, es war kein Ort zum Urlaub machen, aber fremdartig und faszinierend war er schon. Ich hatte jedenfalls nie etwas Vergleichbares gesehen, ein bisschen wie eine Mondkraterlandschaft.

»In White Cliffs sind Wohnräume, Restaurants und Hotels unterirdisch«, erklärte Garrett, ohne mit der Wimper zu zucken. Ich suchte nach Anzeichen für einen Scherz in seinem Gesicht. Aber ich fand keins.

»Meinen Sie das Ernst?« Ich fühlte mich ein wenig wie in einem postapokalyptischen Film.

Erst auf den zweiten Blick erkannte ich, dass das hier tatsächlich eine Ortschaft war, mit Licht- und Luftschächten auf ebenem Grund.

Garrett und Vaughan sahen mich, als käme ich aus einem anderen Sonnensystem.

»Warum sollte ich Witze machen? Dugouts, wie wir die unterirdischen Anlagen nennen, haben ihre Vorteile, darin ist es angenehm kühl, und sie sind erweiterbar. Du brauchst ein neues oder größeres Office? Kein Problem. Erweitere es und schlage neue Räume in den Stein. Das soziale Leben findet hier einfach nur ein paar Meter tiefer statt. Hier ist übrigens unser Verwaltungsgebäude.«

Er meinte es ernst und führte uns zu einer Öffnung in einer Felswand, durch die ein beleuchteter Tunnel führte. Darüber stand tatsächlich »Kings of Passion« auf einem Schild, allerdings wenig hochherrschaftlich, wie ich es sonst gewöhnt war. Über eine Treppe ging es runter in so etwas wie ein Höhlensystem, das so gut ausgeleuchtet war, dass es einem taghell vorkam.

Schließlich betraten wir das Verwaltungsgebäude. Die Wände waren aus festem Gestein, der Boden aus Parkett, die Einrichtung teuer und modern, eben richtige Büroräume, nur in einer Höhle. Das musste ich erst mal verarbeiten.

Vor uns erstreckte sich ein Flur, inklusive Empfang, der gerade unbesetzt war, von dem etliche Arbeitszimmer abzweigten. Wie Garrett erklärt hatte, war die Temperatur angenehm mild. Wenn man davon absah, dass es hier keine Fenster gab, konnte man vergessen, wo man sich befand. Das Licht kam von Lampen oder in der Decke befindlichen Schächten. An der Wand gegenüber befand sich eine Weltkarte, in der mehrere Fähnchen steckten. Als ich sie mir näher ansah, erkannte ich: Jede rote Fahne stand für eine der Townsend-Minen, über die Garrett die Aufsicht hatte. Außerdem waren die Produktionsstätten des Unternehmens mit blauen Fähnchen markiert. Die Mehrheit der Fabriken befand sich in Australien, ein paar in Übersee.

»Während wir Geschäftliches besprechen, können Sie eine der Opalminen besichtigen«, sagte Vaughan, nachdem er mich durch die verschiedenen unterirdischen Räume der Verwaltung geführt hatte, und nickte zum Ausgang.

»Gut, dass Sie daran gedacht haben, festes Schuhwerk mitzunehmen«, lobte mich Vaughan.

Ich blickte zu meinen ausgelatschten Turnschuhen runter und lachte leise.

Zum Glück zog er mich mit der Panik, die ich gestern Abend wegen ihm geschoben hatte, nicht auf, sondern redete stattdessen über Turnschuhe. Ich war mir inzwischen sicher, dass ich mir sein Stöhnen nur eingebildet hatte. Bestimmt war es das Holz im alten Haus gewesen, ein Balken oder so etwas.

Dennoch bildete ich mir ein, dass sein Blick nun wärmer und weniger überheblich war, wenn er mich ansah.

»Unsere Gespräche würden Sie nur langweilen.«

»Und sind außerdem vertraulich«, erinnerte Garrett und schnappte sich ein handliches Gerät und Kopfhörer aus einer Schublade des Empfangsschreibtischs. Beides reichte er mir. »Hier draußen gibt es wenig Tourismus, daher arbeiten wir mit Audioguides. Funktioniert über Funk. Sie bekommen an jedem Ausstellungsstück eine Erklärung. Und hier ist auch ein Ticket, sollte unser Ausstellungsleiter George sie nicht reinlassen wollen. Bei Fragen steht er Ihnen natürlich zur Verfügung.«

»Danke. « Die Besichtigung versprach, interessant zu werden.

»Ich bringe Miss Mayne noch zur Mine«, sagte Vaughan und stieg mit mir über die Treppe ins Tageslicht zurück.

»Sie haben hoffentlich keine Raumangst«, feixte er, als wir wieder den wolkenfreien Himmel über uns sahen.

»Warum? Die Flure in der Verwaltung waren doch breit angelegt.«

»Das ist in der Mine anders. Und noch etwas: George wird Sie zwar im Auge behalten, nur achten Sie bitte auch selbst darauf, dass Sie den Besucherbereich nicht verlassen. Da unten befindet sich ein weitverzweigtes System.«

»Keine Sorge, ich fange schon nicht an, nach Opalen zu graben.«

Er lachte. »Da hätten Sie auch wenig Glück, in diesen Gängen gibt es kaum noch welche.«

Sein Blick streifte meinen, doch nur kurz. Ich merkte, er war gerade ganz der souveräne Geschäftsmann.

Wir liefen zum Mineneingang, der deutlich größer und offizieller aussah als die anderen. »Opalminenbesichtigung« stand sogar auf einem der Schilder direkt neben dem riesigen Loch in der Felswand, wo ein abgesengter Weg ins Erdinnere führte. Und »Kings of Passion«, das durfte ja nicht fehlen.

Garrett hatte recht, viele Besucher schien es nicht zu geben. Ich war so ziemlich die Einzige. Ein wohlbeleibter Mann kam aus der Höhle auf uns zu, seinen schwarzen Cowboyhut tief ins Gesicht gezogen.

»Du hast Kundschaft, George«, rief Vaughan ihm zu. George entfernte sich von uns, nur um kurz darauf mit einem Schutzhelm in der Hand zurückzukehren. Diesen reichte er mir.

»Echt jetzt? Es besteht Einsturzgefahr?« Ich gab ihm mein Ticket, das in seiner Hosentasche verschwand, setzte das Ding auf, und es rutschte mir komplett über den Kopf. Ich war auf einmal so blind wie ein Maulwurf. Vaughan lachte. Wie mich das ärgerte, wenn er sich auf meine Kosten amüsierte …

»Das war die kleinste Größe«, erklärte George betreten, während ich den Helm zurückschob, sodass ich wieder sehen konnte. Vaughan half mir, ihn zu richten, und befestigte den Gurt des Helms unter meinem Kiefer. Dabei sah er mir so tief in die Augen, dass mir umgehend heiß wurde.

»Keine Einsturz-, nur Kopfstoßgefahr.« Er zwinkerte. Mich erleichterte das ungemein. Ich hatte nämlich keine Ahnung, wie es »unter Tage« zuging. Aber der Gedanke an wackelige Wände und noch wackeligere Decken war wenig einladend.

»Die Gespräche dauern nicht lange«, versprach Vaughan mir. »Wenn Sie mit der Besichtigung fertig sind, gehen Sie zur Verwaltung zurück. In der Küche finden Sie Kaffee. Bedienen Sie sich einfach.«

»Gut, ich komme schon zurecht.«

»Viel Vergnügen, Miss Mayne.« Er lächelte, und diesmal nicht nur mit einem Mundwinkel. Nein, es war ein komplettes Lächeln. Strahlend und echt. »Der Helm steht Ihnen«, neckte er mich.

»Jaja, was Sie nicht sagen«, grummelte ich, war aber doch amüsiert und machte mich auf den Weg zur Mine. Die Kopfhörer stöpselte ich mir in die Ohren.

»Wenn was ist, ich bin im Shop«, sagte George.

Welcher Shop?, wollte ich schon fragen, aber der erste große Raum, der sich vor mir auftat, war bereits der erwähnte mineneigene Shop. Ich schaute mich verblüfft um und fragte mich, ob die Supermärkte und Boutiquen auch unterirdisch waren oder ob man zum Einkaufen nach Broken Hill fuhr. Hier konnte man jedenfalls allerlei Souvenirs erwerben, sogar ein paar Opalsplitter oder ein Fotobuch der Mine, Postkarten und ein paar White-Cliffs-Basecaps. In einem Regal standen Schneekugeln mit Motiven aus New South Wales, allerdings schneite es nicht, wenn man sie schüttelte, stattdessen rieselte es Sand. Ob ich eine als Erinnerung mitnahm? Erst mal die Besichtigung.

Ich blickte zum in die Wand geschlagenen Zugang gegenüber, der in einen weiteren Tunnel führte. »Opal Tour«

stand direkt darüber in dicken Druckbuchstaben. Dann mal los.

»Folgen Sie einfach immer den Pfeilen«, empfahl mir George. Genau das tat ich dann auch.

Schon der erste Gang führte mich tiefer hinab in diese unterirdische Welt, die ich zusehends faszinierender fand. Zu meiner Rechten und meiner Linken fanden sich in die Steinwände eingelassene Vitrinen, in denen die außergewöhnlichsten Funde der Mine ausgestellt wurden.

Fasziniert betrachtete ich ein paar fossile Schneckenhäuser und etliche Opale in allen Farben des Regenbogens.

Instinktiv rechnete ich damit, Vaughan würde gleich hinter mir auftauchen und sich im Glas spiegeln. Doch das tat er nicht.

Der nächste Raum war wenig bearbeitet worden, wie mir eine Schautafel verriet.

Man hatte ihn so belassen, um Besuchern eine echte Opalader zu zeigen. Diese durchzog glitzernd das Gestein wie ein Spinnennetz, das sich sogar über die Decke zog.

»Bitte nicht anfassen!«, warnten mich weitere Schilder.

Besucher sollten wohl nicht auf die Idee kommen, spontan Opale abzubauen. Dafür müsste ich jedoch erst einmal eine der Vitrinen in diesem Raum aufbrechen, um an das Spezialwerkzeug zu kommen, das hier präsentiert wurde. Teilweise war die Beschriftung etwas klein, sah aus, als brauchte ich bald eine Brille.

Mein Audioguide sagte auch kein Wort. Mir fiel auf, dass er nicht funktionierte, egal wie sehr ich ihn schüttelte oder die Lautstärke veränderte. Seufzend drückte ich auf ein paar andere Tasten, konnte ihn aber nicht aktivieren.

Da ich keine Lust hatte, den Weg zurückzugehen, beschloss ich, es hinzunehmen, und betrat den nächsten Raum, der wie ein kleines Kino ausgestattet war. Gerade begann die nächste Vorführung, daher ließ ich mich in einen der weich gepolsterten Sessel sinken.

»Kings of Passion gehört zu den größten Schmuckherstellern weltweit. Gegründet von Hubert Townsend im Jahr 1929, legte das Unternehmen kontinuierlich an Größe und Relevanz zu.«

Ein Bild von Vaughans Großvater in jungen Jahren wurde eingeblendet. Ich war erstaunt, wie ähnlich er seinen Enkeln sah. Man erkannte die Verwandtschaft auf den ersten Blick.

Die Geschichte schritt im Zeitraffer voran, man sah, wie Kings-of-Passion-Filialen gebaut und verschiedene Schmuck-Kollektionen eingeblendet wurden. Im Jahr 1964, so erfuhr ich, war der bisher größte Opal aus einer der Minen in White Cliffs geborgen worden.

Es folgten Familienbilder und Informationen zur Hochzeit von James Townsend mit Theodora Finnigan, der Geburt der drei Söhne und deren Entwicklung. Auch der schreckliche Brand auf dem Townsend-Anwesen vor ein paar Jahren wurde beleuchtet. Mir stockte der Atem, als ich Bilder der Flammen sah, die das Gebäude zerfraßen und in eine Ruine verwandelten. Sie erschienen mir noch schrecklicher als die Bilder aus der Presse. Das musste wirklich ein furchtbarer Tag gewesen sein. Ich erinnerte mich an Geena Williams, die Hausangestellte, die im Feuer ums Leben gekommen war. Sie war nicht mal in meinem Alter gewesen, weswegen mich ihr Schicksal besonders mitnahm.

Meine Knie waren weich wie Pudding, als ich aufstand, nachdem die Dokumentation geendet hatte und gleich darauf von Neuem startete. Eine automatische Endlosschleife.

Ein leuchtender Pfeil wies mir den Weg, und so wagte ich mich tiefer in das Opal-Labyrinth ... doch so ganz genießen konnte ich die Besichtigung jetzt nicht mehr. Diese Flammen ... und man hatte nicht ein Wort über Geena verloren.

19. Kapitel

Vaughan

Es war beschlossene Sache. Die Minenarbeiter bekamen für die kommende Saison bessere Ausrüstung. Außerdem würden wir neue Bohranlagen anschaffen. Garrett hatte eine amerikanische Firma als Partner empfohlen, deren Maschinen wir bereits in unseren Minen auf Neuseeland verwendeten. Hier in New South Wales arbeitete man noch mit einer Ausrüstung, die modern gewesen war, als Dad den Laden übernommen hatte.

Garrett war zufrieden mit dem, was er erreicht hatte. Ich hatte es ihm nicht leicht gemacht, doch seine Argumente waren überzeugend gewesen. Für die Firma bedeutete das eine große Investition, doch sie würde sich rentieren.

Ich warf einen Blick auf die Uhr, das Gespräch hatte länger gedauert als erwartet. Zwei Stunden hatten wir in Garretts Büro verbracht.

»Lass uns Miss Mayne aufsammeln und zur Farm zurückfahren, wir müssen noch den Transport der Statue organisieren«, schlug Garrett vor, erhob sich und hielt mir die Tür auf.

Ich trat in den Flur, lief zum Empfang und blickte mich nach Robin um, doch ich sah sie nirgends. Also schaute ich im Wartebereich, in der Personalküche und schließlich vor der Verwaltung nach.

»Ist Miss Mayne noch nicht zurück?«, fragte Garrett verwundert, der noch etwas in dem Computer am Empfang nachgesehen hatte und mir nun nach draußen gefolgt war.

»Scheint so.«

Das war eigenartig. Die Besichtigung in der Opalmine dauerte keine zwei Stunden. Allerdings redeten wir hier von Robin Mayne, der gründlichsten Person, die ich kannte. Wie ich sie einschätzte, konnte sie Stunden mit der Analyse eines Gemäldes verbringen, sicherlich konnte sie sich auch stundenlang in einer alten Mine vergnügen.

Ich rief sie auf ihrem Handy an, doch es war ausgeschaltet oder hatte keinen Empfang. Seltsam.

»Sie taucht bestimmt gleich auf«, meinte Garrett und nickte zur Verwaltung rüber. »Warten wir unten, ich könnte einen Kaffee vertragen.«

Er hatte recht. Gerade als ich mein Smartphone wegstecken wollte, klingelte es plötzlich. Rasch ging ich ran.

»Ist sie es?«, formten Garretts Lippen.

Ernüchtert schüttelte ich den Kopf. »Adelaide«, sagte ich nur. Schon wieder. Bereits gestern Abend hatte man mich verständigt. Ein Zulieferer, der in der Küstenstadt ansässig war, wollte abspringen, Nachverhandlungen waren nötig. Super Timing, dachte ich ironisch.

»Ich komme, so schnell ich kann«, versicherte ich dem Mitarbeiter und legte auf.

»Also geht's jetzt nach Adelaide?«, hakte Garrett nach.

»Nicht, bevor wir wissen, was mit Miss Mayne ist. Wir sehen besser nach ihr«, entschied ich, denn abwarten und Däumchen drehen konnte ich nicht.

Garrett folgte mir zur Mine und, gemeinsam betraten wir den Gang, der uns durch den Felsen zum Shop führte, wo George gerade ein paar Souvenirs im Regal neu anordnete.

»Wo ist Miss Mayne?«, fragte ich und blickte mich um, hier war sie jedenfalls auch nicht. Ich musste schmunzeln bei dem Gedanken, wie sie sich in den historischen Bereichen der Mine vor Begeisterung verlor. Zweifelsohne steckte ein kleiner Nerd in ihr. Und mir gefiel das. Sie hatte die Fähigkeit, die Welt mit anderen Augen zu sehen.

»Ich dachte, die wäre inzwischen wieder bei Ihnen«, sagte George, die Ruhe in Person.

»Hat Sie denn die Mine verlassen?«, hakte Garrett nach, und George zuckte nur mit den Schultern.

»Sie muss doch an Ihnen vorbeigekommen sein, als sie mit der Besichtigung fertig war«, schlussfolgerte Garrett scharfsinnig.

»Ich habe zwischendrin Mittagspause gemacht. Kann sein, dass sie in der Zeit ging.«

War sie womöglich nicht mehr in der Mine? Zur Verwaltung war sie nicht zurückgekommen, wie wir es abgesprochen hatten. Wo sollte sie sonst stecken? Hier gab es im Prinzip nichts. Sie musste noch darin sein.

»Ich hole sie«, entschied ich und machte mich auf den Weg. Denn ich hatte keine Zeit, länger nachzudenken, musste dringend nach Adelaide, bevor der sicher geglaubte Geschäftsabschluss allen um die Ohren flog. Ich folgte den Besucherpfaden, die gut ausgeleuchtet waren. Doch Robin war nirgends.

War sie etwa auf dumme Gedanken gekommen und hatte die offiziellen Pfade verlassen, um noch mehr Historie sehen zu können? Ich hatte ihr doch eingebläut, dass das keine gute Idee wäre. Diese Frau war anstrengend! Und ein Sturkopf.

Das unterirdische Labyrinth der Museumsmine konnte verwirrend sein, handelte es sich immerhin um eine echte alte Mine, die entsprechend viele Nebengänge aufwies. Wenn man vom Hauptweg abkam, war es gut möglich, sich in dem Irrgarten zu verlaufen.

»Keine Miss Mayne?«, wunderte sich Garrett, als ich in den Shop zurückkam.

Wenn ich diese extrakomplizierte Person in die Finger bekam, würde ich sie durchschütteln, bis sie endlich vernünftig wurde.

»Alles klar, Bro? Du wirkst aufgebracht«, meinte Garrett plötzlich besorgt.

»Ich darf keine Zeit verlieren, wenn ich unseren Zulieferer halten will. Aber ich breche nicht auf, ehe ich weiß, dass es Miss Mayne gut geht!«

Ich atmete tief durch, dann wurde mir eines klar ...

»Sie muss sich verlaufen haben.« Das war die einzig logische Erklärung. Der Gedanke, dass sie nun im Dunkeln umherirrte, vertrieb meine Wut.

»Gib mir eine Taschenlampe, George.«

»Jetzt warte doch mal. Wie kommst du denn darauf, dass sie sich verlaufen hat? Es ist alles ausgeschildert«, versuchte Garrett, mich zu beruhigen. Aber wir redeten von Miss Mayne. Sie musste ja nur irgendwo was Interessantes entdeckt haben und war schwups dorthin verschwunden, um es sich anzusehen. Dann noch etwas. Und noch etwas ... Diese dumme Person!

George reichte mir eine Taschenlampe, die ich ihm fast aus der Hand riss.

»Du kennst diese Frau nicht«, sagte ich, als erklärte dieser Satz alles.

Garrett nickte ernst und hielt mich am Arm fest. »Lass mich vorgehen, Bro. Ich kenne mich hier besser aus als du.«

Endlich unterstützte er mich. Garrett organisierte uns zwei Helme. George sollte im Shop die Stellung halten, falls Miss Mayne doch noch auftauchte. »Bläuen Sie ihr ein, dass sie hier auf uns warten soll«, wies ich ihn an. »Fesseln und knebeln Sie sie notfalls!«

»Du bist hart«, stellte Garrett lachend fest.

Bei Miss Mayne musste man das sein. Ich ließ ihm den Vortritt. Mit zügigen Schritten eilten wir durch die Besuchergänge, bis wir in den Bereich kamen, den man nach dem

Ende der Minenarbeiten so belassen hatte, wie er eben war. Die Gänge waren hier etwas dunkler, ein paar Lampen waren ausgefallen.

»Ob sie da reingegangen ist?«, zweifelte Garrett, denn es sah tatsächlich nicht besonders offiziell oder gar einladend aus. Ich zückte die Taschenlampe und leuchtete in den Tunnel. »Miss Mayne? Können Sie uns hören?«

Keine Antwort.

Was, wenn sie gestürzt und verletzt war? Kopfkino war doch etwas Herrliches, oder? In jedem Fall gab es hier unten keinen Empfang, was auch erklärte, wieso sie nicht ans Handy gegangen war.

Wir gingen weiter, fanden einen Gang, der leicht beleuchtet war, aber nicht zur offiziellen Tour gehörte.

»Das hier könnte sie falsch gedeutet haben«, meinte Garrett und leuchtete mit seiner eigenen Taschenlampe auf ein Schild, das am Boden lag und staubbedeckt war. »Kein Durchgang« stand darauf. Vielleicht hatte sie es übersehen.

»Wir müssen da rein«, sagte ich entschlossen.

»Miss Mayne?«, rief Garrett.

Wieder keine Antwort.

»Ich glaube nicht, dass sie hier ist.«

»Sie interessiert sich für alte Kunst und deren Entstehung, vielleicht hat sie auch einen ausgeprägten Forscherdrang.«

Er grinste. »Sie ist dir wichtig.«

»Rede keinen Unsinn.« Ich wollte nur mit ihr schlafen, so sehr, dass meine Lenden brannten, wenn ich nur an den Moment dachte, als der Rasensprenger mir einen nur leicht verhüllten Blick auf ihre Brüste erlaubt hatte. Ja, ich gab's zu. Sie reizte mich. Doch das gehörte jetzt nicht hierher.

»Sie ist meine Angestellte, und ich hab sie hier reingeschickt. Verständlich, dass ich mich verantwortlich fühle, wenn sie nicht zurückkommt, oder?«

Wie mich dieses Besserwissergrinsen von Garrett ärgerte.

»Können wir dann?«, fragte ich drängend.

»Klar.«

Er ging voran, wir suchten jeden inoffiziellen Gang ab. Die Decken wurden immer niedriger, der Boden unebener. Aber keine Robin Mayne.

»Sie ist nicht hier«, meinte Garrett schließlich, nachdem wir sogar durch den Dreck gekrochen waren, und ich musste es einsehen. Er hatte recht. Ich war auf eine gewisse Weise erleichtert. Aber zufrieden war ich deswegen noch lange nicht. Denn wo war sie stattdessen? Und wieso hatte sie nicht auf mich gehört?

»Lass uns zur Verwaltung zurückgehen. Vielleicht ist sie dort inzwischen aufgeschlagen.«

Ich nickte, und wir arbeiteten uns durch das Höhlensystem zurück zum Ausgang der Museumsmine. Auch bei George war keine Miss Mayne vorbeigekommen.

Für einen kurzen Moment spürte ich eine unangenehme Enge im Hals, doch das Gefühl verflog schnell wieder.

Von der Mine aus waren es nur ein paar Schritte zurück zur Verwaltung. Kaum dass wir diese betreten hatten, vernahm ich ein helles, sehr vertrautes Lachen. Am Empfang stand Robin, einen Kaffee in der Hand, und las ein paar der Motivationssprüche, die an der Pinnwand hingen. Komplett ahnungslos schaute sie sodann zu uns.

Wo war sie gewesen? Wieso hatte sie nicht auf meinen Anruf reagiert? Ich war wütend.

»Da sind Sie ja«, sagte Robin lächelnd, als wäre nichts passiert. »Wo waren Sie denn?«

»Wo waren Sie?«, entfuhr es mir lauter als beabsichtigt. Garrett raunte ein »Bro ...« in meine Richtung. Ich riss mich zusammen, aber mein Zorn war gewaltig.

Robin blieb gelassen, musterte uns von oben bis unten.

»Was ist mit Ihrem Anzug passiert? Sie sehen ja furchtbar aus«, sagte sie schließlich und wischte mir etwas Staub von der Schulter. Tja, so sah man eben aus, wenn man auf allen vieren durch eine Opalmine kroch.

»Lenken Sie nicht ab!«

Sie runzelte die Stirn. »Nach der Minenbesichtigung bin ich hierher zurückgekommen, aber Sie waren noch im Gespräch, also habe ich mir die Ortschaft angesehen. Ein unterirdisches Dorf ist ja nicht ganz alltäglich, oder? Kein Grund, mich anzuschnauzen.«

»Wieso haben Sie denn nicht Bescheid gesagt? Oder eine Notiz hinterlassen?« Es hätte ihr doch was passiert sein können! Himmel!

»Ich wusste ja nicht, dass ich mich bei Ihnen melden muss«, gab sie schnippisch zurück.

»Besser wäre es gewesen!«

Garrett grinste neben mir. Beruhigend legte er eine Hand auf meine Schulter.

»Alles gut«, sagte er und klopfte dann etwas Minenstaub von meinem Rücken.

Ich hätte ihm am liebsten das dämliche Grinsen aus dem Gesicht geschlagen. Diese Minen waren zwar gut gesichert, aber unbedachtes Verhalten führte schnell zu Unfällen. Es war schon der ein oder andere Arbeiter unglücklich gestürzt.

»Melde mich gehorsamst zurück!«, rief Robin und salutierte spöttisch.

»Sie ist süß«, raunte mir Garrett amüsiert ins Ohr.

Ich rollte mit den Augen.

»Und wieso war Ihr Handy nicht an?«

»Akku leer.«

Es brachte nichts, weiter darüber zu reden. Wenigstens war sie jetzt hier. Und ich durfte mich vor Adelaide noch mal duschen und meinen Ersatzanzug anziehen. Lief.

»Wir fahren jetzt zur Farm zurück«, entschied ich ärgerlich. Ich wollte nicht noch mehr Zeit verlieren.

»Jawohl, Sir!« Jetzt stand sie stramm, was ihre Brüste auffällig betonte. Ich musste mich zwingen, nicht zu sehr dorthin zu sehen.

»Ihr macht mir Spaß«, feixte Garrett, während wir das Verwaltungsgebäude verließen und zum Truck zurückkehrten.

»Erbitte Erlaubnis einzusteigen, Sir«, provozierte sie mich weiter.

»Halten Sie einfach für ein paar Minuten den Schnabel«, gab ich genervt zurück. »Ihr Verhalten war verantwortungslos, denken Sie darüber nach.« Wir setzten uns rein, schnallten uns an, und Garrett brauste los, eine Wolke aus Sand und Staub hinter sich herziehend.

20. Kapitel

Robin

Mein »unangemeldeter« Ausflug durch die Ortschaft White Cliffs hatte Vaughan Townsend offenbar sehr aufgeregt. Aber bitte, wollte er mir Vorschriften machen, wo ich hingehen durfte und wohin nicht?

»Wie lange wollen Sie denn jetzt nicht mehr mit mir sprechen?«, hakte ich nach, als wir die Strecke fast hinter uns hatten. Sein Anzug sah aus, als wäre er durch die Mine gekrochen.

»Was ist nur mit Ihnen los?«, fragte ich. Wo war der CEO hin, der immer alles unter Kontrolle hatte?

Er atmete tief durch, ohne den Blick von mir zu nehmen.

»Ihr verantwortungsloses Verhalten ärgert mich!«

»Ich war doch in der Verwaltung, aber Sie hatten noch Ihr Geschäftsgespräch. Woher sollte ich wissen, wie lange das dauern wird?«

»Kinder, jetzt beruhigt euch. Ist doch nichts passiert«, mischte sich Garrett ein und lenkte seinen Truck auf den Hof. Kaum war dieser zum Stehen gekommen, stieg Vaughan aus. Ich rutschte über den breiten Sitz und folgte ihm.

»Sie fliegen allein nach Melbourne zurück. Ich muss nach Adelaide. Eigentlich sollte ich längst dort sein, aber Sie mussten ja den Betrieb aufhalten …«

»Ach, darum geht's Ihnen.«

Mandy kam uns freudig entgegen, aber Townsend ignorierte die Schäferhündin und blitzte mich wütend an.

»Darum geht's nicht!«

»Ich hau uns ein paar Emu-Eier in die Pfanne, und dann ist gut«, schlug Garrett vor. »Für einen Snack ist sicher noch Zeit, dann können wir alle etwas runterkommen.«

Aber ich hatte keinen Hunger und Vaughan offenbar auch nicht, denn er ignorierte Garretts Vorschlag. Wir liefen eilig zum Haus. Mandy kläffend hinter uns her.

»Sie benehmen sich wie ein Kleinkind, das nicht über Konsequenzen nachdenkt«, schimpfte Vaughan.

Bitte? Ich hatte mir nur den Ort angesehen, wieso flippte der jetzt aus?

»Auch gut, dann bereite ich die Statue für den Transport vor und bringe euch mit dem Truck zum Airport«, hörte ich Garrett murmeln.

»So lange kann ich nicht warten. Ich muss zeitig los, Garrett. Ich bestelle mir einen eigenen Wagen. Kümmere du dich bitte darum, dass Miss Mayne mit der Statue nach Melbourne zurückgelangt.«

»Ja, mach ich. Und bis dahin ... sprecht euch mal richtig aus, Ladys«, rief Garrett uns nach, während Vaughan und ich einen Wettlauf zu unseren Zimmern veranstalteten. Wir waren beide aufgebracht und etwas neben der Spur.

»Sie drehen wegen nichts durch«, sagte ich und riss meine Zimmertür auf.

»Ich drehe nicht durch!«, erwiderte er, zog seine Tür ebenfalls auf und knallte sie hinter sich zu, dass die Wände wackelten.

Wer war jetzt das Kleinkind? Ich schloss meine Tür demonstrativ leiser, als ich eingetreten war, verspürte aber so viel Wut im Bauch, dass ich zur Verbindungstür stürzte und diese aufriss. »Ich kapiere einfach nicht, was Ihr verdammtes Problem ist! Ich habe nichts Verwerfliches getan!«

Er stand mit dem Rücken zu mir, hatte sich gerade das Hemd ausgezogen. Ein Handy klemmte zwischen Schulter und Ohr. Dabei legte er das Hemd zusammen. »Ich brauche den Wagen sofort.«

Langsam drehte er sich zu mir um, seine gebräunte Haut glänzte. Ich konnte jeden verdammten Muskelberg sehen. Das war fies, die Aussicht lenkte mich ab. Er beendete das Telefonat.

»Was mein Problem ist?«, fragte er mit rauer Stimme und sah auf mich herunter. Mir stockte der Atem ob seines wilden Geruchs und seines noch wilderen Blicks.

»Ich habe mir verdammte Sorgen um Sie gemacht«, entfuhr es ihm.

Ich hielt inne. Er war noch lauter geworden, und er hatte etwas gesagt, womit ich nicht gerechnet hatte.

»Sorgen um mich?«, wiederholte ich durcheinander und versuchte, diese Nachricht mit dem Vaughan Townsend zu vereinbaren, den ich bisher zu kennen geglaubt hatte. Dem, der zuerst an sich dachte. Und ans Geschäft.

»Natürlich um Sie. Diese Höhlensysteme sind gefährlich. Es sind schon Leute darin gestürzt und haben sich verletzt. Ihnen hätte etwas passiert sein können. Was meinen Sie, warum Garrett und ich da reingekrochen sind?«

Das war also wirklich Minenstaub an seinem Anzug. Und er war dort gewesen ... wegen mir?

Plötzlich kam mir meine Aktion wirklich etwas dumm vor. Er war davon ausgegangen, dass ich die ganze Zeit noch in der Mine gewesen war. Und er hatte mich nicht einmal auf dem Handy erreicht.

»Tut mir leid«, meinte ich ehrlich, doch er sah mich immer noch aufgebracht an. Sein Atem war laut und schnell, als wollte er jede Sekunde auf mich losgehen. Es prickelte wie verrückt in meinem Nacken. Was jetzt echt kontraproduktiv war. Das konnte ich nicht gebrauchen ...

Eine halbe Ewigkeit schauten wir uns an, ich wollte nicht weiter nachgeben. Nicht, wenn nicht auch er einlenkte und zugab, dass seine Reaktion übertrieben war.

»Sie hätten ruhig etwas lockerer bleiben können«, sagte ich, vor Aufregung ein wenig heiser.

Wie zwei Raubtiere, die kurz davorstanden, aufeinander loszugehen, fixierten wir uns, als er plötzlich näher kam und sich über meinen Mund beugte. Ich hielt vor Schreck den Atem an, mein Herz raste, als er ihn hungrig verschloss. Ich konnte nicht begreifen, was hier geschah, doch es geschah. Sein herber Geschmack glitt über meine Zunge. Ich spürte, wie mein Körper weich wurde und nachgab. Es fühlte sich so gut, so richtig an. Aber dann drückte ich ihn leicht weg. Er war unser Klient … mein Arbeitgeber … durfte ich das überhaupt?

Ehe ich weiter über unsere Arbeitsbeziehung nachdenken konnte, schmiegten sich seine Lippen erneut an meine. Fordernd und gierig.

Ich vergaß alles um mich herum, wo ich war, wer er war, dass ich den Kerl eigentlich nicht leiden konnte, sogar Anthony. Sein sinnlicher Geruch vernebelte meine Sinne.

Wir konnten nicht ablassen voneinander, als zögen sich unsere Münder immer wieder magisch an, wie zwei Magneten. Kurz drückte er seine Stirn an meine, während ich seinen Duft einatmete. Wir sahen uns in die Augen, als würden wir uns zum ersten Mal sehen.

Seine Hände glitten über meinen Rücken, während sich unsere Lippen abermals aneinanderschmiegten. Seine Zunge rieb sich an meiner, massierte sie, zugleich hielt er mich fest, und ich genoss seine kräftigen Arme um meinen Körper.

Dann tauchte jedoch das Bild von dem Simone-Double vor meinem geistigen Auge auf. Ich wusste, er war kein unbeschriebenes Blatt. Aber seine blonde Freundin würde das wohl nicht gutheißen, und ich wollte nicht in die Rolle der »anderen« schlüpfen. Trotz allen Verlangens, aller Sehnsucht, das konnte ich nicht tun. Ich wusste, wie sich das anfühlte.

»Was hast du?«, fragte Vaughan, als ich mich von ihm löste.

»Sorry, aber ich kann das nicht. Und du solltest es auch nicht tun.«

»Wovon redest du?«

»Ich habe dich neulich gesehen mit deiner Freundin. Beim Juwelierladen. Erinnerst du dich?«

»Freundin? Meinst du Claudine?« Er lachte. Wie witzig ... sorry, dass ich noch etwas Anstand im Leib hatte ... Auch wenn es mir schwerfiel, mein Verlangen zu unterdrücken.

»Das war nur die Assistentin meiner Mutter.«

War das wahr? Oder spielte er mit mir?

»Aber sie war doch auch neulich bei dir. Du hast nach ihr gerochen.« Das Rosenwasser ...

Er zog überrascht die Brauen hoch. »Ja, sie ist wohl ein bisschen in mich verliebt und hat wirklich viel von dem Zeug aufgetragen. Aber ich habe nichts mit ihr. Sie ist gar nicht mein Typ.«

Sanft strich er mit einer Hand über meine Wange, als wollte er sagen: Aber du bist es.

»Jetzt beruhigt?«, fragte er stattdessen, und ich hatte mich noch nie so erleichtert gefühlt.

Ich nickte. Vermutete ich jetzt überall Anthonys? Vaughan ließ mir kaum Zeit zu überlegen.

»Ich will dich wie verrückt«, raunte er an mein Ohr, zupfte mit seinen Lippen an meinem Ohrläppchen, um dann die Stelle seitlich an meinem Hals, direkt über meinem Schlüsselbein, zu liebkosen. Genau wie in meinem Traum ...

O Gott, das fühlte sich so gut an.

Vaughan bettete mich auf dem Boden seines Gästezimmers und zog mir die Bluse aus. Ich erzitterte, glaubte zu fiebern. Seine Lippen umschlossen sacht meine linke Brustwarze. Passierte das hier wirklich?

Sie wurde heiß und hart, richtete sich in seinem Mund auf, drückte gegen seine Zungenspitze, während es wie verrückt in ihr prickelte. Aber dieses wahnsinnige Prickeln blieb nicht lokal, es strömte durch meinen ganzen Körper. Es war überall, sogar in meinen Finger- und Zehenspitzen. Was geschah hier?

Seine Lippen waren weich und kühl, dann wieder rau und glühend. Mein Temperaturempfinden geriet völlig durcheinander. Meine Haut fühlte sich sensibler an, ich konnte alles intensiver wahrnehmen, Vaughans Verlangen nach mir spüren, seine Gier. Ich zitterte, wusste nicht, was mit mir los war. Aber ich genoss es in vollen Zügen, bis mir klar wurde, was es war: Lange hatte ich mich nicht mehr so begehrt gefühlt.

Sein Mund wanderte tiefer, umspielte meinen Bauchnabel, von dem ich nicht mal gewusst hatte, dass er eine erogene Zone war. Sein heißer Atem, seine Nähe, ich wollte auch ihn. Verdammt!

Mit den Fingern zerrte er an meiner Hose, riss sie mitsamt meinem Slip runter, und eine Gänsehaut bildete sich an meinen Oberschenkeln, wo die kühle Lust entlangstrich.

Seine Lippen glitten über die winzigen Erhebungen, was diese noch verstärkte.

Was war eigentlich mit Adelaide? Es spielte gerade keine Rolle ...

»Ich will dich schmecken, shit, schon die ganze Zeit will ich wissen, wie du schmeckst«, raunte er und tauchte seine Zunge zwischen meine Schenkel.

Jetzt war es amtlich. Ich halluzinierte. Holy F*ck! Das konnte einfach nicht echt sein. Ich war nie ein Kind von Traurigkeit gewesen und hatte Kerle erlebt, die mit ihrer Zunge umgehen konnten. Aber das hier war jenseits von Gut und Böse.

Ich schob mich ihm entgegen und hielt den Atem an, als seine Zungenspitze meine Klitoris so sehr reizte, dass ich das Gefühl hatte, jede Sekunde verrückt zu werden.

»Scheiße«, keuchte ich und krallte meine Finger in sein dichtes dunkles Haar. Ich war noch nie so erregt gewesen. Er leckte mich immer schneller, intensiver, brachte mich bis an meine Grenze.

Mein Körper war wie eine lodernde Flamme, ich brannte überall und genoss es, bis es kein Zurück mehr gab. Ich blickte zu ihm und er zu mir, während es mir kam. Seine Pupillen weiteten sich, ich glaubte nicht nur meine, sondern auch seine Erregung zu spüren. Es war, als würden wir gemeinsam brennen. Ich stieß einen atemlosen Schrei aus und sank auf den Boden zurück ...

Unsere Blicke sogen einander auf, und er verschloss meinen Mund mit seinen Lippen.

Ich schmiegte mich an ihn, konnte nicht fassen, was geschehen war. Ausgerechnet Vaughan Townsend! Und ich hatte es genossen.

»Musst du wirklich nach Adelaide?«

»Ich fürchte schon.« Er strich mir eine Strähne aus dem Gesicht, und als wollte die Realität, dass dieser Moment wie eine Seifenblase zerplatzte, hupte es draußen. Der Wagen war da. Vaughan wirkte wenig erfreut.

»Ich muss los.« Wir wussten beide, dass es nicht anders ging.

Er verschwand im Bad, als er wiederkam, gab er mir einen innigen Kuss, der mein Herz laut klopfen ließ. Er schmeckte unfassbar gut, fühlte sich so toll an.

»Ich würde gern mit dir zusammen nach Melbourne zurückkehren«, sagte er, und auch ich wünschte mir das.

Wir zogen uns an, er schlüpfte in einen neuen Anzug, ich in meine alte Kleidung. Erst morgen würden wir uns wiedersehen. Das gefiel mir nicht.

Komm, Robin, du wirst es doch einen Tag ohne Townsend aushalten. Wir reden hier vom Anzug-Snob, versuchte ich, mir einzureden.

Als würde ich ihn jetzt noch so sehen ...

Adelaide hatte die ganze Planung durcheinandergebracht. Und Vaughan hatte mich komplett durcheinandergebracht. Mein Körper glühte immer noch. Und wenn ich ihn ansah, wusste ich, es ging ihm genauso.

»Dann grüß mir die alte Küstenstadt, Bro«, verabschiedete sich Garrett, als wir wenig später im Flur standen. Die Brüder umarmten sich.

»Mach ich.«

»Und keine Sorge, ich achte darauf, dass Miss Mayne nachher in den richtigen Flieger steigt.«

»Ich vertraue dir. Aber irgendwas riecht hier angebrannt«, erwiderte Vaughan. Anstatt seinen Bruder anzublicken, sah er zu mir und ich in das Leuchten seiner Augen. Und ja, sie funkelten so viel intensiver als neulich vor der Vitrine, als ich gedacht hatte, dass er mit Miss Glockenlachen Sex gehabt hatte.

»Scheiße! Meine Eier!«

Garrett stürmte in die Küche, und Vaughan nutzte den Moment, zog mich leidenschaftlich in die Arme, um mich zu küssen, als hätte er nur auf diesen Augenblick gewartet.

»Wir sehen uns bald wieder, ich regle das, so schnell ich kann«, raunte er verheißungsvoll in mein Ohr.

21. Kapitel

Robin

Nachdem ich Vaughans Wagen so lange nachgesehen hatte, bis er zu einem kleinen Punkt in der Ferne geworden war, ging ich ins Haus zurück und betrat die große rustikale Küche. Der Geruch von Holz stieg mir in die Nase. Und der von leicht angebrannten Eiern.

Ich fühlte mich beschwingt und – ja – seit einer gefühlten Ewigkeit sogar wohl in meiner Haut. Aber alles kam mir auch total unecht vor, wie in einem Traum. Ich bildete mir ein, seine Hände und Küsse noch jetzt überall zu spüren. Eine Gänsehaut bildete sich an allen möglichen und unmöglichen Stellen meines Körpers.

Total verrückt – er und ich. Ausgerechnet Mr Anzugschnösel. Konnte das überhaupt funktionieren? Darüber wollte ich jetzt nicht nachdenken. Manchmal war ein Moment dazu da, ihn einfach nur zu genießen.

Garrett stand am Herd, brutzelte seine Emu-Eier, während Mandy zu seinen Füßen lag und sehnsüchtig hochblickte. Wohl in der Hoffnung, dass etwas von der Köstlichkeit für sie abfiel. Auf einem Teller neben dem Herd entdeckte ich ein paar zerbrochene Eierschalen, die fast gänzlich schwarz waren. Außerdem erspähte ich direkt neben Mandy einen weiteren Teller, auf dem noch einige Reste von angebrannten Eiern lagen. Offenbar hatte Garrett den Nimmersatt schon verköstigt.

Er blickte über seine Schulter und schenkte mir ein schiefes, aber herzliches Lächeln.

»Setz dich«, sagte er und deutete zu einem der Stühle am Esstisch. »Wir wollen dir jetzt mal eine ordentliche Mahlzeit servieren. Damit du fit für den Flug bist.«

Ich nahm Platz und beobachtete ihn beim Kochen, und Mandy beim Betteln. Mit der Pfote schabte sie an seinem Bein. »Du hattest schon, Lady. Wir wollen nicht, dass du zu dick wirst.«

Ich mochte es irgendwie, dass er trotz seines immensen Reichtums ein eher einfaches Leben vorzog, wenngleich ich mich fragte, ob es nicht auch ein wenig einsam hier draußen war. Es schien jedenfalls niemand hier zu leben außer ihm, Mandy und natürlich seinen Emus.

Irgendetwas steckte doch dahinter, ratterte es bereits in meinem Restauratorinnen-Gehirn. Ich liebte Puzzle, und ich liebte Geheimnisse. Zum ersten Mal bemerkte ich nun auch das Pinnbrett, an dem alte Bilder und Zeitungsartikel der Kings-of-Passion-Skulptur hingen. Jene, über die ich auch schon recherchiert und die Hubert Townsend persönlich geschmiedet hatte. Ein goldener König im Opalgewand, der ein prachtvolles Zepter in der Hand hielt. Wenn man so wollte, der erste Opalkönig in der Geschichte der Townsends. Laut meinen Quellen galt die Skulptur als verschollen.

Garrett kam mit der Pfanne heran und tat mir auf. Dabei bemerkte er meinen Blick. »Ich versuche, sie zu finden. Unsere Familie hätte sie gern wieder im Besitz«, erklärte er.

»Verstehe.«

»Sie war einst eine Auftragsarbeit meines Großvaters.«

»Und der Namensgeber des Unternehmens«, ergänzte ich.

Er lächelte. »Du hast deine Hausaufgaben gemacht. Aber sicher geht dir gerade nicht nur die alte Skulptur durch den Kopf.«

Damit hatte er wohl recht.

»Mein großer Bruder ist durch und durch CEO, sieh ihm das nach. Das Geschäft geht immer vor. Daran wirst du dich gewöhnen müssen.«

Ich zuckte mit den Schultern. Gewöhnen? Ich wusste ja noch nicht mal, was da vorhin passiert war. Immerhin wollte er das in Adelaide schnell regeln, um wieder bei mir zu sein. Es war also keine einmalige Sache für ihn gewesen. Und für mich?

»Unser Dad war auch so. Er lebte mehr im Büro als zu Hause. Townsend-Männer sind kompliziert, eine Beziehung mit ihnen ist noch komplizierter«, klärte mich Garrett auf und erstaunte mich mit seiner Reflexionsgabe.

Gleichzeitig fragte ich mich, warum er mir das alles überhaupt erzählte. Wusste er etwa ...? Wir waren wohl nicht ganz leise gewesen ... Aber von »Beziehung« zu reden, war übereilt. Ich wusste nicht, was das zwischen Vaughan und mir war, und auch nicht, ob ich überhaupt bereit für was Ernstes wäre. So wie es war, war es schön.

Garrett setzte sich schmunzelnd zu mir an den Tisch, Mandy verschwand darunter, und ich spürte ihre Pfote an meinem Fuß. Dazu ein leises Winseln. Sie hatte offensichtlich einen großen Magen.

»Lady, nicht Besucher anbetteln, das gehört sich nicht«, sagte Garrett tadelnd und lugte kurz unter den Tisch. Mandy verstand das als Aufforderung, ihm übers Gesicht zu lecken.

»Argh, du küsst zu feucht, Süße.« Er erhob sich, verschwand im Bad, ich hörte das Wasser rauschen, dann kam er zurück und setzte sich wieder hin.

»Selten so ein hübsches Paar wie euch gesehen«, sagte ich, als Garrett Mandys Kopf tätschelte. Die beiden waren wirklich herzallerliebst.

»Das kriegen wir oft zu hören, stimmt's, Süße?«

Mandy bellte bestätigend.

»Wieso erzählst du mir das eigentlich?«, hakte ich nach, weil er offenbar nicht von allein noch mal auf das Thema von eben zurückkam.

»Dass wir das oft hören?« Er kraulte ihren Hals, und Mandy hechelte begeistert.

Ich schmunzelte. »Dass Townsend-Männer kompliziert sind.«

»Ist ein Fakt. Sieh dir Vaughan an. Er mag dich, was er natürlich abstreiten würde. Doch er war echt in Sorge um dich, als er dich nicht erreichen konnte.«

Ich spürte ein warmes Gefühl in der Brust. Ich hatte Vaughan wohl Unrecht getan ...

»Um ehrlich zu sein, habe ich ihn lange nicht so gut drauf erlebt.«

Ich runzelte die Stirn. Wie verhielt er sich denn sonst?

»Vaughan ist der Älteste. Dad hat ihn früh ins Geschäft eingespannt und ihm alles abverlangt, während Lloyd und ich noch in die Windeln machten. Metaphorisch. Wir hatten mehr Freiräume. Ich denke, er kompensiert das auf nicht allzu gesunde Weise.«

Ich nickte langsam. Garrett meinte wohl die vielen Sexabenteuer. War ich jetzt eines davon?

»Er war also schon immer so.« Und würde immer so bleiben?

Gefiel mir so ein Mann?

Garrett wog den Kopf hin und her. »Nach dem Brand, der sich in den nächsten Tagen jährt, wurde es noch krasser. Er hat sich total ausgepowert. Beruflich und na ja ... anderweitig.«

»Hat er ihn direkt miterlebt?«, wunderte ich mich. Wäre ein ziemlich traumatisches Erlebnis. Ich hatte schon die ganze Zeit das Gefühl, dass es mit diesem Brand noch mehr auf sich hatte.

Garrett atmete tief durch die Zähne ein. Ich sah ihm an, dass ich richtig lag. Ich war versucht nachzubohren. Aber Garrett wich meinem Blick aus.

»Das solltest du selbst mit ihm besprechen.«

»Du überschätzt meine Bedeutung für ihn.« Er würde sich mir nie so anvertrauen.

»Das denke ich nicht.« Er spießte ein paar fluffige Eierstücke auf. Und natürlich landeten ein paar davon doch unter dem Tisch. Ich hörte Mandy genüsslich schmatzen.

Kurze Zeit später saß ich in Garretts Truck auf dem Weg zum Flughafen von Broken Hill. Von dort aus würde mich eine Chartermaschine nach Melbourne zurückbringen. Garrett hatte alles für mich organisiert, die Statue war auf dem Truck verladen, was Garrett trotz des immensen Gewichts ohne jede Hilfe hinbekommen hatte. Ich hatte nur noch einsteigen müssen. Guter Service, Mr Marlboro-Mann.

Wir schwiegen fast die ganze Fahrt über, in meinem Kopf kreiste die Frage, wie Garrett es gemeint hatte, dass Vaughan mich mochte. Na ja, wie wohl? Er hatte es ja eindrücklich demonstriert. Ich war noch etwas neben der Spur – auf gute Weise –, fragte mich aber auch, was es mit Vaughan und diesem Brand vor fünf Jahren auf sich hatte. Da es mich nicht losließ, googelte ich das noch mal unauffällig, fand aber nur Artikel, die ich schon kannte. Im Februar war das Unglück fünf Jahre her. Dadurch kam es sicher wieder verstärkt in Erinnerung bei allen Beteiligten. Ich blickte aus dem Fenster der Beifahrerseite und betrachtete den rötlichen Sand der weiten Landschaft, während ein Lied von Poets of the Fall durch die Lautsprecherboxen dudelte. Plötzlich machte ich eine Bewegung aus. Überrascht hob ich den Kopf und drückte mir die Nase an der Scheibe platt. Zwischen den Hügeln und wenigen Bäumen hüpfte tatsächlich eine Gruppe Roter Riesenkängurus entlang. Es schien, als würden sie um die Wette springen. Ich hatte mein ganzes Leben in Australien verbracht, aber nie diese schönen Tiere in freier Wildbahn gesehen. Fasziniert beobachtete ich sie so lange, bis wir an ihnen vorbeigerauscht waren.

Mandy, die auf der Rückbank saß und mir hin und wieder ins Ohr hechelte, gab ein betrübtes Winseln von sich. Sie hatte die Kängurus auch gesehen und hätte sie wohl gern noch etwas länger beobachtet.

Irgendwann rückte Broken Hill in unser Blickfeld. Viel bekam ich von der Stadt nicht zu Gesicht, denn der Truck fuhr um die Ortschaft herum. Eine Abkürzung, der Abschied rückte näher.

»Wir sind da«, verkündete Garrett und parkte den Truck schließlich auf dem Gelände des Airports. Die asphaltierten Start- und Landebahnen sowie die zahlreichen kleinen Flughafengebäude erschienen wie eine Betoninsel inmitten der roten Steppe. Ich seufzte und stellte überrascht fest, dass ich gern noch etwas länger geblieben wäre. Die Gegend war etwas Besonderes.

Garrett stieg aus und hielt mir die Tür auf.

»Ich bin sicher, wir sehen uns wieder«, sagte er überzeugt, während ich ausstieg.

Dann zog er mich in seine starken Arme, als wäre ich eine alte Freundin. Die Townsend-Brüder hatten alle etwas sehr Einnehmendes an sich, daran gab es keinen Zweifel. Auch er war ein echtes Muskelpaket.

Vor allem aber roch er fast wie Vaughan, wodurch sich meine Nackenhärchen wohlig aufstellten.

Ob er recht hatte? War ich für Vaughan mehr als ein Zwischenspiel? Oder hatte er unseren gemeinsamen Moment längst vergessen, wenn er aus Adelaide zurückkam?

Der Gedanke schnürte mir die Kehle zu.

Dabei wusste ich ja nicht einmal selbst, was das mit ihm für mich war. Mum würde es sicher wieder als Flucht darstellen, um meinen Gefühlen für Anthony zu entrinnen. Vielleicht stimmte das.

Ich löste mich von Garrett und wuschelte Mandy, die sich zu mir vorreckte, mit der Hand über den Kopf.

»Check schon mal ein, ich kümmere mich darum, dass dein Michelangelo auch an Bord ist, wenn ihr abfliegt.«

»Danke, das ist nett.«

Wir herzten uns noch mal, dann wandte ich mich schließlich um und ging zum Hauptgebäude des Flughafens.

Ich war müde, aber freute mich auf Melbourne ... und auf das Wiedersehen mit Vaughan.

22. Kapitel

Robin

Meine liebe Miss Mayne,

ich hoffe, Sie haben Ihr Wochenende genossen.

Der Prof hatte ja keine Ahnung!

Wie kommen Sie mit dem Bernaduchi voran? Wenn möglich, schicken Sie mir doch ein paar aktuelle Fotos von Ihrer Arbeit.

Gute Idee. Vielleicht schoss ich bei der Gelegenheit auch eins von der Venus von Michelangelo, um ihn neidisch zu machen? Die Statue stand inzwischen auch im Keller. Achtzig Kilogramm Marmor.

Mein Vortrag in Paris war ein voller Erfolg. Ich habe sogar Interviews für Fachmagazine gegeben. Was für eine zauberhafte Stadt, die freundlichen Pariser, die süßen Croissants!

Okay, das mit dem Neidisch machen würde wohl nicht klappen. Ich schmunzelte.

Au revoir
Ihr Prof. Will Gordon

Ich klickte die E-Mail weg und streifte meine Lupenbrille und die Handschuhe über, um mich wieder um Bernaduchi zu kümmern.

Mit Engelsgeduld trug ich die Rußschicht mit meiner Spezialreinigung ab, dabei streichelte ich mit dem Wattestäbchen über die Körper der Liebenden, und schon drifteten meine Gedanken zu Vaughan und diesem aufregenden Intermezzo in der Nähe von Broken Hill.

Plötzlich klingelte mein Handy. Ich sollte es während der Arbeit wirklich ausschalten. Rasch legte ich das Wattestäbchen ab und griff nach dem Smartphone, das ich neben dem Laptop auf dem Arbeitstisch platziert hatte.

»Ja?«, ging ich wirsch ran, in Gedanken noch bei Vaughan, Bernaduchi und dem ganzen Kuddelmuddel.

»Hallo Robin.«

Ich hielt den Atem an. Das war er! Diese sinnliche Stimme ... Nackenkribbeln ... Es war schön, dass er mich beim Vornamen nannte.

»Vaughan.« Mein Herz klopfte. Wie vertraut es sich anfühlte, ihn so anzusprechen.

»Ich wollte deine Stimme hören.«

»Wie lief's in Adelaide?« O Gott, was für eine blöde Frage. Hätte ich nicht irgendetwas zu seiner Stimme sagen können, die meinen Nacken prickeln ließ?

Er lachte leise. »Wir sind noch in Verhandlung, aber das wird nicht mehr lange dauern. Ich bin heute Abend zurück. Und dann will ich dich sehen.«

Mein Herz rüstete sich zum Marathon. Urplötzlich fühlte sich meine Kehle an, als hätte ich seit Tagen nichts getrunken.

Ich sollte etwas sagen. Etwas wie: »Ich dich auch!« Aber kein Wort kam über meine Lippen vor Aufregung. Dabei war ich sonst nicht auf den Mund gefallen.

Vaughan wartete noch einen Moment, dann lachte er wieder sinnlich.

»Bis bald«, raunte er in diesem sexy Timbre.

»Bis bald«, murmelte ich mit belegter Stimme. Er legte auf.

»Er mag dich«, hallten Garretts Worte in meinen Ohren nach. Nur wieso fiel es mir schwer, das zu glauben? Weil Anthony mich wie eine heiße Kartoffel hatte fallen lassen? Weil Vaughan als Frauenmagnet und sprunghaft galt, was ich wiederum ganz und gar nicht war?

Ich verkroch mich für den Rest des Tages in der Werkstatt, um meine Arbeit ohne Ablenkung hinzukriegen. Das klappte mit der Hilfe von Coldplay ganz gut. Danke, Chris Martin! Er war der einzige Mann, dessen Stimme noch sexyer war als Vaughans. Ich kam ein gutes Stück voran, ohne dass ich Leinwand oder Öl abrieb, was auch etwas schade war. Ich wollte zu gerne wissen, ob sich da tatsächlich ein älteres Gemälde unter den Liebenden befand.

Irgendwann klopfte es an der Tür. Ich zog einen Ohrstöpsel raus.

»Miss Mayne?«, erklang Marthas Stimme. »Das Abendessen ist fertig.«

Fast hätte ich es wieder verschwitzt.

»Mr Townsend ist auch schon zurück.«

Abrupt setzte das Herzklopfen wieder ein.

»Er kam gerade an.«

Bei dem Gedanken an Vaughan kribbelte es in meinen Eingeweiden, als hätte sich ein Schwarm Schmetterlinge dorthin verirrt. »Du projizierst deine Gefühle für Anthony auf ihn«, hörte ich Mums kritische Stimme in meinem Kopf. Vielleicht hatte sie recht. Das mit Anthony war noch frisch, ich fühlte mich einsam ... aber Tony hatte mich nie so leidenschaftlich geliebt. Mit Vaughan hatte sich alles so viel intensiver angefühlt. Also konnte es keine Projektion sein, es war echt.

Ich fand mich kurz darauf im Speisezimmer wieder, bei herrlich duftendem Ragout. Aber für das wunderschön angerichtete Essen hatte ich keine Augen.

Ich blickte rüber zu seinem Platz, doch der war leer.

»Mr Townsend wird Ihnen gleich Gesellschaft leisten«, versicherte mir Martha und ahnte offenbar nicht, dass ihre Worte mein Herz zum Marathon-Endspurt antrieben.

Ich setzte mich hin, automatisch tat ich mir auf. Das Ragout roch so gut. Ich probierte und ließ mir den Bissen auf der Zunge zergehen, als sich die Tür öffnete und Vaughan hereinkam. Er trug eine Anzughose, dazu ein Hemd. Ich beobachtete seine kraftvollen Schritte, bis er sich mir gegenüber hinsetzte.

»Guten Abend, Robin.«

»Abend«, sagte ich aufgeregt. Mein Herz schlug mir bis zur Schädeldecke, weil ich an seine Küsse, an seine flinke Zunge dachte ...

Vaughans Nähe machte mich nervös. Während er seine sinnlichen Lippen zu einem Lächeln formte, konnte ich nicht anders, als daran zu denken, dass mich ebendiese Lippen so zärtlich geliebt hatten, dass es mir jetzt noch wohlige Schauer bereitete. Und dann das Telefonat, bei dem er gesagt hatte, er wolle mich heute Abend sehen. Es hatte so drängend geklungen. Jetzt ließ er sich jedoch Zeit.

Sein Lächeln wurde größer, dann widmete er sich ebenfalls dem Essen. Ich tat es ihm gleich, obwohl ich die Ungewissheit kaum aushielt. Was hatte er mit mir vor, wenn er mich heute Abend »sah«? Wir sahen uns ja jetzt. Vielleicht hatte er nur das gemeint? Nein, so hatte es nicht gewirkt, und sicher schwebte ihm gerade kein gepflegtes Gespräch über den Abbau von Opalen vor. Mir zumindest nicht.

»Ich komme gut mit Bernaduchi voran«, sagte ich, um irgendetwas gesagt zu haben.

Vaughan nippte an seinem Weinglas und stellte es danach wieder ab. Genüsslich verzog er die Lippen. »Ich bin nicht so schnell nach Melbourne zurückgekommen, um über Bernaduchi zu reden«, erklärte er unmissverständlich. Das Blut schoss mir in die Wangen, ich spürte meinen Puls bis in die Fingerspitzen. Jetzt bekam ich keinen Bissen mehr runter. Und als er mich wieder so intensiv ansah, prickelte es so stark zwischen meinen Schenkeln, dass ich sie instinktiv zusammenpresste, um der Sache Herr zu werden.

Ob er wusste, was er mit mir machte? Bestimmt.

Kaum dass wir aufgegessen hatten, erhob er sich und kam zu mir herüber, hielt mir die Hand hin, um mir aufzuhelfen. Er hatte die Ausstrahlung eines Aristokraten. Opalkönig eben.

Vaughan sah mich an. Bildete ich es mir nur ein, oder war da wieder dieses Leuchten in seinem Blick?

Ich legte meine Hand, die leicht zitterte, in seine. Er führte mich aus dem Speisesaal durch die Villa, die Marmortreppe hoch. Meine Knie fühlten sich bei jeder Stufe weich wie Butter an. Wohin ging es? Was hatte er vor? Ich hielt die Spannung kaum aus.

Plötzlich drückte er mich gegen eine Wand und küsste mich heiß. Mir blieb der Atem weg.

»Ich konnte es nicht erwarten, dich endlich wieder in den Armen zu halten«, offenbarte er und küsste mich erneut.

Meine Mitte prickelte wie verrückt.

»Ich fürchte, wir schaffen es nicht bis zu meinem Schlafzimmer«, raunte er vergnügt an meine Lippen.

»Zum Glück ist ja meins gleich hier.«

»Ja«, sagte er und griff wieder nach meiner Hand, zog mich mit sich durch den Flur. Ich hatte das Gefühl, dass er es kaum erwarten konnte. Genau wie ich.

Endlich standen wir vor meinem Zimmer. Meine Wangen glühten jetzt noch mehr, das Prickeln zwischen meinen Beinen war kaum auszuhalten …

Da spürte ich den Hauch eines Kusses seitlich am Hals. Mein Körper reagierte mit einer Gänsehaut an der Stelle. Ich schloss die Augen und genoss den Moment, während Vaughan die Arme um mich schlang.

»Ich kann nicht aufhören, an dich zu denken«, raunte er in mein Ohr. »Ich habe mir vorgestellt, dich zu halten, deinen Körper dicht an meinem zu spüren ...« Eine Hand wanderte höher, glitt unter mein Shirt und umfasste meine Brust, die er sanft wiegte. Dabei drückte er mit der freien Hand meine Zimmertür auf und schob mich in den Raum, bevor er mir das Shirt über den Kopf zog. Mein Busen wippte nach.

»... deine samtene Haut zu küssen ...« Er drehte mich zu sich um, mein Oberkörper entblößt. Ich fühlte mich unter seinem Blick fiebrig. Heißkalte Schauer jagten meinen Rücken hoch und runter.

Mir stockte der Atem, als ich sah, wie sich seine Pupillen weiteten, während er mich intensiv musterte. Noch nie hatte mich ein Mann so voller Begehren angesehen. Ich schluckte, verspürte den drängenden Wunsch nach einem Kuss. Als hätte er meine Gedanken gelesen, hob er sanft mein Kinn mit zwei Fingern, um meine Lippen mit seinem Mund zu verschließen.

Ich schmeckte sein Begehren, sein männliches Aroma und war erstaunt, dass sich das Prickeln in meinem Innern noch mehr verstärkte, in meinem ganzen Körper ausbreitete, wie Lava durch meine Venen floss und bis in meine Zehenspitzen geriet.

Ich reckte mich ihm entgegen, presste meinen Körper an seinen und genoss das Spiel unserer Zungen, die wild aneinanderrieben. Dadurch breitete sich seine herbe Note nur noch stärker in meinem Mund aus, während ich seine Hände an meiner Hose spürte. Seine Finger schoben sich unter den Saum, streichelten die Stelle, wo mein Slip begann, und zogen mir dann in einem Rutsch die Jeans herunter.

»Warum es verleugnen?«

Für diesen Moment trennten sich unsere Münder, es kam mir wie eine Ewigkeit vor. Er blickte zu mir hoch, half mir aus der Jeans und hauchte einen Kuss auf meinen Bauch, direkt über meinen Nabel. Gott, es fühlte sich berauschend an.

Dann richtete er sich wieder zu seiner vollen Größe auf.

Er griff mit beiden Händen nach meinem Gesicht und zog es zu sich hoch, sodass ich gezwungen war, auf die Zehenspitzen zu gehen. Ein leidenschaftlicher Kuss gab mir das Gefühl, gleich abzuheben.

Mein Körper war erfüllt von Hitze, überall kribbelte es.

Mir war auch etwas kühl, war ich doch, von meinem Slip abgesehen, völlig nackt. Vaughan drückte seinen starken Körper enger an mich, ich glaubte, durch sein Hemd und die Anzughose jeden Muskel zu spüren, und auch etwas Hartes zwischen seinen Beinen, das mächtig war und wie verrückt pulsierte.

Wie von selbst glitten meine Finger nach unten, um es zu befreien. Vaughan atmete geräuschvoll ein und half mir, sich der Hose und Unterhose zu entledigen. Groß und kraftvoll richtete sich sein Glied vor mir auf. Es wirkte riesig, und ich fragte mich unweigerlich, ob ich es überhaupt in voller Länge aufnehmen könnte. Aber der Gedanke, dass Vaughan mich ganz und gar ausfüllen konnte, steigerte meine Lust.

Unsere Münder flossen wieder ineinander, gleichzeitig versuchten wir, ein Kondom, das er aus der Brusttasche seines Hemdes gefischt hatte, zu öffnen. Ich lachte leise, während sich unsere Lippen noch immer aneinanderrieben. Dieser Mann war nicht nur gut ausgestattet, sondern auch gut vorbereitet.

Meine Finger zitterten, so aufgeregt war ich, aber dann war es übergestreift, und Vaughan fackelte nicht länger. Er hob mich hoch und drückte mich gegen die nächste freie Wand.

Sein Atem ging stoßweise. Ich spürte, wie er mich ausfüllte, in mir noch mehr wuchs, was kaum zu glauben war, angesichts seiner ohnehin schon enormen Größe.

Ich stöhnte ob des Gefühls, gänzlich in Besitz genommen zu werden. Seine Lippen wanderten über meine, glitten tiefer. Alles lief plötzlich ganz langsam, wie in Zeitlupe.

Sein Mund beschenkte meinen Hals mit Küssen, es prickelte genau dort, wo er mich verwöhnte. Ich schloss die Augen, hielt mich an ihm fest, während er nun mein Schlüsselbein küsste.

Gott, das machte mich total verrückt. Das, und dieses intensive Pulsieren in mir. Ich streckte den Rücken durch, spürte die kühle Wand hinter mir, die mich hielt. Seine Lippen zogen einen Halbkreis über meinen Brustansatz.

Ich wollte ihn. Ich wollte ihn wie nichts anderes auf der Welt. Und das war keine Projektion! Langsam glitt sein Mund an der anderen Seite meines Halses wieder hoch. Ich öffnete die Lippen, um seinen Kuss zu empfangen, seinen Geschmack noch einmal ganz in mich aufnehmen.

Aber Vaughan ließ sich Zeit, der verdammte sexy Bastard!

Ich keuchte leise, als er sich ganz langsam in mir bewegte, was mich wahnsinnig machte. Fast hielt ich es nicht mehr aus, aber da erreichten seine Lippen endlich wieder meinen Mund. Ich reckte ihm meine bebenden Lippen entgegen, und er umschloss sie zärtlich.

Es kam einer Erlösung gleich. Wie war es möglich, dass mein Körper so intensiv auf diesen Kerl reagierte, den ich zuerst verabscheut hatte? Das tat ich jetzt nicht mehr, nein, ganz und gar nicht ...

Seine Zunge drang tief in mich, und seine Lenden schoben sich mir zugleich entgegen. Ich stöhnte auf, als seine Bewegungen schneller, das Pulsieren intensiver wurde. Ich hatte das Gefühl, den Halt zu verlieren ... deswegen hielt ich mich an ihm fest.

Seine Haut glühte förmlich – oder waren es meine Hände? Er drückte seinen Körper stärker an meinen, trieb mich an meine Grenze. Ich spürte, wie die Lust in mir wuchs, ich einfach mitgerissen wurde von diesem wunderschönen Gefühl, das stärker und stärker aufwallte und wie eine Lawine nicht mehr aufzuhalten war.

Ein Schrei entrang sich meiner Kehle, und ein wildes Zittern erfasste meinen pitschnassen Körper, über den ich jegliche Kontrolle verloren zu haben glaubte. Vaughan kam es auch, ich konnte es spüren, und ich sah es in seinen Augen.

Er drückte mich stärker gegen die Wand, stöhnte auf und sank schließlich mit mir auf den Boden.

Erschöpft, doch befriedigt, blieb ich neben ihm liegen, tastete nach seiner Hand und lächelte in mich, als ich sie fand.

Irgendwann im Morgengrauen schlich sich Vaughan aus meinem Zimmer. Ich wusste, er war der totale Workaholic und musste ins Büro. Er dachte sicher, ich würde schlafen. Das war aber nicht der Fall. Es war wunderschön, dass er fast die ganze Nacht bei mir geblieben war. Sein Geruch hing noch über mir. Ich kuschelte mich in die weiche Decke, sog seinen Duft auf und hörte ihn bald wegfahren. Und kurz darauf, ich wäre fast eingedöst, waren wieder Motorgeräusche zu hören. Als ich aus dem Fenster sah, entdeckte ich einen Transporter vor dem Anwesen. Ein paar Leute stiegen aus, die Martha in Empfang nahm.

Ich legte mich wieder hin, konnte aber nicht noch mal einschlafen. Stattdessen schnappte ich mir meinen Laptop und schickte Caitlin Hannigan, deren Mailadresse ich mir einige Tage zuvor von Martha hatte geben lassen, die versprochenen Fotos für ihren Katalog. Dieselben Fotos gingen außerdem an Professor Gordon. Danach sendete ich noch ein kurzes »Geht mir gut«-Update per Messenger an Mum und stand auf. Ich nahm eine Dusche und ging frisch eingekleidet runter zum Speisesaal. Zu meiner Überraschung stand das Frühstück nicht wie sonst bereit, und Martha stürzte hektisch hinter mir ins Zimmer.

»Tut mir leid, Miss Mayne, ich hänge heute hinterher. Ich mache Ihnen sofort Frühstück.«

»Machen Sie sich keinen Stress.«

Martha lächelte gütig. »Das ist lieb, Miss Mayne, aber ich werde mich dennoch beeilen.« Sie war unverbesserlich, und offenbar von der alten Schule, so pflichtbewusst, wie sie war.

Binnen kürzester Zeit war der Tisch gedeckt, und es wartete sogar ein Glas Vegemite auf mich.

»Sie haben es extra für mich besorgt?«

»Natürlich, Miss, Sie sind doch unser Gast.«

Ich bereitete mir gerührt einen Toast mit dem Aufstrich zu, um mich für die Arbeit zu stärken, als es von draußen hämmerte und bohrte.

»Was ist denn da los?«

»Der blaue Saal wird für die Auktion vorbereitet«, klärte mich Martha auf. Ah, daher der Transporter vor dem Haus. Es war ja auch nicht mehr lange hin bis zu der Veranstaltung. Hoffentlich war die Geräuschkulisse nicht auch in der Kellerwerkstatt zu hören.

Ich wurde bitter enttäuscht, natürlich lag der Keller auch noch direkt unter dem blauen Saal.

Aber ich hatte meine Allzweckwaffe immer griffbereit und steckte mir die Hörer meines MP3-Players in die Ohren, um ein wenig Beyoncé zu genießen und mich gleichzeitig um Michelangelo zu kümmern.

Bei dem Bernaduchi war ich mit der ersten Reinigungsrunde durch. Ich würde die Leinwand zwar noch ein weiteres Mal säubern müssen, aber jetzt sollte sich das Material erst mal erholen.

Ehrfürchtig entblätterte ich den Michelangelo aus seinem Folienmantel und musterte ihn erneut eingängig. Die Reinigung würde tatsächlich kein Problem darstellen, ich schnappte mir rasch meine Lupenbrille und eine meiner Spezialflüssigkeiten. Nicht-ionische Tenside wären hier wohl zu viel des Guten, ich verwendete daher einen sanften Marmorreiniger, der zur Standardausrüstung gehörte.

Die Marmorreinigung beschäftigte mich bis zum Feierabend. Ich merkte, dass es oben leiser geworden war, und beschloss, mir das mal näher anzusehen. Bereits in der Empfangshalle hatte sich einiges getan. Ich entdeckte ein paar Bildschirme an den Wänden, die vorher nicht da gewesen waren. Mein Blick glitt automatisch zur Vitrine, in der noch immer der Schmuck im Rokokostil lag. Wunderschön. Ich nahm mir einen Moment, den Anblick zu genießen, ertappte mich sogar bei der Vorstellung, wie er mir wohl stehen würde. Na ja, ich war weder ein Model, noch passte meine Garderobe zu solch kostbarem Geschmeide. Aber träumen war erlaubt, oder?

Ich löste mich von dem Unikatschmuck, um nun auch den blauen Saal unter die Lupe zu nehmen.

Ein völlig neu eingerichteter Raum tat sich vor mir auf. Die Handwerker hatten eine Bühne aufgebaut mit einem Pult, davor standen edle gepolsterte Stühle, und überall an den Wänden hingen weitere riesige Bildschirme, die im Moment ausgeschaltet waren. Die Sache war ziemlich aufregend. Wer wohl alles auf der Gästeliste stand? Sicher nur VIPs. Ob ich überhaupt eingeladen war? Ich lachte leise. Ich wäre sicher total fehl am Platz, besaß nicht mal passende Garderobe außer vielleicht mein altes Highschool-Ballkleid ... Immerhin passte ich noch hinein. Hatte mich seitdem, trotz gelegentlicher Gewichtsschwankungen, nicht sonderlich verändert. Vor meinem geistigen Auge sah ich meine restaurierten Werke auf der Bühne. Eine aufregende Vorstellung.

Nicht weniger aufregend war der Gedanke, *ihn* gleich wiederzusehen ...

23. Kapitel

Vaughan

Das Angebot lag auf dem Tisch. Kings of Passion würde bald einen kleinen Schmuckhersteller in Großbritannien übernehmen. Es fehlte nur noch die endgültige Entscheidung der anderen Partei, doch ich war mir sicher, dass wir alle zufrieden sein konnten.

Die Tür ging auf, und Mums Assistentin Claudine trat lächelnd ein. »Ihre Mutter wollte, dass ich Ihnen die Liste der Gäste bringe, die für die James-Townsend-Charity-Auktion bereits zugesagt haben«, erklärte die Blondine mit rauchiger Stimme und beugte sich über meinen Schreibtisch, um die Liste abzulegen. Dabei kullerten ihre Brüste fast aus dem viel zu großen Ausschnitt.

Netter Versuch, Claudine. Mum hatte mir die Liste längst gemailt.

Ihr Duft strömte mir in die Nase. Normalerweise mochte ich ihn, aber heute erschien er mir zu herb. Vielleicht hatte sie das Parfüm gewechselt.

Ich ließ mich nie auf Angestellte ein, bisher hatten mich Claudines Anmachversuche aber auch nicht kaltgelassen. Ich hatte das Geschäker immer genossen. Das war jetzt anders ...

»Danke. Gibt es sonst noch etwas?«, fragte ich.

Sie kräuselte die Lippen. »Allerdings.«

Waren ihre Lippen schon immer so aufgeblasen gewesen?

»Eine Frage. Haben Sie schon eine Begleitung für die Auktion?«, säuselte sie. »Ich meine, die Cateringfirma möchte die Anzahl der Gäste wissen.«

Ich drückte genüsslich die Fingerspitzen beider Hände aneinander, denn bei diesem Thema gab es nichts zu überlegen. Robins Bild tauchte vor meinem geistigen Auge auf.

»In der Tat, ich habe eine Begleitung. Vielen Dank.«

Claudine verzog enttäuscht das Gesicht. Mir war bewusst, dass ihre Nachfrage nur ein Vorwand gewesen war. Auf eine Person mehr oder weniger kam es bei einem so großen Event schließlich nicht an. Sie hatte darauf spekuliert, ich würde sie fragen. Aber die Rechnung war nicht aufgegangen.

»War es das?«

Sie nickte betreten und richtete sich wieder auf. Eingeschnappt drehte sie sich um und stöckelte hüftschwingend aus dem Büro. Ohne dass sie es gewollt hatte, hatte sie meine Lenden in Brand gesetzt. F*ck – ich musste nur an Robin denken, schon glühte mein Unterleib.

Es gab noch viel zu tun, ich musste die Tage in White Cliffs aufarbeiten, aber verdammt, ich wäre jetzt gern bei ihr.

Als ich am späten Abend zu der alten Villa zurückkehrte, wollte ich so schnell wie möglich zu ihr, und ausgerechnet mit Robin stieß ich fast zusammen, als ich die Empfangshalle betrat.

Sie stand in ihrem bunten Overall, der irgendwann mal weiß gewesen war, vor der Vitrine und bewunderte den Rokokoschmuck meines Bruders. Das Set musste es ihr wirklich angetan haben. Sie war so fasziniert, dass sie mich nicht einmal bemerkte. Eine Packung Kekse hatte sie sich unter den Arm geklemmt. Sie wirkte so süß und unschuldig. Das mochte ich an ihr. Aber ich wusste auch, sie konnte ganz anders. Und diese verruchte Seite mochte ich fast noch mehr. Ich räusperte mich.

»Ich sollte dir auch ein Unikat anfertigen lassen.«

Sie wich einen Schritt zurück und lachte leise. »Sorry, hab dich nicht gesehen.«

Gott, diese Lippen. Ich hatte einen harten Tag im Büro hinter mir, doch wenn ich ihre Lippen sah, so herrlich kirschrot, vergaß ich alles um mich herum.

Sie steckte ihre Hand in die Kekspackung und holte einen kreisrunden Cookie hervor, von dem sie genüsslich abbiss.

»Ich war so in meine Arbeit vertieft, dass ich gar nicht mitbekam, wie die Zeit verging und sogar das Abendessen verpasste. Martha hat mich zwar daran erinnert, aber ich war so im Fluss, dass ich nicht aufhören wollte zu arbeiten. Schließlich hatte ich doch Hunger und habe mir was aus der Küche geholt.«

»Verstehe.« Verdammt, sie trug diesen labberigen Overall, und ich fand das Teil heiß. Viel heißer als das zu enge Dress von Claudine. Ich konnte diesem süßen Mund mit seinen leicht gekräuselten Lippen nicht widerstehen und zog Robin in meine Arme, um sie innig zu küssen.

»Lass mich doch erst mal runterschlucken«, forderte sie lachend, aber nein, ich ließ keine Zeit verstreichen.

Mein Mund schmiegte sich an ihren, während meine Zunge zwischen ihre Lippen glitt. Ich hörte, wie sie leise stöhnte und die Packung Kekse auf den Boden fiel, dann schlang sie die Arme um meinen Hals und erwiderte den Kuss leidenschaftlich. Mit den Fingern zerzauste sie meine Haare. Ich bekam nicht genug von ihren Küssen, ihrem Geschmack, ihrem Duft, der auch einen Touch Farbe in sich trug, dank ihres Maleroveralls. Aber das störte mich nicht. Ich hob sie hoch und trug sie die Treppen rauf zu meinem Schlafzimmer, wo ich sie auf meiner Matratze bettete. Gerade wollte ich mich auf sie legen, als sie mich mit der Hand von sich drückte.

»Du willst doch sicher keine bunten Flecken an deinem Anzug haben«, meinte sie schmunzelnd.

»Dafür ist es zu spät.«

Mich störte weder der Overall noch die Farben ...

Sie lachte und schlüpfte unter mir hervor. »Ich bin gleich wieder da.«

Sie beugte sich, nun vor mir stehend, zu mir herunter und hauchte noch einen Kuss auf meine Lippen. Dann streifte sie den Overall vor meinen Augen ab, ließ ihn zu Boden gleiten. Süße Unterwäsche ... Sie blickte sich suchend um.

»Dort ist das Bad«, sagte ich und nickte zu einer Seitentür, durch die sie verschwand und wenig später feucht und nass, nun ganz nackt, zu mir zurückkehrte.

»So ist es doch besser.« Sie kam zu mir aufs Bett und küsste mich erneut. Meine Hose wurde enger.

Mit den Händen streifte sie mein Jackett über meine Schultern ab, ohne meinen Mund freizugeben. Dann fingerte sie an den Knöpfen meines Hemdes. Ihr süßer Duft breitete sich rings um uns herum aus, er machte mich total verrückt, kannte ich doch keine andere Frau, die so sinnlich nach Rosen und Honig duftete.

Langsam glitten ihre Finger über meine nun entblößte Brust und hinterließen ein Kribbeln an den Stellen, die sie berührten.

Gott, ich wollte sie jetzt nur noch mehr. »Ich will dich vögeln, Süße, du ahnst nicht, wie sehr«, raunte ich und strich ihr mit dem Daumen über die Wange.

»Ich will dich auch«, formten ihre Lippen ohne einen Laut. Das genügte, meine Hose drohte zu platzen. Ich fischte ein Kondom aus meiner Hosentasche und streifte dann den Stoff von meinen Beinen, die Unterhose folgte, flog im hohen Bogen durch den Raum.

Mit zitternden Fingern half Robin mir, den Gummi überzustreifen. Mein Glied pulsierte wie wild.

Als sie das bemerkte, hauchte sie einen Kuss auf meine vibrierende Eichel, die sich ihr entgegenreckte. Ein zweiter Kuss folgte, dann nahm sie meine Spitze in den Mund, ich spürte ihre Wärme um meinen Schwanz. Gott, war das geil. Doch sie ließ ihre Lippen nicht tiefer wandern.

Diese Frau brachte mich noch um den Verstand!

»Robin«, kam es über meine Lippen, ich hielt es nicht länger aus.

Ein neckisches Funkeln in ihren Augen verriet, dass sie das genau wusste und es ihr nicht anders ging.

Kurz entschlossen setzte sie sich auf mich, Wärme schmiegte sich um meinen bebenden Schwanz.

Ich hielt den Atem an. Keine Sekunde bereute ich, Claudine links liegen gelassen zu haben, denn stattdessen konnte ich das hier haben – den besten Sex überhaupt!

Robin bewegte sich auf und nieder, ihre Brüste wippten anzüglich, ich konnte nicht widerstehen, legte meine Hände um diese und genoss das samtig weiche Gefühl ihrer Haut und ihrer zartrosa Nippel zwischen meinen Fingern.

Unsere Körper schmiegten sich aneinander, stoben wieder auseinander, wurden immer heißer, bis wir gemeinsam glühten.

In ihr pulsierte es genauso wie in mir, als wären wir im Einklang. Und dann stöhnte Robin lustvoll auf und warf ihren Kopf in den Nacken. Dabei wirbelten ihre Haare herum. Ihr Unterleib zuckte vor Lust, ich konnte ihren Orgasmus spüren. Es kam mir im selben Augenblick. Für den Moment war es, als schwebten wir über den Wolken, jenseits von Zeit und Raum.

Dann sank sie auf mich, und ich schlang meine Arme um sie, küsste ihre Halsbeuge. Normalerweise vermied ich es, dass eine Frau über Nacht bei mir blieb. Aber mit Robin war alles anders ... ich wollte sie bei mir haben.

Ich zog sie noch enger an mich, und wir schliefen beide ein.

24. Kapitel

Vaughan

Die Flammen hatten den vorderen Teil des Hauses fast gänzlich zerfressen. Mein Herz raste, doch ich konnte mich nicht bewegen, konnte nicht zu ihr. Sie war noch da drin ...

»Geena!«, schrie ich aus Leibeskräften, wollte rein, aber die Feuerwehrmänner hielten mich fest.

Herrgott, verstand denn niemand? Sie war noch da drin!

»Vaughan, wach auf«, hallte eine Stimme in der Ferne. Etwas rüttelte mich. Es wollte mich wegreißen von diesem Ort, doch ich musste hierbleiben. Geena retten. Das Rütteln wurde stärker.

Ich riss die Augen auf. Jeder Muskel meines Körpers war zum Zerreißen gespannt. Ich wusste im ersten Moment nicht, wo ich war.

Ein vertrautes Gesicht beugte sich über mich. Es gehörte Robin. Ihre wunderschönen Augen strahlten mich an, doch ich sah auch Sorge in ihrem Blick. Langsam kam die Erinnerung zurück, ich hatte sie verführt, und sie war bei mir geblieben, neben mir eingeschlafen. Sie trug nichts am Leib, ihr Overall lag neben dem Bett.

»Erzähl mir nicht, dass das kein Albtraum war«, flüsterte sie angespannt und strich mir eine schweißnasse Strähne aus dem Gesicht ...

Sie hatte recht.

In Garretts Haus hatte ich ihr Glauben gemacht, es sei alles in Ordnung. Doch schon da hatte ich diesen Albtraum gehabt. Ich konnte ihr die Wahrheit nicht länger vorenthalten. Der Jahrestag des großen Brands näherte sich, und damit waren sie zurück, jene Bilder, die sich in mein Hirn gebrannt hatten …

Fünf Jahre zuvor

Geena: Wann bist du wieder bei mir?
Vaughan: Du weißt doch, die Wilsaws wissen, wie man feiert.
Geena: Ich vermisse dich.
Vaughan: Ich versuche, vor Mitternacht wieder da zu sein.
Geena: Ich warte auf dich, ich muss mit dir reden.
Vaughan: Was Ernstes?
Geena: Wird sich zeigen. Liebe dich!

Ich lächelte, ließ mein Smartphone in meiner Hosentasche verschwinden und prostete dem Gastgeber, Ed Wilsaw, und dessen Frau zu. Die Eröffnung des neuen Ariana Luxushotels hier in Melbourne wurde groß gefeiert. Ich sah mich um. Die Kronleuchter des Hotels stammten von Kings of Passion und setzten das edle Ambiente perfekt in Szene. Alles, was Rang und Namen hatte, hatte sich anlässlich dieses Großereignisses hier versammelt, um bei beschwingender Musik und einem fantastischen Büfett durch die marmornen Hallen des Luxusgebäudes lustzuwandeln. Der Vergleich zu den prunkvollen Festen früherer Zeiten drängte sich mir auf. Moderne Aristokratie. Blutlinien spielten keine Rolle in dieser neuen Weltordnung, dafür zählte Erfolg umso mehr. Und ich wollte ganz nach oben.

»Sie sehen gut aus heute Abend«, raunte mir eine Schöne im hautengen Kleid im Vorbeigehen zu. Die interessierten Blicke zahlreicher Damen entgingen mir nicht.

»Wie immer adrett«, meinte eine andere und zwinkerte mir unverhohlen zu, obwohl sie am Arm ihres Mannes hing.

Da Dad derzeit im Ausland war, musste ich hier die Stellung halten. Mein Ziel war Charles Baker, der CEO der Luxushotelkette Sunshine Manor. Seit einer Ewigkeit versuchte Dad, mit ihm ins Geschäft zu kommen. Baker eröffnete überall auf der Welt neue Hotels im Sekundentakt. Und für diese brauchte er Kronleuchter und Schmucklampen. Eine überaus lukrative Aussicht. Er galt aber auch als schwieriger Mensch, mit dem man nicht leicht in Kontakt kam.

Wie mir zu Ohren gekommen war, hatte er seinen alten Lieferanten wegen unüberbrückbarer Meinungsverschiedenheiten in den Wind geschossen. Sicher war das auf seine komplizierte Persönlichkeit zurückzuführen, es war aber auch Glück für mich. Dieser Abend war nicht nur die Chance, Baker auf Kings of Passion aufmerksam zu machen, sondern mich auch Dad zu beweisen. Im Hause Townsend gab es nur einen Weg, den des Erfolgs. Mein Großvater und Dad hatten ihn ihr Leben lang beschritten, ich als Kronprinz sollte folgen. Also sah ich Baker als eine Art Prüfung an. Wenn ich ihn überzeugte, hatte ich mir meinen Platz in der Riege der Opalkönige verdient.

Der alte Wilsaw war mir dabei eine große Hilfe, er stellte mich nicht nur Baker vor, er schwärmte diesem auch von den Kings-of-Passion-Kronleuchtern vor. »Sehen Sie nur die feine Arbeit, jeder Kristall ein Juwel für sich. Wir sind überaus zufrieden.« Direkt über uns hing das teure Kunstwerk.

»Ja, recht beeindruckend«, erwiderte Baker und musterte mich. Er hatte sicher Dad erwartet, und wie es sich für einen modernen Aristokraten gehörte, machte er die großen Geschäfte nur mit Riesen.

»Wenn Sie mich entschuldigen würden«, verabschiedete er sich daher, noch bevor ich mein Anliegen vorgebracht hatte. Doch so schnell würde ich nicht aufgeben. Ich kannte das Geschäft von klein auf. Dad hatte mich gut auf die Geschäftswelt vorbereitet, sodass ich mich heute mit traumwandlerischer Sicherheit in ihr bewegen konnte. Ich wusste, was ich wollte, und ich bekam es. Immer. Wie ein Jäger seine Beute schlug. Dad war ein alter Jäger, doch er war nicht hier, Baker gehörte also mir.

Noch dazu hatte ich meine Hausaufgaben gemacht. Baker liebte einen bestimmten Rotwein aus dem Anbaugebiet Cowra in New South Wales. Da ich mich mit Weinen ebenfalls sehr gut auskannte, brachte ich ihm ein Glas des roten Tropfens und kam mit ihm ins Gespräch über Trauben und den perfekten Genuss. Wann war die beste Jahreszeit für den Anbau, in welchen Fässern und wie lange sollte Wein idealerweise lagern? Ich hatte die Antworten darauf, und meine Hartnäckigkeit zahlte sich aus. »Ich sehe, Sie wissen, worauf es ankommt«, erklärte Baker und war jetzt auch offen für Geschäftliches.

»Sie beeindrucken mich, junger Mann. Ich sehe viel von Ihrem Vater James in Ihnen. Also gut, ich werde Ihren Vater und Sie in Ihrer Zentrale aufsuchen und mir Ihre Leuchter ansehen«, sagte er irgendwann, nachdem wir über Gott und die Welt gesprochen hatten. Endlich hatte ich ihn da, wo ich ihn haben wollte. Mir war etwas gelungen, was selbst Dad nicht vollbracht hatte. Baker würde uns besuchen, es fehlte quasi nur noch ein Schritt zum Geschäftsabschluss. Ich war überaus zufrieden mit der Entwicklung.

»Jetzt müssen Sie aber noch mit mir anstoßen, Vaughan, das ist Tradition.« Baker schlug man solch eine Bitte nicht ab. Also organisierte ich uns zwei weitere Gläser seiner Lieblingsrebe.

Mein Aufbruch hatte sich durch das Gespräch mit Baker verzögert. Eine halbe Stunde später als geplant verabschiedete ich mich von ihm und bedankte mich bei Ed und Mary Wilsaw für die Einladung, ehe ich das Hotel verließ und zügig zu den Parkplätzen ging. Ich wollte nicht noch mehr Zeit verstreichen lassen, daher verzichtete ich auf den Vorfahrdienst durch einen Angestellten.

Wenig später befand ich mich auf der Fahrt zurück. Diesen Erfolg mussten Geena und ich unbedingt feiern! Ich war gespannt, was Dad dazu sagen würde, wenn er davon erfuhr.

Ich war guter Dinge und trat aufs Gas. Unser Anwesen lag fünfunddreißig Kilometer nördlich von Melbourne. Ich konnte es nicht erwarten, Geena in meine Arme zu ziehen und sie wild und heiß zu lieben ... Das wäre der Höhepunkt eines erfolgreichen Abends.

Mein Handy klingelte, als ich auf der Landstraße war.

Ich schaltete die Freisprechanlage an und war überrascht, Mum zu hören. Sie klang hellwach und sehr aufgeregt, was für diese Uhrzeit untypisch war.

»Ich kann deinen Vater nicht in Madrid erreichen!«

»Was möchtest du denn von ihm?«, wunderte ich mich.

»Er muss so schnell wie möglich nach Hause kommen. Das Seitengebäude brennt. Es steht in Flammen, die Feuerwehr ist schon hier ...«

Was? Das passte nicht in die Wirklichkeit, die ich gerade erlebt hatte. Berauscht von Macht und Erfolg. Nun dieser Dämpfer. Zudem ... Geenas Zimmer befand sich in einem der beiden Seitenhäuser.

»Das westliche Seitengebäude?«, vergewisserte ich mich und hoffte, dass es nicht betroffen war.

»Ja, das Haus mit dem Personaltrakt. Die alten Materialien fangen schnell Feuer, es hat sich in Windeseile ausgebreitet.«

Nein, das konnte nicht sein. Mir blieb das Herz stehen.

»Komm bitte schnell, Vaughan.« Mum klang völlig aufgelöst.

»Ich bin in zehn Minuten da.« Ich musste so schnell wie möglich zu Geena. Mein Herz raste, hoffentlich war ihr nichts passiert.

Ich wollte sie in den Arm nehmen, sie trösten, bestimmt hatte sie große Angst.

Die folgenden Momente erlebte ich wie durch eine Dunstglocke. Im einen Moment war ich noch auf der Landstraße, im nächsten sah ich die Rauchschwaden über dem Anwesen aufsteigen. An mir fuhren Feuerwehrwagen vorbei. Ganze Mannschaften. Ich sah die Flammen. Ich sah die Ruine des Hauses. Der vordere Teil war fast gänzlich zerstört.

Plötzlich war ich nicht mehr in meinem Wagen. Ich lief vor dem Haus hin und her. Wo war sie? Verdammt! Ich fragte die Bediensteten, die sich an die Luft gerettet hatten, nach Geena. Doch niemand hatte sie gesehen. War sie etwa noch im Haus? Ich musste da rein! Ich musste sie rausholen!

Ein Feuerwehrmann hielt mich fest. Ich konnte mich nicht erinnern, wie ich es geschafft hatte, unter die Absperrung zu dringen, fast hatte ich das Flammenhaus erreicht.

»Sie dürfen da nicht rein!«, brüllte er, doch ich hörte seine Stimme nur aus der Ferne. Ich durfte nicht rein? In mein eigenes Haus?

»Da ist noch jemand drin!«, rief ich. Meine Stimme kam mir fremd vor. Alles wirkte surreal, wie in einem Albtraum.

»Wir holen alle raus«, versprach mir der Mann.

Ich versuchte, mich zu beruhigen, aber ich hatte eine Scheißangst, wie nie zuvor in meinem Leben.

Ich hätte alles hergegeben, um sie zu retten. KoP, jede Mine, jeden Edelstein. Erst recht die Chance auf eine Kooperation mit Baker. Dabei hätte ich einfach nur rechtzeitig losfahren müssen, um zu verhindern, dass Geena in ihrem Zimmer einschlief und die Vorhänge Feuer fingen. Nur weil sie unzählige Teelichter aufgebaut hatte, um mich zu überraschen …

25. Kapitel

Robin

Mir war nicht klar gewesen, was er damals durchgemacht hatte. Ein Kloß bildete sich in meinem Hals. Dass ich Anthony verloren hatte, erschien mir dagegen belanglos. Immerhin lebte er. Er hatte mir das Herz aus der Brust gerissen, aber ich wusste, es ging ihm gut. Wie viel schlimmer es sein musste, einen geliebten Menschen für immer zu verlieren …

»Mein Vater war sehr konservativ und hat sich für meine Brüder und mich immer eine Partnerin von hoher gesellschaftlicher Stellung gewünscht. Ich habe diese Denkweise nie angezweifelt. Sie erschien mir nur folgerichtig. Bis ich Geena begegnete …« Er klang gequält, ich konnte den Druck spüren, dem die Brüder ausgesetzt gewesen waren.

Dass mit den Kings war also wörtlich zu nehmen. Standesdünkel ohne Ende. Wirtschaftlich tragfähige Heiraten. Wie bei der alten europäischen Aristokratie.

»Wegen einer Affäre mit einer Hausangestellten hätte er nicht einmal mit der Wimper gezuckt.«

»Aber es war mehr für dich«, schlussfolgerte ich.

»Nicht von Anfang an. Aber ich habe mich an diesem Abend, an dem ich den Erfolg mit ihr feiern wollte, entschieden, unsere Beziehung öffentlich zu machen. Bis dahin wusste nur Garrett davon.«

Er sah mich an, und trotz des spärlichen Mondlichts, das durchs Fenster schien, sah ich Schmerz in seinen Augen.

»Dieser Brand hat alles in meinem Leben verändert. Ich spürte nichts mehr, wenn ich mit Frauen schlief. Und es waren viele, sehr viele. Der Sex war gut, sie kamen auf ihre Kosten. Ich auch. Aber etwas fehlte.«

Deswegen die vielen Affären. Keine davon hatte ihm wirklich etwas bedeutet. Auch ich hatte mich leer gefühlt, nachdem Anthony gegangen war. Wie musste es erst für Vaughan gewesen sein?

Wir schwiegen. Ich hatte geahnt, dass es mit dem Brand mehr auf sich hatte. Aber die Auflösung war anders als erwartet. War ich auch nur eine Affäre, um ihn abzulenken? Es beschämte mich, mir diese Frage ausgerechnet jetzt zu stellen. Auch wenn ich sie nicht aussprach.

Plötzlich griff er nach meiner Hand. Der Druck um meine Finger gab mir ein Gefühl von Zuversicht.

»Jetzt ist es anders. Ich spüre wieder etwas. Und ich genieße das sehr, ich will nicht, dass es je wieder aufhört«, offenbarte er, und seine Stimme klang samtig und ehrlich.

Ich sah ihm tief in die Augen, die wie ferne Ozeane funkelten. Langsam näherte er sich meinem Gesicht, ich spürte seinen heißen Atem an meinen Lippen.

Ich öffnete unwillkürlich den Mund, schloss die Augen und sehnte den Augenblick herbei, in dem sich unsere Lippen berührten. Und als sie es taten, war es wie ein kleines Feuerwerk. Ich spürte Mikroexplosionen überall in meinem Körper.

Ich schmeckte seine Leidenschaft. Sie rollte über meine Zunge wie ein süßes Bonbon. Ich wollte es lutschen, aber nicht zu schnell, bevor es sich gänzlich auflöste.

Fest schloss ich Vaughan in meine Arme, froh darüber, dass er mir das alles erzählt hatte. Seine Nähe fing mich auf. Und ich wollte, dass es ihm genauso ging. Wir waren beide verletzt. Wenn auch auf andere Weise. Vielleicht hatten wir uns auch deshalb angezogen?

War er deswegen in White Cliffs so verärgert gewesen? Weil er befürchtet hatte, auch mir wäre etwas zugestoßen? Jetzt konnte ich ihn noch besser verstehen.

Ich zog die Decke über uns und küsste ihn erneut. Ganz sanft erwiderte er den Kuss. Öffnete meine Lippen mit seiner Zunge. Ich empfing seinen Atem.

Und wieder umspielten unsere Zungen einander, tanzten ihren wilden Tanz. Wieso schmeckte dieser Mann so gut?

Zärtlich streichelte er meine Brüste und küsste ihre Spitzen. Ein sinnlicher Schauer jagte über meinen Körper, als er sie mit den Lippen umschloss und sie zugleich mit der Zunge reizte. Ich spürte, wie sie unter seinen feuchten Küssen immer steifer wurde. Es prickelte herrlich.

Langsam gab er meine Brustwarze frei, seine Lippen wanderten höher.

»Ich werde noch verrückt, so sehr will ich dich«, raunte er in meinen Mund. Er konnte nicht länger warten und ich auch nicht.

Er drehte sich um, ich hörte, er angelte mit einer Hand nach dem Griff der Nachttischschublade und zog sie auf. Ich wusste, er tastete darin nach einem Kondom. Ich wandte mich zur Seite. Dann schmiegte er seinen Körper von hinten an mich.

Seine Hände drückten gegen meinen Po, als er sich den Gummi überstreifte, und dann zog er meine Hose samt Slip herunter, bevor sein Glied zwischen meinen Schenkeln verschwand, sich an meiner Scheide rieb. Ich wurde feucht. Mein Körper glühte, und winzige Zuckungen schüttelten ihn in freudiger Erregung. Verzückt biss ich mir auf die Unterlippe, als ich seine heiße Eichel pochend an mir spürte.

Vaughan schlang die Arme eng um mich. Ich spürte seine muskulöse Brust in meinem Rücken, seinen heißen Atem in meinen Nacken und bebte vor Lust.

Dabei drang er in mich und liebte mich so zärtlich, dass ich einen süßen Höhepunkt erlebte, der mich noch Minuten später auf Wolken schweben ließ, ehe es auch ihm kam ...

Unsere verschwitzten Körper blieben ineinander verschlungen. Unter der heißen Decke wurde es stickiger, unser Atem lauter. Ich warf die Decke schließlich keuchend zurück, frische Luft befüllte meine Lungen. Ich drehte mich wieder zu ihm um, griff mit beiden Händen nach seinem Gesicht und küsste ihn leidenschaftlich.

Ich fühlte mich ihm näher als zuvor und schmiegte mich eng an ihn, während er einen Arm um mich legte. Ein sanfter Kuss landete auf meinem Schopf. Er gab mir das Gefühl, dass das zwischen uns mehr, dass es besonders war. Und ich genoss das sehr.

Arm in Arm schliefen wir ein.

Ich blinzelte. Die Sonne schien mir direkt ins Gesicht, um diese Jahreszeit wurde es früh hell. Ich schmiegte meinen Kopf an seine Brust, die sich herrlich warm anfühlte. Es war schön, morgens neben ihm aufzuwachen. Ein Kuss landete in seiner Halsbeuge.

»Ich glaube, du verschläfst gerade«, hauchte ich amüsiert in sein Ohr.

Er öffnete die Augen, lächelte mich an. »Ich habe mir heute freigenommen.«

»So? Wann denn? Einfach so?«

»Ich bin der Boss, oder?«

Ein Schmunzeln schlich sich auf mein Gesicht, und ich küsste ihn sacht auf den Mund. »Der bist du.«

Als ich mich erhob, zog er mich ins Bett zurück. »Wo willst du hin?«

»Ich habe nicht frei, weißt du?«

»Das kann ich ändern.« Er legte die Arme um mich. »Miss Mayne, Sie haben heute auch frei. Verbringen Sie den ganzen Tag im Bett mit mir.«

Aw – das klang zu verführerisch, war aber leider unvernünftig. Ich war keine Freiberuflerin, ich arbeitete für das Institut. Und ich hatte nicht mehr viel Zeit, den Bernaduchi fertigzustellen. So gern ich auch hier bei ihm bleiben würde. Ich küsste ihn noch einmal innig, wollte mich nur ungern von ihm lösen.

»Dann lass uns zumindest gemeinsam duschen«, sagte Vaughan, und das klang fantastisch.

Als kurz darauf das Wasser warm auf uns herunterprasselte, gab ich mir etwas Duschgel auf die Hand, um seine muskulöse Brust einzuseifen. Die Haut fühlte sich herrlich weich an, ich spürte aber auch seine stahlharten Muskeln. Eine verführerische Kombination.

Seine Lippen legten sich auf meine, während das Wasser den Schaum von ihm spülte. Er schmeckte herrlich, ich bekam nicht genug von ihm und seinem sinnlich-herben Geschmack. Unsere Zungen schlängelten sich gierig umeinander, tausend Wasserperlen glitten über unsere erhitzten Körper.

Sie perlten über mein Gesicht, wanderten zwischen meinen Brüsten entlang und über meinen Rücken.

Seine Hände glitten zärtlich mit ihnen über meinen Körper, seiften mich ebenfalls ein. Wann immer er über meinen Bauch und dann etwas tiefer strich, fing es mächtig an, in meinem Körper zu kribbeln.

Ich war mir sicher, er spürte das auch. Denn plötzlich steckte er seinen Finger in mich. Es kam überraschend und versetzte mich wie auf Knopfdruck in Ekstase. Sein schelmisches Grinsen verriet, genau das war auch seine Absicht gewesen.

Ich kaute genussvoll auf meiner Unterlippe. Sacht bewegte er sich in mir, bis mich ein immer stärker werdendes Kribbeln erfasste, das von den Zehenspitzen ausging und sich schließlich überall in mir ausbreitete.

Unsere Blicke trafen sich, Wasser tropfte aus den Spitzen seiner dunklen Haare, während er mir seinen Finger langsam wieder entzog. Meine Kehle fühlte sich trocken an, mein Körper glühte, und das nicht nur wegen der Hitze im Bad und des heißen Wassers.

Ich beobachtete atemlos, wie mehr und mehr Wasser über seinen gebräunten Körper perlte. Doch vor allem sein begehrlicher Blick ließ meine Erregung immer größer werden.

Es wäre unvernünftig, es jetzt zu tun, ich musste an die Arbeit. Aber wie sollte ich mich auf diese konzentrieren, wenn ich immerzu an Vaughan denken musste? Und an seinen Finger. Ich wollte ihn wieder in mir spüren. Aber er hatte andere Pläne. »Einen Moment«, raunte er und verließ die Kabine, ließ mich noch etwas ausharren, weswegen ich genussvoll die Schenkel aneinanderrieb. Ich sah seine muskulöse Gestalt nur verschwommen durch das Milchglas. Als er zurückkam, trug er einen Gummi.

Sein Mund verschloss meinen, leidenschaftlich drang seine Zunge hinein und sein Schwanz in mich.

Ich erschrak, spürte, wie er mich fordernd ausfüllte, und glaubte, den Verstand zu verlieren. Er hob mich hoch, presste mich an die feuchte Wand der Dusche und besorgte es mir, bis ich aufschrie. Mein Körper vibrierte, zuckte, und ich krallte meine Finger in seinen Rücken, weil ich mich irgendwo festhalten musste. Wenn mich Vaughan nahm, stand die Welt kopf! Ich schrie meine Lust heraus. Aber ich wollte nicht, dass er leer ausging, und als er sich, noch immer steif und bebend, aus mir zog, ging ich vor ihm auf die Knie, um ihn in den Mund zu nehmen. Ich nahm ihm das Kondom vorher ab. Er schmeckte nach Lust und Mann, was der schönste Geschmack war, den ich mir nur vorstellen konnte.

Auch eine Stunde später war ich ausgepowert. Der Sex mit Vaughan hatte echt ein anderes Niveau. Selbst jetzt kribbelte es überall in mir. Doch das, was er gesagt hatte, dass es mit mir anders sei, war das, was mich nicht losließ. Noch immer wusste ich nicht, was das zwischen uns war. Nur, dass es mir gefiel. Es musste ja auch nicht für alles einen Namen geben. Fest stand, ich fühlte mich wohl bei und mit ihm, genoss unser Zusammensein. Es war aufregend und sinnlich. Und es beflügelte mich.

Ich musste mich dennoch konzentrieren, um den Bernaduchi mit dem Wattestäbchen zu bearbeiten und dabei keine verruchten Gedanken aufkommen zu lassen. Gegen Mittag hatte ich mich wieder im Griff und konnte endlich die Arbeit an der Leinwand beenden. Aber einen Teil von mir gelüstete es immer noch nach seinen Küssen, seinen starken Händen und seiner enormen Größe.

Ein Mann, der gut bestückt war und auch noch wusste, was er tat? Ich hatte den Hauptgewinn gezogen!

26. Kapitel

Vaughan

Vielleicht war es irrational, doch ich musste das tun. Ich hatte es viel zu lange aufgeschoben. Robin war mit ihrer Arbeit beschäftigt, ich hatte mir freigenommen, es würde keinen besseren Augenblick geben als diesen. Noch lieber wäre ich natürlich zu ihr in den Keller gegangen ... doch was sein musste, musste eben sein. Außerdem würde ich sie heute Abend wieder ganz für mich haben.

Ich war rausgefahren aus der Stadt, hatte den Wagen vor dem kleinen Hügel geparkt und den restlichen Weg zu Fuß genommen. Rechts und links neben dem Pfad wuchsen Bäume und Büsche, wie es ihnen beliebte. Ein Stück unberührter Natur an diesem ruhigen Ort.

Man hörte nicht einmal das Zirpen von Grillen. Hier, so schien es, hielt alles einen seligen Schlaf. Nur das Knirschen meiner Schuhe, als ich die steinernen Stufen nahm, durchbrach die Stille.

Ich erreichte die kleine Kapelle. Hinter ihr, auf der anderen Seite des Hügels, erstreckten sich Ruhestätten. Geenas Jahrestag näherte sich. Meine Schritte wurden schwerer. Hinterging ich sie, weil ich wieder Gefühle für jemanden hatte? Kam ich deshalb zum ersten Mal überhaupt hierher, um ihre Verzeihung zu erbitten?

Gott, sie musste mir viel verzeihen ...

Ich hatte unsere Liebe vor Dad geheim gehalten, sie hatte es hingenommen. Ich wusste, es war ihr nicht leichtgefallen, aber sie hatte meine Familie und unsere strengen Konventionen gekannt, die für Außenstehende aus einer anderen Zeit stammen mussten. Fest stand aber, es war feige gewesen, nicht zu ihr zu stehen.

Ich würde Dads Gesichtsausdruck nie vergessen, als ich viel später meine Gefühle für Geena offenbart hatte. Er war erleichtert, dass diese Verbindung nicht mehr zustande kommen konnte. Mir hatte es den Boden unter den Füßen weggezogen, ich hatte sogar mit dem Gedanken gespielt, KoP für immer zu verlassen. Aber ich war ein Townsend, unsere Familienbande waren stark. Es war Ehre und Verpflichtung zugleich, Teil dieser Familie zu sein. Stattdessen hatte ich Dad bedauert, der offenbar innerlich so abgestumpft war, dass er nicht mehr gewusst hatte, was es bedeutete, ein Herz zu haben. Und dann war ich selbst zu Dad geworden. Taub und kalt.

Ich betrat die alte Kapelle, sie wirkte dunkel und staubig, aber auch friedlich. Buntglasfenster ließen nur wenig Sonnenlicht herein. Ich entzündete das Gedenklicht, das ich zu diesem Ort mitgenommen hatte, an einer der anderen Kerzen und stellte es auf den kleinen Tisch der alten Kapelle. Die Flamme flackerte sanft, ich beobachtete ihr Glühen. Fast fünf Jahre. Ich konnte nicht glauben, wie lange das alles zurücklag und wie frisch es sich dennoch anfühlte.

Das Licht hatte ich schon viel früher herbringen wollen, doch es war in irgendeinem Schrank verstaubt. Ich hatte es nicht geschafft herzukommen, denn es hätte bedeutet, sich einzugestehen, dass das Unglück wirklich passiert war. Bisher war ich nicht bereit gewesen, das zu akzeptieren und mich von Geena zu verabschieden.

Ich hatte alles getan, um meine Schuld zu tilgen, mich um ihre Mutter gekümmert, die an dem Verlust fast zerbrochen war. Mich selbst gegeißelt und verflucht, weil ich sie hätte retten können, wäre ich nur früher heimgekehrt. Nichts davon hatte etwas geändert, bis mir klar geworden war: Es war an der Zeit, Geena ziehen zu lassen.

»Danke für alles«, raunte ich der Kerze zu, die plötzlich stärker flackerte, regelrecht tanzte. Ich spürte einen Windzug hinter mir und drehte mich um.

Eine Frau stand in der Tür der Kapelle. Sie schaute zu mir. Ihre schwarzen Haare hingen ihr ins Gesicht. Und doch erkannte ich sie. Mir blieb fast das Herz stehen.

»Geena?«

Wurde ich verrückt? Halluzinierte ich?

Ich machte ein paar Schritte auf die Fremde zu. Ihr Blick war kalt, voller Verachtung, ein ungutes Gefühl stieg in mir auf.

»Es kann nicht Geena sein«, erinnerte ich mich, auch wenn ich mir wünschte, sie wäre es, sie wäre nicht gestorben. Aber wer war die Fremde dann? Das Gegenlicht erschwerte es mir, ihre Züge genauer zu erkennen.

»Wer sind Sie?«, fragte ich.

Doch die Fremde drehte sich um und verschwand eilig aus der Kapelle. Das Gedenklicht, das sie in den Händen gehalten hatte, fiel zu Boden.

»Warten Sie!«, rief ich. Ich hatte das Gefühl, es war kein Zufall, dass sie hier war.

Ich hob das Licht auf und folgte ihr, doch kaum trat ich aus der alten Kapelle, war der Platz vor mir leer. Ich blickte mich um, niemand war auf dem Weg oder den Treppen zu sehen. War sie ins Gebüsch geflüchtet? Hier und da raschelte es. Ich lief um die Kapelle herum, doch die Frau blieb verschwunden.

Für einen Moment war ich versucht zu glauben, dass ich sie mir nur eingebildet hatte. Aber ich hielt ihr Gedenklicht in den Händen, und das war ziemlich real.

Ich beschloss, es vor die Kapelle auf den gepflasterten Boden zu stellen, falls die Fremde zurückkam, um es zu entzünden. Ich setzte mich ins Auto am Fuß des Hügels, wovon aus ich eine gute Sicht hatte, und wartete, ob sie wieder auftauchte. Doch sie tat es nicht. Also beschloss ich, nach Hause zu fahren. Wenn auch mit einem unguten Gefühl im Magen.

Einige Zeit später legte ich mich raus in den Garten und versuchte, den blauen Himmel und das Glitzern des Sees zu genießen. Ich brauchte nach dieser seltsamen Begegnung etwas Erholung. Immer noch stand ich neben mir. Segelboote glitten ruhig über den Albert Park Lake, ein paar Leute badeten im Nass oder sonnten sich auf ihren Decken und Handtüchern. Ich wünschte, ich hätte die gleiche Gelassenheit, doch das war leichter gesagt als getan.

Martha brachte mir einen Drink.

Ihr Blick sagte: Ein wenig früh, oder? Aber ich ignorierte ihn und ließ mir stattdessen ein Thunfischsandwich aufschwatzen, das großartig schmeckte, aber ich war nicht wirklich hungrig.

»Soll ich Ihnen ein anderes Sandwich machen?«, fragte sie fürsorglich.

»Nein. Ich wäre dankbar, wenn Sie mich nun allein lassen könnten. Danke, Martha«, gab ich unfreundlicher zurück als beabsichtigt.

Martha nickte mit starrer Miene und folgte meiner Aufforderung sichtlich ungern. Aber ich brauchte Zeit zum Nachdenken, keine Sandwiches.

Immer wieder musste ich an diese Frau denken. Konnte es sein, dass ... Ich hatte eine Ahnung, wer sie war, aber das war eigentlich unmöglich. Mariah hätte es doch mir gegenüber erwähnt, wenn ihre zweite Tochter wieder in Australien wäre. Diese hatte in Übersee studiert und war dort geblieben, was Mariah seit jeher traurig stimmte. Es sei denn, Mariah wusste nichts von der Rückkehr der verlorenen Tochter.

»Alles okay?«, fragte mich Robin plötzlich.

Wie aus dem Nichts stand sie hinter mir, und ich verschluckte mich fast an meinem Drink.

»Martha sagte, du wärst übellaunig.«

Wie kam meine reizende Haushälterin denn nur darauf?

»Und scheinbar ist da wirklich was im Argen«, überlegte sie. »Nicht nur, dass ich es diesmal bin, die sich von hinten angeschlichen hat, und auch noch Erfolg damit hatte, du kommst außerdem nach Hause ohne ein Wort? Wäre Martha nicht gewesen, wüsste ich gar nicht, dass du wieder hier bist.«

»Ich brauchte Zeit für mich«, erklärte ich, mehr wollte ich gerade nicht preisgeben. Ich musste das Erlebte erst mal selbst einordnen.

Sie beugte sich zu mir runter und streichelte über meinen Oberarm.

»Verstehe ich.«

Und ich war überrascht, aber auch dankbar dafür.

Robin lächelte mich aufmunternd an. Sie sah so süß aus, dass ich nicht widerstehen konnte. Ich reckte meinen Kopf in ihre Richtung und schmiegte meine Lippen an ihre. Sie vermochte es, dass ich mich lebendig fühlte.

Ich genoss ihren sinnlichen Geschmack auf meiner Zunge. Es gab nichts Schöneres ...

»Wer ist das?«, wunderte sich Robin plötzlich.

Ich wandte den Kopf und traute meinen Augen nicht. Eine junge Frau stand vor dem Zaun meines Anwesens und starrte zu uns. Schwarze Haare, schlankes Gesicht. Es war dieselbe Frau wie in der Kapelle. Und Robin konnte sie offenbar auch sehen. Sie war keine Fata Morgana. Die Ähnlichkeit mit Geena war verblüffend. Sie musste mir gefolgt sein. Ich war so in Gedanken gewesen, dass ich es nicht gemerkt hatte. Und jetzt war sie hier. Was wollte sie?

Ich musste es herausfinden. Wissen, ob sie Mariahs Tochter und somit Geenas Schwester war. Was sie von mir wollte. Diesmal würde ich sie nicht entkommen lassen.

»Ich kümmere mich darum«, entschied ich. »Hast du noch zu tun?«

»Der Bernaduchi ruft immer.«

Ich nickte und schickte Robin ins Haus zurück. Das war etwas, was nur diese Frau und mich anging.

27. Kapitel

Robin

Wer war diese Fremde? Irgendwie war die Stimmung abrupt anders geworden, als sie aufgetaucht war wie eine Stalkerin. Ich versuchte, dem nicht zu viel Bedeutung beizumessen, aber seltsam kam es mir schon vor. Einfach so hatte diese Frau mit den schwarzen Haaren vor dem Anwesen gestanden und uns beobachtet. Echt etwas gruselig. War sie eine Ex von Vaughan?

Ich ging zurück zum Bernaduchi, den ich inzwischen zum zweiten Mal gereinigt hatte. Es sah gut aus und war viel schneller gegangen als erwartet. Jetzt musste ich mich nur noch um den Goldrahmen und die Rückseite kümmern. Ich machte mich gleich an Ersteres und bekam den Rahmen noch vor dem Feierabend fertig. Auf eine Politur hatte ich verzichtet, immerhin sollte alles authentisch wirken.

Stolz betrachtete ich mein Werk, machte ein Foto für Caitlin Hannigan und beschloss dann, Vaughan zu suchen. Der hatte bisher nicht von sich hören lassen, was komisch war.

Als ich die Treppe hochlief und mich dem Salon näherte, hörte ich aufgebrachte Rufe. Ich verstand die Worte nicht, doch ich erkannte Vaughans Stimme. Dazu eine weibliche mir unbekannte. Von der Fremden vermutlich. Die war also immer noch hier? War ein überraschend langes Gespräch.

Ich blieb stehen, überlegte umzukehren, doch da wurde die Salontür aufgerissen, und die dunkelhaarige Frau stürmte heraus. Könnten Blicke töten, ich wäre auf der Stelle zu Boden gegangen, so hasserfüllt sah mich diese Fremde an. Was um alles in der Welt? Dann rauschte sie an mir vorbei, und kurz darauf hörte ich die Tür knallen.

Sekundenlang stand ich wie erstarrt im Flur und hörte das Blut in meinen Ohren rauschen. Vaughan tat auch nichts, sagte nichts, kam nicht heraus. Ich wusste nicht, was vorgefallen war oder was ich jetzt tun sollte, doch endlich löste ich mich aus meiner Starre.

Und dann kam auch Vaughan aus dem Salon.

Energisch schritt er an mir vorbei, als würde er mich nicht sehen. Ich hatte Schwierigkeiten, zu ihm aufzuschließen. Ein merkwürdiges Gefühl breitete sich in meiner Brust aus. Nicht nur, dass hier etwas nicht stimmte, ich wurde das Gefühl nicht los, das hatte auch Auswirkungen auf uns. Jede Zärtlichkeit schien aus seinem Blick verschwunden. Ich war plötzlich wie ein ... Nichts.

»Was ist passiert?«

Keine Antwort.

»Was wollte sie denn?«

Woher kannte er sie überhaupt?

»Jetzt bleib doch mal stehen.«

Er hielt tatsächlich an, aber sah mich mit einem Blick an, der mich erstarren ließ. »Hör zu. Ich brauche etwas Zeit für mich.«

»Oh ... okay ...« Das klang ernst. Ernster als vorhin jedenfalls.

Wieso schnürte sich mir nun die Kehle zu?

»Ich wollte dir eigentlich nur den Bernaduchi zeigen ...«

»Später.«

Was hatte die Fremde nur zu ihm gesagt? Warum reagierte er plötzlich so abweisend? Mein Herz schlug wie verrückt in meiner Brust.

Er wandte sich um, lief die Haupttreppe hoch zu seinem Zimmer. Es tat weh, dass er mich nicht bei sich haben wollte, doch ich akzeptierte, dass es so war. Das Abendessen nahm ich allein zu mir, und ich fühlte mich auch unendlich einsam.

Selbst Martha wunderte sich, wo Vaughan war, was wiederum mich beunruhigte. »Es sieht ihm nicht ähnlich, das Essen zu verpassen, zumal ich sogar sein Leibgericht gekocht habe«, erklärte sie.

Ich beschloss, noch heute mit ihm zu reden. Was immer vorgefallen war, vielleicht konnte ich helfen.

Aber als ich an seine Tür klopfte, öffnete er sie nur einen Spaltbreit und ließ mich nicht ein.

Ich fühlte mich schrecklich. Jetzt war klar, ich bildete mir nicht ein, dass er distanzierter war. Dabei waren wir uns letzte Nacht doch so nah gewesen. Wie konnte er sich in kürzester Zeit so ändern?

»Ich brauche Zeit zum Nachdenken«, wiederholte er, diesmal jedoch sanfter, was mich zumindest etwas beruhigte.

Ich kehrte in mein Zimmer ein, aber fühlte mich zu aufgewühlt, um zu schlafen. Also tat ich, was ich in solchen Situationen immer tat, ich arbeitete. Schnell war der Overall übergestreift, um dem Bernaduchi den letzten Schliff zu geben. Die Holzplatte auf der Rückseite war noch immer stark verkohlt. Ich wischte sie sauber, bis man zumindest die Maserung erahnen konnte, aber mir dämmerte, ich musste überstreichen. Passende Farbe hatte ich nicht hier, also kehrte ich gezwungenermaßen in mein Zimmer zurück.

Um drei Uhr nachts war ich immer noch hellwach. Das versprach, eine heitere Nacht zu werden. Irgendwann wurde es hell. Keine Ahnung, was ich mir erhoffte. Dass Vaughan sich besann und zu mir kam? Was immer vorgefallen war, es hatte nichts mit mir zu tun, ich sollte es also auch nicht auf mich beziehen.

Irgendwann in der Früh hörte ich ihn im Gang, er machte sich wohl auf den Weg zur Arbeit. Sollte ich ihm nach? Nein, er wollte Zeit für sich, die sollte er haben.

Hundemüde schleppte ich mich gegen acht Uhr in das Speisezimmer. Martha strich mir besorgt über die Stirn, weil ich offenbar genauso fertig aussah, wie ich mich fühlte. »Sie haben aber kein Fieber.«

Zum Glück nicht, das hätte mir noch gefehlt, ich musste immerhin das Projekt Bernaduchi abschließen.

»Es geht schon«, versicherte ich ihr, war ihr aber für ihre Freundlichkeit dankbar. Und für das Glas Vegemite auf dem Tisch.

Gegen neun Uhr dreißig brach ich auf, um Farbe für die Rückseite des Gemäldes aus dem Laden für Restaurationsbedarf zu besorgen. Die Auswahl haute mich wieder um, echt beeindruckend, was so ein kleines Geschäft alles im Sortiment hatte. Ich brauchte eine besonders schonende Mischung, die nicht zu sehr ins Holz einzog, also nicht aufweichte. Ich nahm einen Farbtopf und zwei Pinsel, bezahlte und verirrte mich, trotz gegenteiligen Vorsatzes, zur KoP-Zentrale. Ich wusste selbst nicht, was ich hier zu finden hoffte, während ich den Juwelier und das riesige Bürogebäude musterte.

Zufällig sah ich auch das Simone-Double aus einem Wagen steigen und über den weitflächigen Parkplatz hinter dem Laden zum Komplex laufen. Die Blondine war allein. Auch sie wirkte niedergeschlagen, aber vielleicht bildete ich mir das auch nur ein.

Wie sehr wünschte ich, Vaughan würde sich auf seine typische Weise wieder von hinten an mich anschleichen. Aber kein Vaughan. Nirgends ...

Seufzend löste ich mich vom Anblick des KoP-Gebäudes und kehrte zu meinem Wagen und mit diesem schließlich zur Villa zurück, wo ich mich die nächsten vier Stunden mit dem Streichen der Gemälderückseite befasste. Erfreut stellte ich fest, dass ich einen perfekt passenden Farbton ausgewählt hatte.

Schließlich war es vollbracht. Man sah den Liebenden nicht mehr an, was sie durchgemacht hatten. Was für eine schöne Parallele es wäre, wenn es Vaughan und mir auch so ginge. Aber die Realität war eine andere.

Ich verschloss den Farbtopf, wusch die Pinsel aus und stieß fast einen Schrei aus, als plötzlich Vaughan in der Werkstatt stand. Wow – da hatte er sich heute doch noch angeschlichen! Dank meiner Kopfhörer hatte ich ihn nicht gehört. Er kam mir wie ein Geist vor, weil er merkwürdig starr und blass wirkte. Der Eindruck wurde noch betont von dem weißen Hemd, das er trug.

»Du hast mich erschreckt«, stammelte ich und zog die Ohrstöpsel heraus. »Alles okay?«, fragte ich besorgt.

Er nickte, doch er sah ganz und gar nicht okay aus.

»Gute Arbeit«, sagte er müde und nickte zum Gemälde. »Gordon hat nicht übertrieben. Es war gut, dich zu engagieren.«

Er klang so formell und distanziert, das gefiel mir gar nicht.

Ich wollte zu ihm, ihn küssen, aber ich bewegte mich nicht, als wäre da eine unsichtbare Mauer.

»Robin, es ist besser, wenn wir uns verabschieden.«

Gott! Ich hatte es befürchtet. Und doch konnte ich nicht fassen, dass er das gerade wirklich gesagt hatte.

Sein kalter Blick ließ keine Zweifel offen.

Jetzt zog er mir endgültig den Boden unter den Füßen weg. Ich schnappte nach Luft. Er sagte das einfach so, als beendete er lediglich einen Deal unter Geschäftspartnern.

»Ich bin ein Gentleman, Gordon wird nichts von uns erfahren und du keine Schwierigkeiten mit dem Institut bekommen.«

Das war ja gerade auch das Wichtigste! Peanuts, dass meine Welt gerade zerbrach.

Eben war doch alles so wundervoll gewesen. Dann war diese Frau aufgetaucht.

»Wer war sie?«, verlangte ich zu wissen. Mir war klar, sie hatte etwas damit zu tun.

Er schwieg. Dann sah er mich so seltsam an, als wäre doch wieder alles okay. Als würde er mich jede Sekunde in die Arme ziehen und küssen.

Tu es, und lass das alles nur ein dummer Scherz gewesen sein, dachte ich.

Doch er wich meinem Blick aus und bewegte sich keinen Zentimeter. Die kleine Hoffnung, die in mir aufgekeimt war, war schon wieder erstickt und wich der Fassungslosigkeit. Wenn er wenigstens etwas sagen würde! Vielleicht konnte ich ihm helfen. Wenn ich nur wüsste, was ihn quälte.

Sein Schweigen machte mich wütend.

»Rede doch mit mir«, forderte ich.

»Es gibt nichts zu bereden.«

»Das sehe anders«, entwich es mir. »Du machst mir nichts, dir nichts mit mir Schluss? Ich habe ein Recht darauf zu erfahren, was der Grund ist!«, fuhr ich ihn an. Waren wir überhaupt zusammen gewesen? Oder hatte er das mit uns doch nur als Intermezzo angesehen? Selbst wenn, eine Erklärung war nicht zu viel verlangt, denn angeblich war doch alles mit mir so anders für ihn gewesen. Für mich war es das jedenfalls, und deshalb setzte es mir auch so zu.

Vaughans Augen verengten sich. Aber er sagte kein Wort. Ich erkannte ihn nicht wieder. Er schien eine völlig fremde Person zu sein. So kalt, dass es mir eine Gänsehaut bereitete.

»Ich bin nicht der Richtige für dich. Es liegt an mir, nicht an dir.«

Und das war ihm plötzlich klar geworden? Wie leichtfertig das über seine Lippen kam. Und wieso entschied er, was richtig war für mich?

»Du meinst das wirklich ernst.«

Ich spürte Tränen aufkommen. Aber ich war auch wütend! Anthony hatte ja auch ganz plötzlich festgestellt, dass er doch nicht der Richtige für mich war. Das jetzt erneut durchstehen zu müssen ...

»Ich werde deine Arbeit gegenüber Gordon loben.«

Oh! Danke, wie toll.

War ich doch nur eine weitere Kerbe in seinem Bettpfosten? Ich dumme Gans hatte gedacht, dass mit uns wäre etwas Besonderes. Aber mir dämmerte, das gehörte alles zu seiner Masche, wie er sie schon hundertmal bei anderen Frauen abgezogen hatte.

Nein, das konnte nicht stimmen. Es hatte sich so echt angefühlt. Zumindest für mich ...

Wieso warf er das weg?

Bedeutete ich ihm wirklich nichts?

»Vielleicht hast du recht. Vielleicht hat das mit uns wirklich keinen Sinn«, entfuhr es mir, und ich drehte mich um, lief aus der Werkstatt, in der naiven Hoffnung, er würde mir nachgehen, sich entschuldigen. Doch das tat er nicht.

28. Kapitel

Robin

»Unfassbar«, sagte Maya, bei der ich mitten in der Nacht auf der Couch saß und ein schreckliches Déjà-vu erlebte.

Ich hatte eine lange Heimfahrt hinter mir, mein Wagen hatte diesmal durchgehalten, während ich mehr als einmal an meine Grenzen gekommen war. Die ganze Fahrt über quälte ich mich mit der Frage, warum Vaughan getan hatte, was er getan hatte.

Doch eine Antwort hatte ich nicht gefunden, dafür hatte mich ein fieser Schmerz an den Schläfen malträtiert. Ein Wunder, dass ich nicht von der Straße abgekommen und in irgendeiner Böschung gelandet war, immerhin war ich wie von Sinnen über den Highway gebrettert.

Für gewöhnlich genoss ich lange Autofahrten, insbesondere wenn ich hinterm Steuer sitzen konnte. Aber diese Fahrt hatte an meinen Kräften gezehrt.

Zwar war ich hundemüde in Canberra angekommen, doch hatte es zu Hause nicht ausgehalten. Daher hatte ich nur meine Tasche abgestellt und war gleich zu Maya geflüchtet, wo ich mir nun vorkam, als wäre ich in einer Zeitschleife gefangen. Es tat mir außerdem unendlich leid, sie nach Mitternacht aufgesucht zu haben. Normalerweise hätte ich das nicht getan, doch ich hatte während der Fahrt mit ihr telefoniert und sie sogar darauf bestanden, dass ich zu ihr kam, Uhrzeit hin oder her.

Ich wollte nicht weinen, dennoch war das Taschentuch in meiner Hand durchnässt. Immer wieder rollten Tränen über meine Wangen. Ich schämte mich, wollte nicht wegen des Mistkerls wie ein Schlosshund heulen, aber ich tat es, konnte es nicht stoppen.

Ich hatte Maya alles erzählt. Und sie hatte mir zugehört und kaum glauben können, dass etwas mit Vaughan Townsend gelaufen war. Dem ihrer Meinung nach größten Frauenhelden unter der Sonne. Sexy, aber mit Vorsicht zu genießen.

»O Gott, hab ich dich etwa dazu gebracht, weil ich dir so viel von ihm vorgeschwärmt habe?«, verfluchte sie sich selbst.

»Nein, red dir bitte nichts ein.« Ich war naiv gewesen, blindlings in die Falle getappt.

Und das auch noch so kurz nach dem Aus mit Anthony.

Aber genau das war vielleicht der Fehler gewesen. Ich hatte mich zu schnell in unbekannte Gewässer gestürzt und gedacht, zwei verletzte Seelen hätten einander gefunden, stattdessen war ich fast ertrunken.

Sicher stand schon nächste Woche etwas über eine neue Affäre des Opalkönigs in der Zeitung. So war es doch ständig, oder? Vielleicht suchte er bei all diesen Frauen wirklich etwas, verdammt dazu, es nie zu finden. Ich hatte echt geglaubt, ich wäre diejenige, bei der alles anders laufen würde. Wie naiv und unglaublich arrogant ...

Ich schluckte und legte das Taschentuch neben mich auf die Couch.

Immer wieder dachte ich an Vaughan, seinen intensiven Blick, seine sinnlichen Küsse. Wie konnte er so kalt und zugleich so leidenschaftlich sein? Wieso vermisste ich ihn, obwohl er mir das angetan hatte?

»Und wer die schwarzhaarige Frau war, weißt du nicht?«

Ich schüttelte den Kopf. Doch die Fremde war die Ursache meines Unglücks. Nach ihrem Auftauchen war alles anders geworden. Wenn ich sie nur finden und fragen könnte ...

»Tut mir so leid, Süße.« Maya legte den Arm um mich und drückte mich an sich, das tat gut. Ich war froh, sie zu haben.

Sie war mein Fels in der Brandung, und es tat mir unendlich leid, sie nun zum zweiten Mal belagern zu müssen. Ich kam mir gerade wie eine Belastung für alles und jeden vor.

»Wenn ich dir auf die Nerven gehe, sagst du es aber, ja?«

»O Gott, Süße, das tust du nicht. Jetzt rede dir nichts ein!«

Ich nickte langsam. Aber ich war schon in der Abwärtsspirale.

»Es liegt an mir.«

Zwei Kerle, die mich in so kurzer Zeit verlassen hatten? Das konnte kein Zufall sein. Vaughan und Anthony wiesen keine Gemeinsamkeiten auf. Der gemeinsame Nenner war ich.

»Ich bin beziehungsuntauglich«, stellte ich fest und kippte mein Bier runter, nachdem Maya sich wieder von mir gelöst hatte. Schnell wischte ich mir mit dem Handrücken über den Mund und griff dann nach meinem Taschentuch, um damit die neu aufkommenden Tränen wegzuwischen.

»Blödsinn! Du bist super. Die Kerle sind das Problem.«

Ich war nicht sehr überzeugt.

»Bestimmt kommt Vaughan wieder zur Vernunft.« Maya setzte ihre Lippen an ihre eigene Flasche und nahm einen kleinen Schluck. »Das war eine Kurzschlusshandlung.«

Oder sein typischer Umgang mit Frauen? Wie kam sie nur darauf, dass es wieder in Ordnung kommen könnte? Ich dachte an Garrett und traute ihm eine ähnliche Aussage zu. Doch das war Unsinn.

Jeder wusste, Vaughan Townsend war ein Draufgänger und wechselte die Freundinnen wie andere ihre Hemden. Früher oder später servierte er alle ab. Um sein Trauma zu überwinden? Um es zu vergessen? Was auch immer, er nahm in Kauf, anderen damit wehzutun.

»Willst du hier schlafen?«, fragte Maya nach einer Weile. Es war schon verdammt spät.

»Wenn es dir keine Umstände macht.«

»Tut es nicht, ich würde ja sonst nicht fragen, oder?« Sie zwinkerte.

Ich nickte meiner Freundin dankbar zu. Alles war besser, als allein zu Hause vor sich hin zu vegetieren.

Maya ging zu ihrer Wohnwand, um aus dem oberen Fach Bettwäsche zu holen. Gemeinsam bereiteten wir die Schlafcouch vor. Wieder ein Déjà-vu!

Als wir damit fertig waren, strich sie mir mit einer Hand über den Arm. »Wir stehen es auch diesmal zusammen durch«, versprach sie mir.

»Danke. Wirklich.«

Aber ich wusste, diesmal würde es noch viel schwerer werden.

Ich lag die restliche Nacht wach, starrte die Decke des Wohnzimmers und Mayas gerahmte Kunst im Wechsel an, vermisste Vaughan unendlich und hasste mich für meine irrationalen Gefühle.

Draußen schüttete es wie aus Kübeln, was perfekt zu meiner Stimmung passte. In der Ferne hörte ich sogar ein Donnergrollen. Unwetter zur heißesten Zeit des Jahres waren nichts Ungewöhnliches. Ich schmiegte mich in die kuschelige Decke und lauschte dem Rhythmus des Regens auf dem Dach.

Doch jetzt zog mich das schlechte Wetter runter, und die Tränen liefen, als wollten sie mit den Regentropfen, die über die Fensterscheibe glitten, um die Wette rollen. Immer, wenn ich kurz davorstand einzudösen, blitzte und donnerte es, sodass ich aufgeschreckt wurde.

Mehr als einmal hatte ich das Handy in der Hand, um Vaughan anzurufen, nachzufragen, was mit ihm geschehen war. Die Antwort einzufordern, die mir meiner Meinung nach zustand. Aber ich brachte es nicht über mich.

Dann verspürte ich wieder Wut und Enttäuschung im Wechsel. Es war mies, mich im Unklaren zu lassen. Hatte ich das verdient?

Wenn ich nicht an die Decke starrte, starrte ich aufs Display meines Smartphones und hoffte, dass er sich meldete. Aber das tat er nicht. Genau wie Anthony es nicht getan hatte.

Irgendwann verzog sich der Regen, draußen wurde es wieder heller. Ich hatte noch immer kein Auge zugetan.

Erschöpft zog ich die Bettdecke über den Kopf. Allmählich dämmerte mir, es war wirklich aus ...

29. Kapitel

Vaughan

Meine Gedanken kreisten, doch ich konnte keinen von ihnen fassen, während ich den Kiesweg entlangeilte zu dem kleinen Häuschen auf der abgeschiedenen Insel. Meine Schritte wurden schneller, je näher ich dem Haus kam. Die Sonne war gerade erst aufgegangen, ihre roten Schleier überzogen den Himmel.

Mariah saß auf der Veranda in ihrem Schaukelstuhl. Ihr Blick ging durch mich hindurch, ich war nicht sicher, ob sie mich sah.

»Hast du es gewusst?«, fragte ich sie atemlos.

Die ältere Frau zuckte zusammen, denn ich war lauter gewesen als beabsichtigt. Erst jetzt schien sie mich zu registrieren.

»Vaughan, wie schön, dass du wieder hier bist«, sagte sie so leise, dass ich sie kaum verstand.

Ich bemerkte ein halbes Brötchen auf einem Teller, die Medikamentenbox mit der Aufschrift des heutigen Wochentags und ein fast leeres Wasserglas neben ihr auf dem Tisch. Außerdem ihr Kartenspiel.

Eine Nachbarin kümmerte sich regelmäßig um sie. Die Insel war einsam, es lebten nicht viele Menschen hier, doch man kannte sich und hielt zusammen. Einmal die Woche kam auch ein Pfleger einer Sozialstation her, um nach ihr zu sehen. Mariah liebte das Leben auf der Insel, sie wollte nirgendwo anders hin. Schon gar nicht in ein Heim. Und solange sie zurechtkam, war ich der Ansicht, dass ihr Wunsch zu respektieren war. Was ich nicht respektieren konnte, waren Menschen, die mich anlogen. Oder Informationen verheimlichten.

»Hast du es gewusst?«, fragte ich sanfter, trotz aller Wut. Diese Frau war seelisch sehr krank, sie anzuschreien, würde zu nichts führen. Und ich wollte das auch nicht.

»Wovon sprichst du?« Sie blinzelte zu mir hoch. Vielleicht hatte sie wirklich keine Ahnung. Dann wäre es wohl ein genauso großer Schock für sie, wie er es für mich gewesen war.

»Ich habe mit Conduleeza gesprochen. Sie hat mich in meinem Haus am Albert Park Lake aufgesucht.«

Ich hatte mit meiner Vermutung richtig gelegen. Die Fremde aus der Kapelle und vor meinem Anwesen war tatsächlich Geenas Schwester. Die äußerliche Ähnlichkeit war verblüffend. Die gleichen dunklen Haare, die braunen ausdrucksstarken Augen, fast wie ein Spiegelbild Geenas.

Diese hatte ihre Schwester oft erwähnt, wir waren uns aber nie begegnet. Irgendwann hatte Geena erzählt, das Verhältnis der Schwester zur Mutter sei nicht das beste, weil sie sich für die Karriere und gegen Australien entschied. Der Kontakt war nur sporadisch gewesen.

Auch als Mariah nach Geenas Tod einen Zusammenbruch erlitten und vorübergehend in eine psychiatrische Klinik eingewiesen worden war, hatte sich Conduleeza nicht blicken lassen.

Sobald ich mitbekam, dass es Mariah sehr schlecht ging, war ich es, der sich nach dem Unglück um die alte Frau kümmerte und ihr ein neues zu Hause hier auf der Insel gab. Wenigstens etwas, was ich hatte tun können, wenn auch viel zu wenig.

Dadurch waren wir einander nah gekommen, hatten wir doch im selben Boot gesessen, gemeinsam um Geena getrauert. Niemand hätte mich besser verstehen können als sie.

Aber allein die Möglichkeit, sie könne mir etwas verschwiegen haben, veränderte nun meinen Blick auf unser Verhältnis und auf sie. Hatte sie mir wirklich eine solch wichtige Sache verschwiegen?

Wie eine Furie war Conduleeza mir in mein Haus gefolgt, nachdem sie mich mit Robin sah. Der Anblick hatte sie in Rage versetzt, als hätte ich Geena verraten. Vorwürfe hätten mir nichts ausgemacht, ich hatte sogar den Verdacht gehabt, die lang verschollene Schwester wolle Geld von mir, aber dann hatte sie erklärt, sie sei in Australien, um sich auszusöhnen. Da sie ihr erstes Kind erwartete, wollte sie ihr Leben nicht länger von Trauer und Groll bestimmen lassen. Als sie mir jedoch zufällig in der Kapelle begegnet war, hatten sie die alten Gefühle wieder überrannt, und sie war kurzerhand geflohen. Meine Küsse mit Robin hatten ihre Wut dann endgültig hochgepeitscht und sie in ihrem Zorn etwas offenbart, was für mich alles verändert hatte.

Mariah senkte den Blick. Ein Schuldeingeständnis?

Ich hockte mich mit klopfendem Herzen vor sie. »Wie lange weißt du es schon?« Hatte Conduleeza inzwischen auch sie aufgesucht und ihr alles erzählt, oder hatte Mariah es, wie ich es insgeheim vermutete, von Anfang an gewusst?

Jetzt sah Mariah mich wieder an. Ihre Augen schimmerten. Langsam nickte sie.

»Ich wusste es die ganze Zeit ...«

Natürlich, wieso hätte Geena es ihrer Mutter verschweigen sollen? Sie hatte oft mit ihr über uns gesprochen.

Fassungslos erhob ich mich.

Ich fuhr mir mit der Hand übers Gesicht.

»Dein Schmerz war so groß. Ich wollte dir das nicht antun«, sagte Mariah und klang ehrlich, auch wenn das nichts änderte. Ich spürte den Schmerz jetzt!

»Ich wollte dich schützen«, behauptete sie weiter, doch sie hatte mein Vertrauen missbraucht.

Sie hatte mich schützen wollen? Welch Ironie. Da waren wir beim Thema. Ich hatte Geena nicht beschützen können. Das machte mich wahnsinnig!

Wütend wandte ich mich ab.

»Vaughan ...«

Ich hielt inne, drehte mich aber nicht zu ihr um.

»Conduleeza hat mir erzählt, du hättest eine neue Frau ...«, vernahm ich ihre leise Stimme hinter mir. »Wirf das nicht weg, Vaughan. Lass die Vergangenheit ruhen, ich bitte dich.«

Ich schnaubte.

»Es ist selten, das Glück zweimal zu finden«, fügte sie hinzu.

Ich ignorierte ihre Worte, denn sie spielten keine Rolle für mich, und lief zum Hubschrauber zurück.

Es kam mir vor, als drohte der Boden unter meinen Füßen aufzubrechen und alles in die Tiefe zu ziehen. Ich legte einen Schritt zu und stieg in den Helikopter, um dem Gefühl zu entgehen, doch es verfolgte mich auf Schritt und Tritt.

30. Kapitel

Robin

Der Alltag hatte mich wieder, ich musste zurück ins Institut. Dennoch erschien mir alles um mich herum nur noch grau in grau. Ich fühlte mich einsam, vermisste Vaughan. Doch was er getan hatte, konnte ich nicht verzeihen. Ich wollte ihn nicht mehr in meinem Leben haben, zumindest redete ich mir das ein. Aber alles erinnerte mich an ihn. Sah ich irgendwo einen auffälligen Ring am Finger einer x-beliebigen Person, dachte ich an das Unikatset, dann an Kings of Passion und als letzten Schritt an ihn. Kreuzte ein Mann im Anzug meinen Weg, war es sogar noch schlimmer …

Ich riss mich zusammen, wollte mich nicht gehen lassen. Schon gar nicht auf der Arbeit. Es war Montag und Gordon aus Paris zurück, also suchte ich sein Büro auf, um meine Rückkehr zu verkünden und nach einer neuen Aufgabe zu fragen.

»Townsend hat Sie sehr gelobt«, erklärte Gordon. »Den Bernaduchi und sogar eine Michelangelo-Statue sollen Sie vortrefflich restauriert haben.«

Vaughan hatte zumindest in der Hinsicht Wort gehalten, das Lob war tatsächlich beim Prof eingegangen. Nur war mir das egal.

»Ich drucke Ihnen die Mail gerne aus.«

»Danke. Das ist nicht nötig … Wie war der Vortrag in Frankreich?«, lenkte ich rasch ab. Gordon war ein Superprofessor, aber er hörte sich auch gern selbst reden, was mir zugutekam, denn ich wollte das Thema Townsend für die nächsten hundert Jahre vermeiden.

»Hervorragend, es lief alles bestens. Ich sprach über neue computergestützte Restaurationstechniken ...«, berichtete mein Prof und fand so schnell kein Ende. Ich versuchte, seinen Ausführungen zu folgen, doch es fiel mir schwer. Zehn Minuten später beendete Gordon seinen Monolog.

»Ich freue mich, dass Sie eine gute Zeit in Paris hatten. Haben Sie denn eine neue Aufgabe für mich?«

Nur nicht noch mal auf Townsend zu sprechen kommen ...

Gordon wühlte in seinen Unterlagen und nickte schließlich. »Einen Kupferstich eines unbekannten Künstlers aus dem achtzehnten Jahrhundert, der Michelangelo zeigt. Wunderbares Exponat!«

Ausgerechnet Michelangelo.

Er gab mir die Nummer, unter der ich es in unserem Lager finden würde. Sicher eine gute Ablenkung, sofern es mir gelang, nicht Michelangelo – Opalmine – Vaughan damit zu assoziieren.

Ich wandte mich zum Gehen, als Gordon mich noch mal aufhielt.

»Ich habe noch eine gute Nachricht. Ein guter Freund von mir, Rick Whiterspoon, ist heute Abend in der Stadt. Er ist der renommierte Kunstkenner, von dem ich Ihnen neulich schon erzählt habe. Wenn es Ihrer Freundin zeitlich passt, könnte sie heute Abend in die *Blue Berry Bar* kommen. Neben Whiterspoon werde auch ich da sein, was meinen Sie? Sie können natürlich auch gern zu uns stoßen, Robin.«

»Oh, ich ... bedanke mich für die Einladung, doch moderne Kunst ist nicht ganz meine Welt.«

»Das verstehe ich. In jedem Fall ist Whiterspoon neugierig auf Ihre Freundin.«

Das war tatsächlich eine gute Nachricht, die mich auf andere Gedanken brachte. Ich gab Maya gleich Bescheid.

»Wirklich? Der Wahnsinn! Ich werde da sein«, las ich ihre WhatsApp-Nachricht, und mir ging das Herz auf. Schön, wenn sich wenigstens etwas zum Guten wendete.

Gegen Nachmittag bekam Maya Muffensausen und rief mich aufgeregt an, während ich noch im Institut zugange war.

»Kannst du nicht mitkommen? Bitte! Ich brauche Rückendeckung.«

»Ich verstehe doch gar nichts von moderner Kunst.« Außerdem fühlte ich mich total erschöpft und wollte nach Feierabend nur noch ins Bett. Wenigstens hielt ich es seit meiner letzten Übernachtung bei Maya wieder in meinen eigenen vier Wänden aus.

»Das ist egal, ich brauche dich nur auf dem Stuhl neben mir. Ab und zu nicken und meine Werke ganz toll finden, genügt.«

»Der Prof begleitet euch auch, der übernimmt das sicher.«

»Den kenne ich doch gar nicht. Bitte, Robin, ich brauche dich!«

Ich seufzte, ich konnte Maya wohl schlecht im Stich lassen. Auch wenn mir echt nicht nach Ausgehen zumute war. Ich gab also nach. Vielleicht tat es mir ja ganz gut rauszukommen.

»Du bist die Beste!«, quietschte sie. Und anderthalb Stunden später trafen wir uns zu viert in der *Blue Berry Bar* in der City.

»Sie sind also die Künstlerin, von der Will mir so viel erzählt hat?« Whiterspoon reichte erst Maya, dann mir die Hand.

»Maya Argyle. Sehr erfreut, Mr Whiterspoon.«

»Und ich bin Robin Mayne, Restauratorin und Mayas moralische Unterstützung.«

»Ah ja, sehr nett, nennen Sie mich bitte Rick.«

»Setzen wir uns doch«, schlug der Prof vor. »Schön, dass Sie es doch einrichten konnten, Robin«, raunte er mir zu.

Wir nahmen Platz und tranken Cocktails, Rick erzählte von seinen vielen Reisen und den zahlreichen Künstlern, die er kennengelernt und unterstützt hatte.

»Wichtige Werke lösen emotionale Reaktionen aus. Sie gehen unter die Haut, sind tiefgreifend. Nichts ist banaler als Kunst, die nicht zu uns spricht.«

»Sie haben ja so recht«, sagte Maya sichtlich angetan. »Endlich jemand, der mich versteht.«

Ich nahm einen kräftigen Schluck von meinem Cocktail, denn ich wollte wirklich nicht hier sein. Aber Maya brauchte mich. Hoffentlich kamen sie bald zum Abschluss.

Rick lächelte Maya an. Und Maya lächelte Rick an. »Dann zeigen Sie mir doch mal Ihre Mappe.«

»Sehr gerne.«

Maya zog einen Hefter mit Fotografien ihrer Bilder aus ihrer Umhängetasche und reichte sie Rick, der geschäftig darin blätterte. Ich beobachtete ihn genau, er ließ sich Zeit und verzog keine Miene. Eine halbe Ewigkeit schien zu vergehen, in der er sich die Werke ansah. Maya bibberte, während der Prof mit dem Schirmchen in seinem Cocktailglas spielte und ich ein Gähnen unterdrückte. Ich war heute einfach nicht fit, wollte aber für Maya durchhalten.

Schließlich legte Rick die Mappe auf dem Tisch ab und sah Maya ernst an, die sichtlich einige Zentimeter schrumpfte.

»Das ist es, was ich meine! Genau davon habe ich gesprochen«, verkündete er gewichtig.

»Es ... gefällt Ihnen also?«, fragte Maya vorsichtig.

»Es ist furchtbar.«

Jetzt hielt die Zeit wirklich an. Ich sah Mayas geweitete Augen, sie stand unter Schock. Dem Prof ging es offenbar ähnlich. Rick ließ seinen Satz einfach so im Raum stehen und wirken. Jeder von uns hoffte wohl, dass jetzt noch ein Aber kam, aber das war nicht der Fall.

»Wie jetzt?«, fand ich als Erstes meine Stimme wieder. Maya kämpfte sichtlich gegen die Tränen an.

»Was meinen Sie mit furchtbar?«, wollte ich wissen. Wenn der Kerl, der gerade meiner besten Freundin einen Dolch in die Brust gestoßen hatte, jetzt keine beschwichtigenden Worte fand, konnte ich für nichts garantieren.

»Es ist genau das, was ich beschrieb. Es spricht nicht zu mir. Eine Anhäufung von Banalitäten.«

Maya schluchzte los und schmiegte sich an ihren nächstgelegenen Sitznachbarn, den Prof, der zwar überfordert, aber immerhin einigermaßen einfühlsam ihre Schulter streichelte.

Ich hingegen kam mir vor, als würde ich gleich platzen, denn ich hatte die Schnauze gestrichen voll von Männern, die Frauen das Herz herausrissen und damit Football spielten.

Vielleicht hatte ich einen Cocktail zu viel gehabt. Ich sprang jedenfalls auf und fuhr diesen Rick ungeniert an. »Das da sind die Werke meiner Freundin! Und das ist meine Freundin! Sie ist eine tolle und liebe Person, auf die ich immer zählen kann, und außerdem ein großes Talent. Sie sind nur zu blöd, das zu erkennen.«

»Erlauben Sie mal«, empörte er sich. Ich redete weiter.

»Ich lasse nicht zu, dass ein selbstverliebter Gockel wie Sie sie entmutigt. Ihre Meinung ist nur eine Einzelmeinung. Kunst wird immer auch im Kontext ihrer Zeit gesehen. Es gibt etliche Künstler, die in ihrer Epoche unbekannt waren, aber heute großen Ruhm genießen. Es ist arrogant, Maya Banalität vorzuwerfen. Ich glaube fest daran, dass sie eines Tages die Aufmerksamkeit für ihre Werke bekommen wird, die ihr zusteht.«

Ich atmete schnell und musste mich wieder setzen, weil mir etwas schwindelte. Mein Blutdruck war sicher bei hundertachtzig. Aber so ging niemand mit meiner Freundin um. Meine drei Tischnachbarn sahen mich an, als wäre ich ein Alien.

»Danke«, hauchte Maya mir schließlich zu. Sie lächelte sogar etwas.

»Muss ich so mit mir reden lassen? Ich bin Rick Whiterspoon!«

Kannte den wirklich irgendwer? Ich jedenfalls nicht.

»Vielleicht kommen wir jetzt alle etwas runter und vertragen uns«, sagte der Prof und hob beschwichtigend die Hände.

»Vertragen? Ich denke gar nicht daran«, rief Whiterspoon. »Die Dame wollte meine Expertise, doch nun gefällt ihr nicht, was ich zu sagen habe? Ist das mein Problem?«

»Ihr rüpelhaftes Auftreten ist *Ihr* Problem«, sagte der Prof energisch und überraschte jeden von uns. »Und wie meine Kollegin Miss Mayne schon sagte, es ist nur eine Einzelmeinung, die noch dazu auf einem Niveau vorgetragen wurde, das ich als unterirdisch bezeichnen möchte.«

»Von Ihnen hätte ich eine andere Sicht der Dinge erwartet«, schimpfte Whiterspoon. »Diese Dame nennt sich Künstlerin, aber sie ist es nicht. Das sollte ein Mann wie Sie auf den ersten Blick erkennen.«

»Es ist genug! Sie vergreifen sich erneut im Ton, und *das* ist etwas, das ich von einem Mann Ihres Formats nichts erwartet hätte. Es ist besser, wenn Sie jetzt gehen«, bezog der Prof Stellung.

»Das ... das ist doch ...« Wütend erhob sich Rick, warf einen Geldschein auf den Tisch und rauschte mit hocherhobenem Kopf aus der Bar.

»Vielen Dank, dass du mich verteidigt hast, das war großes Kino«, sagte Maya und drückte meine Hand. »Ich revanchiere mich.«

»Das brauchst du nicht. Echt nicht.« War doch normal unter Freundinnen, dass man sich gegenseitig half. Sie war immer für mich da, endlich konnte ich auch mal für sie da sein.

»Tut mir sehr leid, Miss Argyle, dass ich Sie diesem Menschen ausgesetzt habe«, sagte der Prof.

»O bitte, Sie wollten mir doch nur helfen, dafür bin ich dankbar.«

»Wir finden jemanden, der Sie protegiert«, versprach der Prof und lächelte Maya aufmunternd an. Genau dieser Meinung war ich auch …

31. Kapitel

Robin

»Verzeihen Sie mir, Robin, der Abend gestern war wirklich ein Desaster. Wenn ich nur geahnt hätte, was für ein unverfrorener Mensch Rick Whiterspoon ist ...«, regte sich der Prof am nächsten Tag im Institut noch einmal auf, als er mich in der Werkstatt aufsuchte. Ich hatte ja vermutet, er wolle nach dem Kupferstich sehen, an dem ich arbeitete. Fehlanzeige.

»Miss Argyle hat sehr tapfer reagiert«, fuhr er fort. »Eine interessante Künstlerin übrigens. Ich bin entschlossen, ihr zu helfen, ihren Weg zu gehen.« Nun wedelte er wirsch mit den Händen über dem Kopf, in einer Hand hielt er dabei einen Brief und lief nervös hin und her, was ganz und gar untypisch für ihn war. Zwar trug er gern den Zerstreuten-Professor-Look zur Schau, aber zerstreut war er eigentlich nie. Ich war sicher, die Garderobe seines Kleiderschranks war farblich geordnet.

»Sagen Sie, Miss Mayne ... Sie kennen Miss Argyle doch näher.« Er blieb stehen und fingerte nun an dem Kuvert herum, bis es knitterte. »Womit könnte man ihr eine Freude machen, außer natürlich mit meiner uneingeschränkten Unterstützung?«

O mein Gott! »Sie mögen Maya?« Wie süß war das denn?

Mein Prof lief rot an. »Denken Sie, Pralinen könnten ihr gefallen?«, stammelte er aufgeregt.

»Da bin ich mir ganz sicher.« Himmel! Wie süß!

»Oh, wunderbar, Miss Mayne. Dann weiß ich Bescheid.«

Wollte er sie um ein Date bitten? Oder hatte er das schon? Ich traute mich nicht zu fragen, aber Maya würde mir alles en detail erzählen.

»Was ist das eigentlich für ein Brief?«

»Ach ja, der ist von Kings of Passion für Sie gekommen.«

Er hielt mir das zerknitterte Kuvert hin. Edel mit Krönchendruck. Ich öffnete ihn mit schweißnassen Händen und zog das Schreiben heraus. Was konnte da drin sein? Sah offiziell aus. Von Vaughan war es sicher nicht. Der Gedanke streifte auch nur kurz mein Bewusstsein.

»Eine Einladung? Für mich?«

»Die Townsend-Auktion«, schlussfolgerte der Prof und hatte völlig recht.

Hiermit laden wir Sie ein, am Event des Jahres teilzunehmen: der James-Townsend-Charity-Auktion.

Vor Schreck fiel mir das Papier runter. Ich bückte mich rasch, um es aufzuheben.

Ich überflog die weiteren Zeilen. »... bedanken uns für die gute Zusammenarbeit ... große Freude, Sie auf unserer Auktion wiederzusehen ... Freundliche Grüße ... Caitlin Hannigan.«

Die steckte also dahinter. Erklärte auch den hochtrabenden Stil.

Natürlich brachten mich keine zehn Pferde nach Melbourne zurück. Denn dann würde ich *ihn* wiedersehen. Und alles, was mit ihm zu tun hatte, tat mir weh. Ich kämpfte so darum, die Vergangenheit hinter mir zu lassen.

»Das ist ja großartig«, freute sich der Prof für mich.

»Sehr nett, in der Tat, nur leider kann ich an dem Tag nicht.«

Gordon runzelte die Stirn. »Wie? Sie können da nicht?«

»Na, ich ... äh ... Termine ...« Klang total überzeugend.

»Machen Sie sich nicht lächerlich.« So empört hatte ich ihn noch nie gesehen, aber er konnte den Grund für meine Absage ja nicht wissen …

»Sie verlegen alles, was Sie an dem Tag vorhaben, und gehen natürlich dorthin. Es ist eine Ehre für Sie. Sie vertreten unser Institut.« Ach ja, das heilige Institut.

»Sie dürfen die Einladung gern für sich verwenden …«

»Miss Mayne, jetzt seien Sie nicht albern. Sie sind diejenige, die die Kunstschätze der Townsends restauriert hat. Natürlich erwartet man Sie dort. Und ich erwarte auch, dass Sie dort sein werden. Keine Diskussion.«

Ich seufzte. Auch das noch.

Alles in mir sträubte sich dagegen, auch wenn ich einsah, dass diese Auktion beruflich wichtig für mich war. Ich sollte Präsenz zeigen. Aber ich wollte auf keinen Fall Vaughan wiedersehen. Nur konnte ich diese winzige Kleinigkeit nicht professionell vermitteln. Im Gegenteil, der Prof würde kein Verständnis dafür haben, obwohl er ja gerade selbst auf Wolke sieben schwebte. Aber das Institut stand über allem. Und vielleicht hatte er auch recht. Das hier war beruflich, nicht privat.

»Jetzt machen Sie nicht so ein Gesicht! Freuen Sie sich.«

Ich seufzte.

Es klingelte. Wer wollte denn nach Feierabend noch etwas von mir? Ich ging zur Tür. Einen winzigen Moment lang hoffte etwas in mir, es wäre Vaughan, doch stattdessen stand Mum vor mir. Wieder mal mit ihrer berühmten Hühnersuppe.

»Was kann ich für dich tun?«, fragte ich, während sich meine Mutter an mir vorbei in meine Wohnung schob.

»Ich wollte nur nach dir sehen. Du gehst ja nie ans Telefon.«

Weil ich meine Ruhe haben wollte?

Sie nahm im Wohnzimmer Platz, stellte die Suppe auf den TV-Tisch und sah mich mit ihrem allwissenden Psychiaterinnen-Blick an, ehe sie mit der flachen Hand auf den Platz neben sich klopfte. Seufzend setzte ich mich zu ihr und schaltete per Fernbedienung meine Lieblingsserie *Modern Family* aus, von der ich mich bis eben hatte berieseln lassen.

»Maya hat mir alles erzählt«, eröffnete sie.

Wie alles? Seit wann war sie denn überhaupt in Kontakt mit Maya?

»Du hast ja nie zurückgerufen, also habe ich mich bei ihr gemeldet. Was blieb mir übrig? Sie macht sich auch Sorgen um dich. Besonders jetzt, da Gordon dich zurück nach Melbourne zu der Auktion schicken möchte.«

Okay, sie war augenscheinlich gut im Bilde. Ich ärgerte mich, Maya vorhin im WhatsApp-Chat davon erzählt zu haben. Was hatte meine beste Freundin noch ausgeplaudert – und wieso? Ärgerlich kaute ich auf meiner Unterlippe. Ich wusste aber auch, dass Mum Expertin darin war, Leuten etwas aus der Nase zu ziehen.

»Ich werde nicht hingehen.« Da konnte Gordon sich auf den Kopf stellen und im Kreis drehen. »Die Sache ist für mich erledigt.«

»Vermeidungsverhalten«, schlussfolgerte Mum. »Ein regressives Muster, das noch aus der Zeit der analen Phase stammt und darauf hindeutet, dass ...«

»Ich bin es wirklich leid, von dir wie einer deiner Patienten behandelt zu werden«, machte ich meinem Ärger Luft und sprang auf. Es fühlte sich gut an. Seit ich klein gewesen war, analysierte sie jeden Pups, den ich machte. Aber von ihr verstanden hatte ich mich nie gefühlt. Dass sie nun auch noch über Maya versucht hatte, an Infos zu kommen ...

»Es geht nicht mehr um Townsend«, stellte Mum nüchtern fest. Ja, um den ging es ausnahmsweise nicht. Es ging um uns.

Gut erkannt, Frau Psychiaterin.

Sie rückte ihre Brille zurecht.

»Setz dich bitte wieder«, sagte sie. Ich blieb lieber stehen.

»Auch wenn ich es etwas stürmisch fand, dass du dich so kurz nach der Trennung von Anthony auf diesen Townsend eingelassen hast, ist es …«

»… mein Leben!«

»… dein Leben.«

Wir sagten es gleichzeitig. Überrascht hielt ich inne, ließ mich nun doch zurück auf die Couch sinken. Mum und ich – einer Meinung? Fielen heute Geburtstag, Weihnachten und Ostern zusammen?

Sie räusperte sich.

»Lass uns wie Erwachsene über deine Situation reden. Und über diese Einladung. Das ist unangenehm, aber auch eine Chance für dich, an viele Aufträge zu kommen und dir einen Namen zu machen. Vielleicht auch für später, wenn du dich selbstständig machen möchtest.«

Ich war total überrascht, dass Mum wusste, dass das mein Ziel war. Ich hatte es oft erwähnt, doch immer das Gefühl gehabt, dass sie eh nicht richtig zuhörte. Offenbar hatte ich falsch gelegen.

»Es wäre unklug, aufgrund verletzter Gefühle potenzielle Auftraggeber aufzugeben.«

»Ich weiß. Aber ich könnte Vaughan auf der Auktion kaum aus dem Weg gehen.« Es bereitete mir Sorgen, dass er mich womöglich ignorierte oder wieder so kalt ansah, dass es mich fröstelte. Und natürlich, dass er wahrscheinlich nicht allein dort war. Irgendwoher kam ja sein Ruf als Melbournes Casanova.

Mum nickte ernst. »Du bist eine starke junge Frau, die sich durchsetzen kann, wenn es drauf ankommt.«

Das waren ganz neue Töne.

»Maya hat mir auch erzählt, wie du dich gestern für sie eingesetzt hast. Ich bin sehr stolz auf dich. Du hast Mut bewiesen.« Mum drückte meine Hand. »Vielleicht habe ich es dir nicht gezeigt, doch ich hielt dich immer für mutig. Viel mutiger, als ich es je war. Du sagst immer ehrlich deine Meinung und stehst für deine Freunde ein. Deswegen bin ich mir sicher, dass du auch Melbourne meistern wirst.«

Ich war überrascht, doch vor allem gerührt, so etwas hatte Mum nie zuvor zu mir gesagt. Es tat gut zu hören, dass sie an mich glaubte. »Vielleicht muss auch ich einiges aufarbeiten«, sinnierte sie und erhob sich.

»Du willst schon gehen?«, wunderte ich mich.

»Du möchtest doch gewiss allein sein, um über alles nachzudenken«, schlussfolgerte Mum und lag richtig. Es war nur ungewohnt, wie kooperativ sie war.

Ich lächelte und verabschiedete sie. Es war ein überraschend gutes Gespräch mit ihr gewesen. Vielleicht konnten wir das beizeiten wiederholen? Ganz bestimmt sogar.

Kurze Zeit später meldete sich Maya über WhatsApp.

Tut mir leid, dass ich deiner Mum so viel erzählt habe. Sie hat mich auf eine Weise ausgequetscht, dass ich es erst gemerkt habe, als es zu spät war.

Klang ganz nach Mum.

Es ist okay, wir haben uns zum ersten Mal ausgesprochen.

Das hatte ich auch Maya zu verdanken. Offenbar hatte sie Mums Sichtweise verändert.

Wirklich? Du bist mir nicht böse?

War ich nicht. Ich wusste, sie hatte mich nicht hintergehen wollen, und schickte ihr ein Kuss-Emoji.

Ich hab noch mal über deine Einladung zur Auktion nachgedacht. Falls du hingehst, könnte ich dich doch begleiten, um dir den Rücken freizuhalten.

Mayas Idee war gar nicht so schlecht.

32. Kapitel

Vaughan

Garrett stand in seiner Farmerkluft vor meiner Tür und grinste von einem Ohr zum anderen. Fehlte nur, dass ihm ein Halm aus dem Mundwinkel hing. Dad hatte seinen Stil nie gemocht, ihn aber akzeptiert. Garrett und Lloyd genossen bei ihm oft Narrenfreiheit ... im Gegensatz zu mir. Der Thronerbe hatte früh erwachsen und den Ernst des Lebens begreifen müssen.

Ich konnte es kaum glauben. Der einsame Wolf hatte seine Abgeschiedenheit verlassen, die mir gerade überaus reizvoll erschien. Aber mir selbst zu entkommen, würde wohl schwer werden.

Das Grinsen verging Garrett schnell. »Alter, du siehst ja furchtbar aus. Und wieso öffnest du persönlich? Wo ist deine Haushälterin?«

»Danke, das hört man gern zur Begrüßung. Martha hat heute frei.«

Immerhin stand ich nicht im Jogginganzug vor ihm. Nur im faltigen Hemd, das halb aus der Hose hing.

»Ah, und Jack Daniels ist auch zu Besuch.« Er wedelte sich frische Luft zu.

»Es gibt hier sehr schöne Hotels. Wenn's dir also nicht passt ...«

»Ich lebe auf 'ner Farm mit Emus. Was meinst du, wie die manchmal stinken?«

Verglich er mich gerade mit seinen Vögeln?

»Also, willst du mich nicht reinlassen, Bro?«, fragte Garrett aufmunternd. »Ich glaube, du kannst ein wenig Gesellschaft vertragen.«

Ich machte einen Schritt zur Seite, er hob seine Reisetasche auf und folgte mir ins Innere der Villa.

»Ich hätte nicht gedacht, dass du hier aufkreuzt«, gab ich zu. Ich wusste ja, wie sehr er Großstädte hasste und wie sehr er seine Federviecher liebte.

»Also war die Einladung zu eurer Charity-Auktion nur pro forma«, schlussfolgerte er.

»Ich freue mich, dass du da bist«, sagte ich ehrlich, auch wenn ich gerade nicht gästetauglich aussah. Das wusste ich selbst, die Erfindung des Spiegels war nicht an mir vorbeigegangen. »Ich weiß nur, solche Events sind nicht dein Ding.«

Meins eigentlich auch nicht. Doch es ging um Dads letzten Willen, und Mum, die ihm diesen unbedingt mithilfe von uns allen erfüllen wollte. Ich konnte die nächsten Tage nur mit viel Alkohol überstehen.

»Einmal im Jahr kann ich mir so was geben«, erklärte er.

Wir liefen durch die Empfangshalle. »Beeindruckend«, sagte Garrett und hielt einen Moment vor der Vitrine mit Lloyds Rokokoschmuck inne.

»Unser Junior hat Talent, das muss man ihm lassen.«

Garrett erkannte Lloyds Stil auf den ersten Blick. Doch ich wollte jetzt nicht über diesen Schmuck reden. Es gab Dinge, die ich vergessen wollte.

»Alles okay?«, fragte Garrett und sah mich so mitleidig an, wie es sonst nur Martha tat. Die ließ keine freie Sekunde verstreichen, um mir zu sagen, ich solle weniger trinken.

Aber was, verdammt noch mal, sollte ich sonst tun? Ich fühlte mich wie in einer dunklen Höhle ohne Ausgang. Alles, was ich tun konnte, war, den Schmerz zu betäuben.

»Wieso fragst du?« Weil ich so heruntergekommen aussah wie nach drei durchzechten Nächten, mich kaum noch im Büro sehen ließ und meinen Anrufbeantworter zuletzt vor gefühlt hundert Jahren abgehört hatte?

»Du hattest einen seltsamen Schatten über den Augen.«

»Schatten?«

»Ist wieder weg, hab ich mir sicher nur eingebildet.« Garrett winkte ab und folgte mir durch das Haus. Aber ich hatte das Gefühl, er wollte mich nur nicht aufregen. Ich war ihm dankbar dafür, dass er nicht weiter nachbohrte. Am liebsten wollte ich mich mit »Jack« ins Bett zurücklegen, rein platonisch.

»Schick, schick.« Garrett bewunderte meine Einrichtung.

»Warst du noch nie hier?«, wunderte ich mich.

»Irgendwann mal zu deiner Einweihungsparty. Aber die ist ein paar Jahre her.«

»Was ist mit Mandy und deinen Vögeln?«

»George passt die paar Tage auf sie auf ...«

Ich brachte ihn hoch zu den Gästezimmern, überließ ihn sich selbst und kehrte in mein hauseigenes Büro zurück. Eigentlich fühlte ich mich kaum in der Lage zu arbeiten, zumindest solange ich keinen Whisky in der Hand hielt. Rasch füllte ich mein Glas an der Minibar auf. Ich wollte am liebsten nach Alaska auswandern und mich nie mehr hier blicken lassen. Aber ohne mich lief nichts.

Ich arbeitete bis zum späten Abend, bekam aber nicht viel auf die Reihe. Dann gönnte ich mir eine Pause und setzte mich mit einem Glas Wein auf die Terrasse. Garrett gesellte sich zu mir. Ein Foster's in der Hand.

Tief atmete er ein. »Hat seine Vorteile, direkt am See zu wohnen. Bei uns im Outback ist es momentan so heiß, dass man kaum klar denken kann. Wenn ich es nicht besser wüsste, würde ich sagen, du verirrte Seele kommst auch gerade direkt daher.« Er wischte mir etwas imaginären Staub von der Schulter.

»Wie witzig.« Immerhin hatte ich jetzt frische Sachen an.

»Wieso habe ich das Gefühl, das alles schon mal erlebt zu haben, Mate?«

Er spielte auf die Zeit nach dem Brand an. Ich hatte mich damals zurückgezogen, um meinen Kummer zu ertränken. Wäre Garrett nicht gewesen, wäre ich wohl noch tiefer abgerutscht. Alle hatten sich gewundert, was mit mir los gewesen war. Aber ich hatte nicht drüber reden wollen, so wie jetzt auch. Und wieder war es Garrett, der mich in dieser Verfassung vorfand. Ich verachtete das Bild, das ich abgab. Noch mehr verachtete ich mein arrogantes Ego, durch das überhaupt erst alles so gekommen war. Was ich verloren hatte, war nicht in Worte zu fassen. Dieser verfluchte Baker-Auftrag.

»Vaugh, es ist fünf Jahre her.«

Was wusste er schon? Ich lachte.

»Allmählich musst du loslassen. Wie lange willst du dich noch selbst geißeln?«

Ich lachte lauter. Dann kippte ich meinen Wein gierig runter, um diese quälende Schuld zu vergessen.

Wieder wurde mir klar, mein Leben hätte völlig anders verlaufen können. Eine halbe Stunde hatte alles ruiniert, Leben gekostet. Und Conduleezas neue Informationen hatten die Sache nicht besser, sondern nur noch schlimmer gemacht. Es wäre zum Schreien. Wäre da nicht diese Taubheit. Doch die war mir eigentlich recht. Ich wollte nichts mehr fühlen.

»Du hast einen Rückfall, Mate.«

Ich schwieg.

»Oder ... ist da noch mehr?«

Viel mehr. Er ahnte nicht, wie viel.

»Hast du sie deswegen weggeschickt?«

»Wen?«

»Deine Miss Mayne.« Wie kam er gerade auf Robin? Garrett blickte sich um, als glaubte er, sie könne jeden Augenblick über die Wiese zu uns laufen. Irgendwie fand ich diese Vorstellung sogar schön ...

»Sie hat ihren Auftrag erledigt und ist nach Canberra zurückgekehrt.«

Ich zuckte mit den Schultern, als ginge es mich nichts an. Genau genommen tat es das ja auch nicht mehr. Ich hatte geglaubt, wieder ein normales Leben führen zu können. Mit einer normalen Beziehung, mit Sex, bei dem ich mehr spürte als einen geilen Orgasmus.

Aber dem war nicht so. Denn gerade als ich geglaubt hatte, alles hinter mir gelassen zu haben, hatte mich die Vergangenheit eingeholt. Und somit das Gefühl von Taubheit.

Für Robin gab es keinen Platz in meinem Leben, vielleicht hatte es den nie gegeben und ich mir alles nur eingeredet ...

»Und das soll's gewesen sein?«

»Das war's«, erklärte ich.

Garrett schüttelte den Kopf. »Manchmal könnte ich dich schütteln. Du bist so ein Idiot.«

»Was weißt du schon?«

»Dass du eine Frau ziehen lässt, die dir wirklich was bedeutet, weil du mit der Vergangenheit nicht abschließen kannst.«

»Sie war schwanger.« Ich hörte es mich sagen, doch die Stimme, die aus meinem Mund kam, klang fern.

»Miss Mayne?«

»Geena. Sie erwartete *mein* Kind.«

»Was?«

Garrett hockte plötzlich neben mir. »Mann, Mate, das wusste ich nicht.« Er blickte zum Glas in meiner Hand. Erst jetzt merkte ich, dass ich zitterte. Ich hatte ja auch nicht gewusst, dass ich Vater hätte werden sollen. Gott, ich fühlte mich so elend.

»Seit wann weißt du es?«

»Erst seit Kurzem.«

Conduleeza hatte mir, um ihre Behauptung zu beweisen, den WhatsApp-Verlauf auf ihrem Smartphone gezeigt, der die Gespräche zwischen Geena und ihr enthielt. Es war ein seltsames Gefühl gewesen, diese zu lesen, für einen Moment war Geena wieder lebendig geworden.

Geena: Wie soll ich es ihm sagen? Seine Familie wird mich nicht akzeptieren. Ich bin doch nur eine Hausangestellte. Was, wenn er das Kind nicht will?
Conduleeza: Du ziehst es dann allein auf. Mum hat uns auch über die Runden gebracht. Sie wird dir helfen.

Und dann war da noch ein Ultraschallbild gewesen. Allein die Erinnerung daran versetzte mich in einen Ausnahmezustand, weil ich das alles erst jetzt erfahren hatte. Alles noch mal durchlebte. Hatte Geena es mir an dem Abend sagen wollen, an dem das Unglück geschah? Sie hatte doch dringend mit mir sprechen wollen! Dieses verfluchte Geschäft mit Baker, dieser verfluchte Wunsch, mich meinem Vater zu beweisen …

Eine Obduktion hatte damals nicht stattgefunden, da der Brand eindeutig auf einen Unfall zurückging. Daher hatte Geena dieses Geheimnis mit sich genommen. Ihr machte ich keinen Vorwurf, doch Mariah hätte es mir sagen müssen. Ich war immer noch wütend auf sie …

Doch damit lenkte ich mich nur ab von der grauenhaften Wahrheit.

»Es ist meine Schuld, Garrett. Alles, was passiert ist.«

»Es war ein Unglück.«

»Das ich hätte verhindern können, wenn ich rechtzeitig zurück gewesen wäre. Aber stattdessen musste ich in einem Anfall von Ego-Wahn unbedingt Baker überzeugen.«

Was anderes hatte ich an diesem Abend nicht im Kopf gehabt. Ich hatte allen beweisen wollen, dass ich zu recht der

Thronerbe von Kings of Passion war. Der neue Stern am Opalhimmel.

Gott, was hatte ich getan? Ich hätte eine Familie haben können, hätte das verdammte Geschäft nicht immer Vorrang!

»Lass mich jetzt allein«, sagte ich bitter. Es war mir unangenehm, wenn Garrett mich so sah.

»Aber ...«

»Du kannst mir nicht helfen.« Niemand konnte das.

33. Kapitel

Robin

Ich fühlte mich unwohl in meiner Haut, als Maya und ich vor Vaughans Anwesen aus dem Taxi stiegen. Überall blinkten bunte Lichter. LED-Fackeln säumten den Weg zum Haus. Sie flackerten, als wären sie echt, und Lampions hingen in den Bäumen auf dem Grundstück. Ein Fackelweg führte auch nach unten zum See, wohl für den Fall, dass jemand dort spazieren gehen oder einen nächtlichen Sprung ins kühle Nass wagen wollte.

Die Türen zur Villa standen weit offen, ich hörte Musik von dort dringen.

»Wow, nicht übel die Lage«, meinte Maya und hakte mich bei sich unter. Ob sie gemerkt hatte, dass ich kurz davorstand, einen Rückzieher zu machen? Aber das Taxi fuhr schon weg.

»Erst der Erste-Klasse-Flug, dann das traumhafte Hotel, nun diese Party, endlich weiß ich, wie Millionäre sich fühlen«, feixte sie und zog mich mit sich zu dem Haus.

»Die Townsends lassen es sich einiges kosten, dich einzufliegen. Du bist ein echter VIP für sie.«

Wenn es nur so wäre! Die Einladung stammte von Miss Hannigan und basierte vermutlich auf Höflichkeit, immerhin hatte ich ihr bei ihrem Auktionskatalog geholfen.

Wir gelangten zum Einlass, wo wir einem Bodyguard mit Gästeliste in der Hand unsere Namen nennen mussten. Wie im Film. Das hier war schließlich eine geschlossene Gesellschaft.

Ich bereute es schon jetzt, mir Mayas Super-High-Heels ausgeliehen zu haben, diese Mordsteile würden mich heute noch umbringen.

Ich trat von einer Stelle auf die nächste, in der Hoffnung, dass sich die Schuhe ein wenig weiteten.

»Robin Mayne und Begleitung, da ist es ja.« Der Bodyguard hakte etwas auf seiner Liste ab und machte dann eine einladende Handbewegung, der wir folgten. »Viel Vergnügen«, wünschte er uns.

Wir gelangten sogleich in die Empfangshalle, in der sich ein riesiges Büfett befand. Mir fiel gleich auf, der Rokokoschmuck lag nicht mehr in der Vitrine. Auf den überdimensionalen Bildschirmen wurden Spots von Kings of Passion präsentiert. Geschmeide jeder Art. Models, die diese wunderbaren Juwelen trugen. Es wirkte abstrakt und surreal. Aber irgendwie auch sehr kunstvoll in Szene gesetzt.

Maya nickte sichtlich angetan. »Das ist eine eigene Kunstform«, meinte sie fachmännisch, während ich mich weiter umsah. Gleich einem Kaninchen, das nach dem Wolf Ausschau hielt. Und dieser Wolf hieß Vaughan. Ich entdeckte ihn nirgends, dafür aber einige bekannte Gesichter. Die halbe High Society Australiens hatte sich offenbar zu diesem Großereignis eingefunden.

Maya und ich hatten uns schick gemacht. Aber schon auf den ersten Blick sah ich, wir würden mit den anderen Gästen kaum mithalten können. Teure Kleider, teure Accessoires. Ich fühlte mich wie das hässliche Entlein.

»Unser Auktionskatalog, wenn Sie einen Blick hineinwerfen möchten«, sagte plötzlich eine junge Angestellte und drückte mir ein Exemplar in die Hand.

»Danke.«

Ich blätterte neugierig darin und fand meine Fotos und meinen Kurztext. Stolz zeigte ich beides Maya.

»Echt cool!«, sagte diese und nahm mir den Katalog ab. »Bernaduchi war einer der unterschätztesten Künstler seiner Zeit. Seine Gemälde erregten viel Aufsehen, wurden oft als ungehörig wahrgenommen, seine eigentliche Kunst übersehen«, zitierte sie eine Textstelle. »Damit kann ich mich identifizieren. Hätte ja nicht gedacht, dass Bernaduchi und ich etwas gemeinsam haben«, sagte sie und las weiter. »Hier sehen Sie Vorher-Nachher-Bilder des Restaurationsprozesses. Der Bernaduchi hat die Auktionsnummer siebzehn.«

Maya kicherte. »Ganz schön frivol dieses Bild.« Das war es, Bernaduchi hatte den Liebesakt oft leidenschaftlich bis aggressiv dargestellt.

»Miss Mayne, da sind Sie ja«, begrüßte uns plötzlich Caitlin Hannigan, schüttelte uns die Hände und stellte sich Maya vor, ehe sie sich wieder strahlend an mich wandte. »Wie schön, dass Sie es einrichten konnten.« Gezwungenermaßen. »Wie ich sehe, haben Sie auch schon unseren Katalog entdeckt! Ich habe bisher nur positives Feedback von allen Seiten erhalten.«

»Das freut mich sehr«, sagte ich ehrlich und erschrak, als ich einen hochgewachsenen Mann aus dem Augenwinkel auf uns zukommen sah. Sofort raste mein Herz. Doch es war nicht Vaughan – nicht ganz zumindest.

»Wenn ich Ihnen meinen Verlobten vorstellen darf.«

»Lloyd Townsend«, sagte der Vaughan-Doppelgänger charmant. Er war jünger und blonder, hatte aber die gleiche verwegene Ausstrahlung, die einen unwillkürlich in den Bann zog. Dass die beiden Brüder waren, war nicht von der Hand zu weisen. Mein Herz raste immer noch, weil es noch nicht kapiert hatte, dass der Wolf das Kaninchen noch gar nicht entdeckt hatte. Es war lediglich der Schmuckdesigner von Kings of Passion, der das Nagetier – mich – neugierig musterte. Ich ergriff sogleich die Initiative, um mich aus der Schreckstarre zu befreien und dem Schmuckmeister ein ehrliches Kompliment zu machen.

»Robin Mayne. Ihr Rokokoset ist atemberaubend«, redete ich drauf los. Irgendwie war ich aufgeregt, nun vor ihm zu stehen. »Sie haben das Verspielte der Epoche wirklich perfekt eingefangen.«

»Ich danke Ihnen«, freute sich Lloyd.

»Miss Mayne weiß, wovon sie spricht, sie ist unsere Restauratorin und kennt sich mit Kunstschätzen aus«, fügte Caitlin hinzu.

»Dann ist Ihr Kompliment noch bedeutsamer«, sagte Lloyd und hob das Glas in seiner Hand, als wollte er mir zuprosten.

»Sagen Sie, Miss Mayne, das Unikat ist doch etwas ganz Besonderes, nicht wahr? Etwas, das sich jede Frau wünscht«, säuselte Caitlin.

Ich nickte, unsicher, worauf sie anspielte. »Ja, sicher. Es ist außergewöhnlich schön.«

»Da hörst du es, Liebster. Deine neue Kollektionsidee abzulehnen, war ein Fehler!«

»Vaughan hat seine Gründe«, meinte Lloyd nun sichtlich angespannt. Und ich hatte das Gefühl, gerade in eine Art Bruderfehde hineingezogen zu werden. Daher war ich dankbar, als Lloyd den Arm hob und jemandem in der Menge zuwinkte.

»Entschuldigen Sie mich. Es war nett, Sie kennenzulernen. Sie können gern auf meinen Schmuck bieten.«

Ich verkniff mir ein Lachen. Darauf bieten? Klar, den Schmuck bezahlte ich aus der Portokasse.

»Ich wünsche Ihnen noch viel Vergnügen«, verabschiedete sich Lloyd und eilte zu der Person, die er entdeckt hatte.

»Das wünsche ich Ihnen auch. Ich stelle Sie nachher ein paar Kunstsammlern und potenziellen Auftraggebern vor«, sagte Caitlin und folgte ihrem Verlobten.

»Nette Leute. Wenn auch ein wenig wie aus dem Elfenbeinturm«, flüsterte Maya mir zu. »Einfach mal auf den millionenschweren Schmuck bieten, was?«

»Sie wissen es nicht besser«, sagte ich schmunzelnd.

»Ach du Scheiße«, entwich es Maya plötzlich.

»Hast du etwa Vaughan entdeckt?«, fragte ich nervös. Ich hatte vor, ganz normal zu reagieren. Er sollte nicht denken, dass ich ihm nachweinte.

»Nicht, Vaughan. Sieh mal, wer da drüben am Büfett bedient.«

Ich linste über ihre Schulter und mir blieb fast das Herz stehen.

»Anthony?« Was machte denn ausgerechnet er hier? Offenbar hatte das mit dem Job im Nobel-Restaurant nicht geklappt, und er arbeitete immer noch beim Cateringservice.

»Das ist ein Albtraum«, sagte ich und war drauf und dran, die Beine in die Hand zu nehmen. War ein Ex auf dieser Veranstaltung nicht genug? Mussten sie wirklich beide hier sein?

Schlimmer konnte es nun nicht mehr kommen. Ich konnte mir davon die Laune verderben lassen oder einfach den Abend genießen, da manche Dinge sich eh nicht vermeiden ließen.

»Lass uns einfach Spaß haben«, entschied ich. Wann hatte man schon mal die Chance, auf so einer Veranstaltung zu sein?

Maya nickte. »Bin dafür!«

Wir gönnten uns ein paar Appetithäppchen am Büfett, und ich war sicher, dass Anthony mich sah. Sollte er, das war mein Abend, alle durften mich sehen!

34. Kapitel

Vaughan

»Du hältst dich gut«, raunte Garrett und klopfte mir auf die Schulter. »Der perfekte Gastgeber. Dad wäre stolz auf dich.«

Unser alter Herr hatte immer die Devise vertreten, dass das Geschäft über allem stand. Insbesondere über persönlichen Befindlichkeiten. Das hier war ein Event zu Ehren unseres Vaters, und ich würde ihn nicht enttäuschen.

Ein paar Damen in Prunkkleidern liefen an uns vorbei, eine blickte mir tief in die Augen. Eine weitere prostete mir genüsslich zu, ihre Lippen gekräuselt, als wollte sie mir einen Luftkuss zuwerfen.

Dass ich gestern noch wie ein Landstreicher ausgesehen hatte, ahnte keine dieser High-Society-Ladys. Doch mir war klar geworden, dass ich mich nur auf eines konzentrieren musste: auf den Erfolg von Kings of Passion. KoP war Dads große Liebe gewesen, es sollte auch die meine sein. Die Dinge, die wir aus eigener Kraft erschufen, bauten uns auf. Halfen uns, über uns selbst hinauszuwachsen. Ich hatte das aus den Augen verloren, aber nun war es wieder präsent.

Ich griff nach einem Glas Champagner vom Tablett eines Kellners, prostete der Dame ebenfalls zu und kippte den Inhalt in einem Zug runter.

Der Abend würde lang werden. Ich konnte mich nicht mit der Kleinen in dem hautengen Dress, die mir wieder und wieder begehrliche Blicke zuwarf, in mein Schlafzimmer verziehen. Zumindest jetzt noch nicht. War ich doch der

Gastgeber dieser Veranstaltung. Aber hinreißend sah sie schon aus.

»Ist das nicht Lloyds Verlobte?«, fragte Garrett plötzlich und nickte zu Caitlin, die mit meinem Assistenten Daniel Golding schäkerte. Es sah nicht nach einem beruflichen Verhältnis aus. Wie neulich schon im Büro.

»Was hältst du davon?«, fragte Garrett. Das rote Gift warf den Kopf in den Nacken und schüttelte lachend das Haar, eindeutig sendete Caitlin Reize an den Kerl aus. »Wann soll noch mal die Hochzeit sein?«, fragte mein Bruder überaus skeptisch.

In dem Moment gesellte sich jedoch Lloyd zu den beiden, und es schien, als wäre alles wieder in Ordnung. Jedenfalls taten Caitlin und Daniel so, als wäre das der Fall.

»Ich habe kein gutes Gefühl bei der Sache«, sagte Garrett.

»Wem sagst du das, Bro?« Aber heute ging es um etwas anderes.

Der Klang eines Gongs kündigte den Beginn der Auktion an. Die Leute hielten inne in dem, was sie gerade taten, und sammelten sich im blauen Saal. Garrett und ich folgten ihnen. Ein einziges Gedränge. Ich hoffte, dass wir genügend Stühle hatten. Ein süßer Duft stieg mir in die Nase. Zu süß, aber den Fakt ignorierte ich. An mir tänzelte die junge Frau von eben vorbei. Es war ihr Duft, der sich fast schon penetrant an mich schmiegte. Dafür hatte sie einen knackigen Hintern. Ich folgte der Kleinen im engen Dress mit Blicken, bis eine junge Frau im blauen Kleid in mein Sichtfeld geriet und meine Aufmerksamkeit abrupt auf sich zog.

Robin ...

Sie setzte sich gerade mit einer Frau in eine der vorderen Reihen des Auktionssaals. Ich blieb stehen, hatte nicht erwartet, dass sie herkommen würde. Mein Herz schlug plötzlich schneller.

Robin sah umwerfend aus, das musste ich zugeben. Die Hochsteckfrisur stand ihr. Und irgendwie war es ganz schön, sie zu sehen ...

»Du hältst den Betrieb etwas auf«, meinte Garrett, weil ich mich keinen Zentimeter mehr gerührt hatte und sich die Leute schon hinter mir drängten. Da ich sehr groß war, kamen sie auch schwer an mir vorbei. Sacht schob mich Garrett in eine der hinteren Stuhlreihen, wo wir uns setzten.

Ich konnte meinen Blick nicht von Robin nehmen und verspürte ein eigenartiges Ziehen in der Magengegend. Sie war eben sehr attraktiv in meinen Augen. Auch wenn es mich überraschte, wie intensiv mein Körper auf sie reagierte.

»Was ist los mit dir?«, fragte Garrett, aber ich antwortete ihm nicht.

Natürlich war Robin hier. Sie hatte die Kunstwerke, die heute angeboten wurden, restauriert. Es war ihr Verdienst, somit auch ihr Tag. Ich war stolz auf sie, zumindest dieses Gefühl konnte ich nicht verleugnen. Sie leistete großartige Arbeit.

»Sie sieht ja wirklich toll aus«, sagte Garrett leise, der meinem Blick gefolgt war. Er hatte sie also auch entdeckt.

»Ja«, raunte ich und kämpfte gegen den Teil in mir an, der einfach aufspringen und zu ihr hinrennen wollte. Der sie packen und in mein Arbeitszimmer ziehen würde, um verdammt noch mal mit ihr zu schlafen, während diese dämliche Auktion lief.

Mum und Caitlin betraten die kleine Bühne, um die Auktion zu eröffnen. Sie zogen alle Aufmerksamkeit auf sich. Mum redete über Dad, wie schade es war, dass er nicht bei uns sein konnte. Dass wir die Charity-Auktion ihm zu verdanken hatten, da sie auf seinen Visionen und Ideen beruhte. Im Hintergrund wurden verschiedene Bilder aus Dads Leben eingeblendet, führten uns seinen Weg zu immer größeren Erfolgen vor Augen.

Caitlin übernahm das Mikro, widmete sich in aller Ausführlichkeit sich selbst und erzählte, wie sie mit Mum, aber vor allem in Eigenregie, dieses Event auf die Beine gestellt hatte. Dazu noch eine dramatische Geschichte aus dem Leben von Caitlin Hannigan, die es nie einfach und sich trotz aller Widerstände nach oben gekämpft hatte. Niemand verstand demnach besser als sie, was es bedeutete, auf Hilfe angewiesen zu sein, erklärte das rothaarige Gift mit dem teuren Designerkleid und den wertvollen Opalohrringen, die im Scheinwerferlicht glanzvoll funkelten. Die Ironie der Situation entging ihr offensichtlich.

Der Erlös des Abends würde an die James-Townsend-Stiftung gehen, die es sich zum Ziel gesetzt hatte, Menschen in Armut zu helfen. Caitlin verkaufte diesen Umstand, als wäre es ihre Idee gewesen. Dabei blickte sie immer wieder abwechselnd zu zwei Personen im Publikum. Eine davon war Lloyd, die andere mein Assistent Golding ... Ich würde dringend mit Lloyd reden müssen, bevor die Hochzeitsglocken läuteten.

»Ein besonderer Dank geht auch an Mr Vaughan Townsend, der uns sein Haus für dieses Event zur Verfügung gestellt hat«, hallte plötzlich Caitlins Stimme durch die Lautsprecherboxen, und alle Augen richteten sich auf mich.

Auch das noch. Hätte sie mich nicht vorwarnen können? Ich war gerade nicht spotlight-tauglich.

»Ein Applaus für Vaughan«, forderte Caitlin das Publikum auf, prompt wurde ich von allen Seiten beklatscht. Zustimmendes Nicken, ein Klopfen auf meine Schulter vom Gast neben mir.

Ich sah durch die Zuschauerreihen, bekam alles nur gedämpft mit. Ich erhob mich wie ferngesteuert, versuchte zu lächeln. Auch Mum und Caitlin spendeten von der Bühne aus Beifall, das übliche Prozedere. Mein Blick glitt zu der Kleinen im engen Dress, schweifte dann aber unbeirrt zu Robin in ihrem zartblauen Kleid. Sie entdeckte auch mich, sodass sich unsere Blicke trafen. Für einen Moment sah ich nur ihre großen braunen Augen, die traurig wirkten. Es täte mir leid, wenn sie sich an ihrem großen Tag wegen mir unwohl fühlte. Also sah ich wieder zur Bühne. Versuchte, Robin zu ignorieren, doch es zog heftig in meinem Magen.

»Vielen Dank«, ergriff Caitlin erneut das Wort. »Wenn ich Ihnen nun unseren Auktionator des Abends vorstellen darf ... Chris Pinkett, der auch schon bei Smith & Singer gearbeitet hat ...«

Die Leute hatten sich wieder nach vorn gewendet und applaudierten erneut. Der Spuk war vorbei.

Schließlich gesellte sich der Auktionator zu den beiden Damen, um die Regeln zu erklären. Das höchste Gebot gewann. Eine Auktion endete mit Hammerschlag. Bieter hoben ihre Nummernschilder, die unter den Sitzplätzen angebracht waren. Klassisch.

Mum und Caitlin verabschiedeten sich und wünschten allen Bietern viel Erfolg, dann brachten zwei Helfer das erste Objekt auf die Bühne. Es war die Statue von Michelangelo, die Robin vorzüglich gesäubert hatte. Ein Raunen ging durch die Reihen der anwesenden Kunstsammler.

»Eine traumhafte Statue der Venus, geschaffen vom großen Künstler in den Jahren 1501 bis 1504, in denen Michelangelo parallel an der Davidstatue arbeitete«, erklärte Pinkett gewissenhaft. »An der Seite leicht beschädigt, ein Zeuge früherer Zeiten ...«

»Hätte ja nicht gedacht, dass das alte Teil je wieder so strahlen würde«, meinte Garrett amüsiert.

»... aus reinem Marmor gehauen ... achtzig Kilogramm schwer ...«

Es zeigte sich schnell, die Venus war ein begehrtes Sammelobjekt. Die Gebote schnellten in die Höhe. Hier und da wurden weitere Schilder gehoben. Vor uns saß ein älteres Paar, das von der Venus völlig verzückt war. Er riss sein Gebotsschild immer wieder in die Höhe, weil sie die Statue unbedingt haben wollte.

»Wow, die gehen ja echt ab, die Leute. Jetzt liegt das Gebot schon bei neunzigtausend«, freute sich Garrett.

»Du hast eben keine Ahnung von Kunst. Unser Großvater Hubert hat damals ein Vermögen für das Ding hingeblättert.«

Garrett zuckte mit den Schultern. Er stand eben mehr auf Emu-Eier.

Aber bei den Neunzigtausend blieb es nicht.

»Zum Ersten, zum Zweiten, zum Dritten! Verkauft für einhundertzwanzigtausend Dollar an die Nummer achtundsechzig«, schallte es schließlich durch den Saal. Der Auktionator beendete die Runde traditionell mit dem Hammerschlag.

Das Pärchen vor uns hatte den Zuschlag bekommen. Glückwunsch ...

Die zwei Helfer brachten die Statue unter großer Kraftanstrengung wieder von der Bühne. Als Nächstes wurde Schmuck aus dem Hause Kings of Passion versteigert. Ein Diadem aus Silber mit Rubinen aus der Kollektion *Distant Star*, eine Opalhalskette, zwei goldene Diamantringe, dann Lloyds Unikat, bis schließlich der Bernaduchi auf die Bühne getragen wurde, eingehüllt in Folie. Erst als er auf seinem Platz stand, entblätterten die Helfer ihn. Er sah famos aus. Die Farben so frisch und strahlend, als hätte Bernaduchi sein Werk gerade erst geschaffen. Eine fantastische Arbeit des Künstlers. Und der Restauratorin. Das sahen auch zahlreiche Bieter so. Bei dem Startgebot von fünfzigtausend Dollar begann erneut die bizarre Schilder-Choreografie. Hier schnellte ein Arm hoch, dort zwei, da drüben drei und wieder von vorne.

Mein Blick wanderte erneut zu Robin, ich konnte sehen, wie sie bei dem Objekt mitfieberte. Und ich tat es auch. Wieder war da dieser Teil in mir, der es kaum aushielt, von ihr getrennt zu sein. Der sie küssen, streicheln und vögeln wollte. Hier und jetzt!

Verdammt! Reiß dich zusammen, schimpfte ich innerlich.

Das war lediglich die sexuelle Anziehungskraft. Zugegeben, sie war ausgeprägt. Aber mehr war es eben nicht.

»Rede mit ihr«, sagte Garrett nach der Auktion, als sich die Gäste erhoben und zum Büfett drängten.

Wozu? Ich griff rasch nach einem weiteren Glas Champagner, um Schuld und Selbsthass runterzuspülen, bevor sie wieder von mir Besitz ergreifen konnten. Es gab nichts zu bereden, es war alles gesagt.

»Ich sehe doch, was mit dir los ist«, meinte Garrett.

»Und was?«

»Mr Townsend«, sprach mich plötzlich ein Gast an und unterbrach unser Gespräch. »Ein Mitarbeiter des Personals fällt negativ auf, er hat wohl getrunken und Leute belästigt.«

Das kam mir gerade recht! Wenn ich auf eins keine Lust hatte, dann, Garretts weisen Ratschlägen zuzuhören. Stattdessen musste ich für Ordnung sorgen. Dies war immerhin eine Veranstaltung zum Gedenken an meinen Vater.

»Ich kümmere mich darum.«

35. Kapitel

Robin

Nach der Auktion genoss ich fünfzehn Minuten Ruhm. Eine Vielzahl an Interessenten steckte mir Visitenkarten zu, meine Arbeit an der Venus und dem Bernaduchi hatte offenbar Eindruck hinterlassen. Ein paar hatte auch Caitlin zu mir geschickt, wie mir die potenziellen neuen Klienten verrieten. Minutenlang waren Maya und ich umringt von privaten Kunstsammlern, die meine Expertise hören wollten. Der Prof wäre stolz auf mich. Professionell beantwortete ich alle Fragen, nahm weitere Visitenkarten entgegen und verteilte eigene vom Institut, die ich vorausschauend mitgenommen hatte.

»Hervorragende Arbeiten.«

»Großes Talent.«

»Ich benötige Ihre Dienste für meinen Boudivar.«

Ach, wieder ein Boudivar?

Maya und ich atmeten auf, als das Interesse endlich nachließ. »Du bist heute Abend sehr begehrt«, stellte sie fest und organisierte uns zwei Champagnergläser. Wir stießen an.

Tja, das mochte stimmen. Nur der, den ich begehrte, begehrte mich nicht. Er war allein hier, so viel hatte ich inzwischen mitbekommen. Zumindest blieb es mir also erspart, traute Zweisamkeit zu beobachten.

Ich war über Vaughan hinweg. Es war nur ein kurzes Intermezzo gewesen. Leidenschaftlich zwar, aber es hätte mir von Anfang an klar sein müssen, dass seine Beziehungen so endeten.

»Gordon wird sicher stolz auf dich sein«, mutmaßte Maya. »Auf seine beste wissenschaftliche Mitarbeiterin!«

Apropos Gordon ... wie war da eigentlich der Stand der Dinge zwischen Maya und ihm? Während des ganzen Flugs hatte sie kein Wort darüber verloren. Hatte er sie gefragt? Hatte er sie nicht gefragt? Hatte sie Ja gesagt? Oder Nein?

Plötzlich trat Maya aufgeregt von einem Fuß auf den anderen.

»Was ist los?«, wunderte ich mich.

»Ich habe jemanden entdeckt, den ich kenne«, sagte Maya und deutete zu einem jungen Mann am anderen Ende des Raumes.

»Wer ist das?«

»Rodrigo.« Sie seufzte selig.

»Einfach nur Rodrigo?«

Sie nickte. »Er ist ein erfolgreicher Künstler der Modern Art. Ich träume davon, eine Ausstellung mit ihm zusammen zu veranstalten.«

Klang, als wäre Maya ein Fan von ihm.

»Niemand ist so talentiert wie er.«

»Worauf wartest du dann noch? Stell dich ihm vor.«

Ich gab ihr einen aufmunternden Stups in die Seite, um sie zum Losgehen zu animieren.

»Und was ist mit dir?«

»Ich trinke noch mein Glas aus, und danach geh ich kurz an die frische Luft.« Hier drin war es viel zu heiß.

»Na gut, wenn dir das nichts ausmacht.«

Ich winkte ab. Es wäre toll, wenn sich an diesem Abend auch ein neuer beruflicher Kontakt für Maya ergeben würde.

Ich linste zum Champagnerausschank. Anthony war scheinbar gerade unterwegs. Nicht dass ich einer Begegnung unbedingt aus dem Weg gehen wollte, aber so wirklich Lust auf eine Konfrontation hatte ich auch nicht. Ihm ging es wohl ebenso, denn gesehen hatte er mich ja bereits, aber nicht angesprochen. Ich nahm Maya ihr leeres Glas aus der Hand. »Viel Erfolg! Überzeug ihn«, sagte ich und brachte unsere Gläser zur Bar zurück. Ich beobachtete noch, wie Rodrigo und sie ins Gespräch kamen. Der Künstler lachte viel, es lief offenbar ganz gut.

Anschließend ging ich nach draußen, wo mir eine angenehme Brise entgegenschlug, die meine glühenden Wangen abkühlte.

Eigentlich lief es gerade gar nicht so schlecht für mich. Ich hatte so einige Visitenkarten abgestaubt, die nun in meiner Handtasche waren, und das Institut war in aller Munde. Ich atmete tief ein, lief ein Stück über die Wiese, als ich Schritte hinter mir vernahm. Hatte Maya der Mut verlassen? Das passte nicht zu ihr. Ob es ... Vaughan sein könnte? Mit seiner berüchtigten Anschleichtaktik? Nein, er zeigte mir schon den ganzen Abend die kalte Schulter. Ich drehte mich um. Vielleicht ein weiterer Interessent?

Anthony stand vor mir, mit einer spürbaren Fahne. Und ich hatte geglaubt, er ginge mir aus dem Weg. Hatte der echt während der Arbeit getrunken?

»Dass du hier bist ... ist Schicksal. Ich muss unbedingt mit dir reden«, sagte er mit überraschend fester Stimme. Die jedoch nicht über die Tatsache hinwegtäuschte, dass er sich kaum auf den Beinen halten konnte.

Was war nur mit ihm los?

»Du bist betrunken.« Als wir noch verlobt gewesen waren, war er das auch oft gewesen, aber ich hatte es ausgeblendet, wie vieles andere. Doch während der Arbeit? Das war ein neues Niveau.

»Ich will nur mit dir reden. Du und ich ... das kanns nicht gewesen sein, oder? Ich glaub, wir könnten ... noch mal anfangen ...«

War das sein Ernst? Was war mit Simone?

»Sie hat mich verlassen«, jammerte er auch schon.

Plötzlich wollte er also zurück zu mir? Sorry, nach dem, was er sich geleistet hatte, wollte ich eigentlich nicht einmal mit ihm sprechen.

»Bitte ... Robin ... wir wollten doch sogar heiraten ...«

Genau deswegen konnte ich es nicht verzeihen. Ich hatte gedacht, wir wären uns nah gewesen. Doch er hatte mich monatelang angelogen, mir etwas vorgespielt.

Jetzt bekam ich maximal Mitleid mit ihm. Keine gute Basis.

»Es ist alles gesagt.« Ich schob mich energisch an ihm vorbei und wollte zurück zur Villa, als er mich am Arm festhielt. Sein Griff war fest und machte mir Angst. Wütend wirbelte er mich zu sich herum. Ich stolperte fast über meine Heels. »Das kannst du nicht mit mir machen! Du kannst mich nicht einfach stehen lassen!«

Himmel, was war mit dem los?

»Lass mich los, du tust mir weh!«

Anthony stieß mich von sich, und ich stürzte ins Gras. Dabei knickte mein Fuß, dank Mayas Mörderheels, um. Es tat höllisch weh. Ich zischte auf.

»Bist du verrückt?«

»Das ... wollte ich nicht ... tut mir leid ...« Unschlüssig schaute er auf mich herunter, während ich, so hilflos wie eine Schildkröte auf dem Rücken, versuchte, mich aufzurappeln.

Anthony hielt mir die Hand hin, aber ich dachte nicht daran, sie anzunehmen. »Pfoten weg«, fauchte ich.

»So, Kumpel, du hast genug Ärger gemacht. Du verziehst dich jetzt auf der Stelle, oder ich rufe die Security«, vernahm ich eine vertraute Stimme. Ein Mann im Anzug kam zügig über die Wiese auf uns zu. Mein Herz setzte aus, dann fing es an zu rasen. Wie aus dem Nichts war er plötzlich hier.

Als Vaughan mich sah, reagierte er sehr schnell.

»Was geht hier vor sich?«, rief er ärgerlich und drehte Anthony einen Arm auf den Rücken.

»Au! F*ck!«, kreischte mein Ex-Verlobter auf. Vaughan dachte offenbar, er hätte mich angegriffen. Mehr oder weniger hatte er das ja sogar.

»Es ist nichts passiert«, sagte ich eilig, um Vaughan zu beruhigen, bevor er Anthony noch den Arm brach.

»Nichts passiert? Das sehe ich anders.« Ein wildes Funkeln trat in seine Augen. Noch etwas fester drehte er Tonys Arm auf den Rücken, sodass der abermals aufschrie. Ich hatte Vaughan noch nie so erlebt. Allein der Gedanke, Tony könne mir etwas getan haben, schien ihn so anzustacheln, dass sein Blick Funken sprühte.

»Mir geht es gut«, redete ich auf ihn ein. Himmel! War hier jetzt jeder verrückt geworden? Es zeigte Wirkung. Langsam ließ Vaughan von ihm ab. Ich wusste, er könnte Tony spielend mit dem kleinen Finger außer Gefecht setzen.

Vaughan drehte Tony zu sich um und sah ihm fest in die Augen. »Du hast noch mal Glück gehabt, Kleiner. Also zisch ab! Hast du mich verstanden?« Anthony nickte benommen. »Hol deine Sachen aus dem Personalraum, und mach dich vom Acker.«

Anthony stolperte ein Stück zurück, schwankte zum Haus, und Vaughan stürzte zu mir. Er atmete schnell und laut. Ich merkte erst jetzt, dass ich am ganzen Körper zitterte und sogar weinte. Wieso war Anthony so aggressiv gewesen? Lag es nur am Alkohol? An der Trennung von Simone?

»Über den haben sich schon einige Gäste beschwert. Ich dachte mir gleich, dass der Kerl Ärger sucht. Gut, dass ich ihm gefolgt bin.«

Das Adrenalin pumpte wie verrückt durch meine Venen. Ich sah zu Vaughan auf, spürte wieder die Sehnsucht nach ihm, verlor mich in seinem Blick. Aber ich war auch verdammt wütend auf ihn. Weil er mit mir gespielt, mich ohne jede Erklärung zurückgewiesen hatte, als verdiente ich keine.

Mir schwindelte, obwohl ich saß. Es pikte in meinen Fingerspitzen wie tausend kleine Nadelstiche. Ich hatte ihm heute Abend aus dem Weg gehen wollen, stattdessen hockte er jetzt vor mir, kümmerte sich um mich. Und kam mir viel zu nah.

»Alles okay?«, fragte er sanft.

Sicher. Wenn man davon absah, dass mein erster Ex offenbar verrückt geworden war und mein zweiter Ex immer noch Gefühle in mir auslöste, die ganz und gar ungesund für mich waren. Ja, davon abgesehen, war wirklich alles bestens.

Er half mir auf, ich stieß ihn anschließend sacht weg. Noch mehr Körperkontakt ertrug ich nicht. Alles kam plötzlich wieder, das Prickeln, die Küsse ...

Ehrlich, ich wusste nicht, wer von meinen beiden Ex mich mehr fertig machte. Definitiv tat Vaughans Nähe mehr weh. So viel zum Thema, Gefühle für Anthony auf ihn projizieren.

»Ich schaffe das allein«, maulte ich, doch mein Knöchel schmerzte, ich konnte nicht stehen.

»Das sieht mir nicht so aus.«

Egal, ich musste es schaffen. Ich wollte diese Empfindungen für ihn nicht wieder spüren. Obwohl sie eh schon da waren.

»Ich helfe dir.«

»Nein ...«

Wir blickten beide die Strecke zum Haus hoch und wussten, mit dem verletzten Knöchel käme ich in diesem Leben nicht dort an.

Ich hatte keine Wahl. Seufzend gab ich nach. »Also gut ...«

Vaughan nickte mir zu.

Er hob mich hoch, wie damals, als ich den Hitzschlag erlitten hatte. So ähnlich fühlte ich mich gerade auch, erschöpft und müde.

Seine Wärme ließ mein Herz wie verrückt klopfen, ich verfluchte mich dafür, doch es war so ein schönes Gefühl.

Dann griff er nach seinem Handy, ohne mich loszulassen. »Sorgen Sie dafür, dass Mr Anthony Somas das Anwesen verlässt, und gewähren Sie ihm keinen Zutritt mehr.«

Vaughan trug mich über die Wiese durch die nächtliche Anlage. In der Ferne hallte Musik, ein sanfter Abendwind strich mir durchs Haar. Ich fühlte mich wie in einem Traum, der nie enden sollte. Alles schien plötzlich wieder wie zuvor. Ich genoss es und wollte in diesem Gefühl schwelgen, solange es ging und er es nicht mitbekam. Er sollte nicht wissen, welche Wirkung er noch auf mich hatte. Dadurch käme ich mir noch verletzlicher vor.

Vaughan brachte mich durch einen Dienstboteneingang in den ersten Stock zu meinem alten Gästezimmer, legte mich auf dem Bett ab und zog mir die Heels aus. Dann tastete er meinen Knöchel ab. Ich zischte. Hatte ich mir den etwa gebrochen? Gott, bitte nicht das noch. Trotz des Schmerzes war seine Berührung viel zu angenehm.

»Er ist rot und geschwollen.« Seine Stimme klang so samtig, dass sie das vertraute Prickeln in meinem Nacken erweckte. Aber ich wollte das nicht. Nichts von alldem.

Ich wünschte, er würde gehen. Und zugleich, er würde bei mir bleiben. Zumindest erhob er sich, was wieder etwas Abstand zwischen uns brachte.

»Ich bin ungünstig gestürzt.« Wieso verteidigte ich Tony noch? Nun – er würde schon genug Ärger am Hals haben, wenn sein Chef erfuhr, wie er sich aufgeführt hatte. Das war wohl Strafe genug. Ich wollte ihn jedenfalls nicht noch mehr reinreiten.

»Ich rufe den Hausarzt an.«

»Um diese Zeit?« Wieso fragte ich überhaupt? Wenn ein Townsend rief, sprangen alle. Schon hatte er das Handy am Ohr. In knappen Worten schilderte er, was vorgefallen war. »Bis gleich, Doktor«, hörte ich ihn sagen, dann setzte er sich wieder zu mir aufs Bett und sein sinnlich-herber Geruch wehte mir entgegen. Bitte nicht ...

»Du bleibst selbstverständlich über Nacht hier, morgen sehen wir weiter. Für deine Begleitung finden wir auch ein Zimmer«, entschied Vaughan, ganz der befehlsgewohnte CEO. Aber das wollte ich nicht. Denn es würde bedeuten, im selben Haus zu nächtigen wie er, nur ein Stockwerk voneinander getrennt.

»Wir haben ein Hotelzimmer in der City, das Caitlin für uns gebucht hat.« Ich hatte nicht vor hierzubleiben. In der Höhle des Löwen. Wie sollte mein Herz das aushalten?

»Du darfst den Fuß nicht belasten.« Der Arzt hatte mich ja noch gar nicht untersucht. Vielleicht war es nur eine Prellung. Oder wollte Vaughan, dass ich blieb? Mein Herz schlug erneut schneller, bis ich mich daran erinnerte, dass er mich vor die Tür gesetzt hatte. Ohne Erklärung, als wäre das zwischen uns für ihn bedeutungslos gewesen. Denn wäre es anders, hätte er anders reagiert. Sich zumindest die Zeit genommen, mit mir zu reden. Es grummelte in meinem Bauch.

»Es gibt Taxis and Fahrstühle, ich werde kaum auftreten müssen. Und Maya kann mich stützen.« Ich sagte das so entschlossen wie möglich.

»Du machst wieder alles kompliziert.«

»*Ich?* Ich mache es kompliziert?« Ich hatte mich verhört, oder?

Vaughans Augen blitzten, aber dann nahm sein Gesicht weichere Züge an.

»Du bist wütend auf mich, das verstehe ich. Und das ist der Grund, warum du nicht hierbleiben möchtest. Aber mir ist es wichtig, dass es dir gut geht.« Seine Selbstreflexion überraschte mich. Ich wurde ruhiger. Und auch wenn das kaum etwas an dem änderte, was geschehen war, fühlte ich mich zumindest etwas verstanden. Wir sahen uns an. Irgendwo in der Tiefe seiner Augen entdeckte ich ein vertrautes Leuchten. Sein Blick fixierte meine Lippen, mein Herz schlug schneller und schneller. Ich spürte Hoffnung in mir, dass er mir jetzt alles erklärte. Dass es Sinn ergäbe, was er sagte, sodass ich vielleicht endlich mit uns abschließen konnte. Wenigstens das.

Aber sein Blick wurde wieder kalt und distanziert. Vielleicht hatte ich mir den Moment nur eingebildet. Ernüchterung machte sich in mir breit.

»Du bist verletzt. Ich kann nicht erlauben, dass du in diesem Zustand mein Haus verlässt.«

Meinen Fuß konnte ich auch im Hotelzimmer schonen. Morgen ging es nach Hause, spätestens da würde ich ihn sowieso belasten müssen. Mir war nicht klar, was er von mir wollte. Vielleicht wusste er es selbst nicht.

Es klopfte an der Tür. Ich dachte zuerst, es sei der Arzt.

»Robin?«, rief jedoch eine vertraute Stimme. Dem Himmel sei Dank!

»Das ist meine Freundin.«

Vaughan ließ sie herein. Ihr Blick durchbohrte ihn, das entging mir nicht, und ihm offenbar auch nicht ... Spätestens jetzt war klar, dass sie alles wusste, ich sie eingeweiht hatte. Rasch setzte sich Maya an mein Bett, als müsste sie mich vor ihm beschützen.

»Ich habe gehört, was passiert ist. Alle reden davon. Dieser Garrett meinte, dass du vermutlich hier bist.«

Wie hatten denn die anderen Gäste von dem Vorfall erfahren? Womöglich hatte einer etwas gesehen, und schon hatte es die Runde gemacht.

»Keine Sorge, Maya. Es geht mir gut«, versicherte ich.

»Dass Anthony so etwas tun würde ...«

»Er wollte, dass ich zu ihm zurückkomme.«

»Tja, manchen Leuten fällt erst spät ein, was sie verloren haben.« Wieder sah Maya Vaughan an. »Ich kümmere mich um Robin«, erklärte sie dann. »Sie müssen hier also nicht länger den Aufpasser spielen.«

Huh, Maya, wie sie leibte und lebte, nie nahm sie ein Blatt vor den Mund. Vaughan hingegen nahm es mit Humor.

»Natürlich. Gute Besserung«, wünschte er und zog sich zurück. Das Prickeln in meinem Nacken verstummte ...

»Ist wirklich alles okay?«, fragte Maya, kaum dass die Tür hinter Vaughan zuging. Ich schüttelte den Kopf. Seine Nähe machte mich verrückt. »Ich will schnell ins Hotel zurück. Bitte sag nicht, dass es vernünftiger wäre, über Nacht hierzubleiben.«

»Bin ich verrückt? Ich rufe uns sofort ein Taxi.«

Ich drückte Mayas Hand. »Es kommt noch ein Arzt, aber danach gehen wir gleich los, ja?«

Sie nickte. Und kurz darauf untersuchte mich der freundliche Doktor Elias mit der überdimensionalen Brille erneut. Zum Glück stellte er fest, dass nichts gebrochen war, doch er verordnete mir einen Stützverband und Ruhe.

»Sie müssen besser auf sich achtgeben, Miss Mayne, erst der Hitzschlag, nun Ihr Knöchel«, sagte Dr. Elias und wedelte tadelnd mit dem Zeigefinger. Nicht zu vergessen mein Herz ... aber dafür gab es wohl kein Mittel, außer schnell auf Abstand zu gehen.

Was für ein seltsamer Traum. Ich hatte die Townsend-Auktion besucht, und nicht nur Vaughan war dort gewesen, sondern auch Anthony. Er war betrunken und stieß mich, weswegen ich mir den Knöchel verletzt hatte. Seltsamerweise schmerzte dieser auch jetzt, als ich ihn sacht unter der Decke bewegte. Irritiert schlug ich die Augen auf und fand mich in einem fremden Zimmer wieder. Die Sonne strahlte durchs Fenster. Neben mir lag Maya. Ich schreckte hoch. Es war kein Traum gewesen!

Langsam erinnerte ich mich wieder ... Maya hatte sich gestern Abend rührend um mich gekümmert. Mithilfe eines jungen Mannes vom Personal verfrachtete sie mich auf den Rücksitz des Taxis, das vor dem Dienstboteneingang der

Villa auf uns gewartet hatte. Und im Hotel war uns ein Page behilflich gewesen, mich auf unser Zimmer zu bringen.

Ich wäre wohl erleichtert gewesen, den Abend am Albert Park Lake beinahe unbeschadet überstanden zu haben, hätte Maya während der Taxifahrt nicht auch Zweifel gesät.

»Ich sag's nur ungern, aber Vaughan hat dich ziemlich komisch angesehen«, hatte sie gesagt. »Als wärst du ihm immer noch wichtig.«

Das glaubte ich nicht. Ja, er hatte sich um mich gekümmert, nachdem ich mir den Fuß verletzt hatte, was bei diesen Mörderschuhen auch nicht verwunderlich war, aber das hätte er für jeden Gast in so einer Situation getan. Die Distanz zwischen uns war deutlich gewesen, sogar als er mich getragen hatte. Schlimmer war, dass ich unter all der Wut und Enttäuschung immer noch Gefühle für ihn besaß.

»Er wollte doch, dass du über Nacht in der Villa bleibst.«

Ich verstand ihren Gedankengang, doch sie hatte nicht die Kälte in seinen Augen gesehen. Was immer der Grund für die Mauer war, die er um sich gezogen hatte, ich war ihm nicht bedeutsam genug, auch nur zu versuchen, mich einzulassen.

Maya blinzelte mich an, rieb sich dann gähnend die Augen. »Robin?«, formten ihre Lippen tonlos. »Wo sind wir?«, fragte sie dann. Ich schmunzelte, sie war morgens offenbar genauso durcheinander wie ich.

»Im Hotel.«

Maya fuhr sich über die Stirn und hob dabei leicht den Kopf, sodass ihre Wuschelhaare hin und her wippten. »O Gott, stimmt ja. Die Auktion. Das große Fest ...«

»Ich hab dir den Abend ganz schön versaut.«

»Häh? Stimmt doch gar nicht.«

»Wegen mir mussten wir früher los.«

»Na und? Ich hatte dennoch 'ne gute Zeit. War interessant, mal die Reichen und Schönen beim Feiern zu erleben. Champagner hier, Kaviar da. Und dann noch Rodrigo.«

»Richtig! Wie lief es mit ihm?«, hakte ich nach, auch, um sie auf andere Gedanken zu bringen. Ich wollte das Gespräch über Vaughan kein zweites Mal führen. Es war jetzt klar, es war aus, es gab kein Zurück. Ich war an dem Punkt, das endlich zu akzeptieren.

»Oh, recht gut. Aber er hat viele Pläne für die nächsten zwei Jahre, da passe ich nicht rein.« Sie zuckte mit den Schultern. »That's life. Aber weißt du, was komisch ist?«

»Was denn?«

»Als du draußen warst, hat Gordon angerufen. Also dein Professor. Und er hat gefragt, ob wir uns treffen können.«

Sieh an, schoss es mir durch den Kopf.

»Er will noch was mit mir besprechen wegen meiner Kunst, er kennt einen Aussteller, der mir weiterhelfen könnte.«

»Verstehe. Und du hast Ja gesagt?«

»Klar, die Chance lasse ich mir doch nicht entgehen. Und ...«

»Und?«

»Er ist auch irgendwie ganz süß ... dein Prof.«

Ich schmunzelte. Das Schicksal nahm seinen Lauf, und ich war gespannt, wohin es Gordon und Maya führte ...

»Wir sollten uns langsam fertig machen«, fiel es Maya ein. Sie hatte recht. Bis zwölf Uhr mussten wir das Zimmer verlassen haben.

Ich warf die Bettdecke zurück, streckte mich und zischte. Ein fieser Schmerz stach erneut in meinen Fuß.

»Soll ich dich stützen?«

»Ich versuch es erst mal allein.« Ich erhob mich, trat vorsichtig auf und ging ins Bad. Ein wenig zog es in meinem Knöchel. Doch ich konnte ihn bewegen. Wenigstens etwas!

Ich duschte, zog mich an und wartete, bis Maya danach auch aus dem Bad kam. Wir mussten nur noch packen, ehe wir bereit waren für die Heimreise ...

36. Kapitel

Vaughan

Keine Ahnung, wie ich in Robins Gästezimmer gekommen war. Ich stand vor ihrem leeren Bett, und es schien, als wäre ihr Duft noch hier, schlängelte sich süß und verführerisch um mich.

Ich hatte bereits gestern Abend mitbekommen, dass sie gegangen war. Klammheimlich. Es sollte mir recht sein. Kein Drama, keinen Streit. Ich hatte ihren Blick gesehen, sie hatte Erklärungen gewollt, die ich ihr nicht geben konnte. Und doch hatte es mir einen Stich in die Brust versetzt, als ich das Gästezimmer betreten und nur ihr leeres Bett vorgefunden hatte. Wieso kreisten meine Gedanken unentwegt um sie?

Und wieso hatte ein Teil von mir gehofft, dass sie dennoch hier sein würde, wenn ich nachsah?

»Hör dir das an!«, erklang Garretts Stimme hinter mir. Ich drehte mich zu ihm um. Er lehnte im Türrahmen, das Handy in der Hand.

»Schmuckgigant KoP spendet nach Auktion Vermögen an Hilfsorganisation – australischer Tagesbote. Die Reichen und Schönen boten auf alte Kunst, um Menschen zu helfen – Melbourne am Morgen. Warte, das hier klingt auch gut: Im Sinne von James Townsend wurden Gemälde, Statuen und Schmuck für einen guten Zweck versteigert – Down Under News.«

»Liest du gerade Schlagzeilen vor?«

»Jepp, zum Event von gestern. Die Presse ist sehr wohlwollend.«

Dieses Medienecho sollte mich zufrieden stimmen. Tat es aber nicht ... Ich sah ihr Bett im Augenwinkel und fühlte mich miserabel.

»Deine Laune war schon mal besser, Mate.«

Das grelle Sonnenlicht, das durchs Fenster schien, brannte in meinen Augen. Ich hatte kaum Schlaf gefunden und sah vermutlich genauso fertig aus, wie ich mich fühlte. »Niemand zwingt dich hierzubleiben, wenn dir meine Laune nicht passt.«

»Relax mal, Bro. Ich verzieh mich schon wieder. So wie Robin und ihre süße Freundin, gell?«

Was sollte das? Mich quälten beschissene Kopfschmerzen, als würde mein Schädel jede Sekunde zerbersten. Ich hatte nicht den Nerv für Diskussionen.

»Was machst du überhaupt hier?«

»Was machst du hier?«, erwiderte er. »Soweit ich weiß, ist das Miss Maynes Zimmer.«

Ja, streu noch etwas Salz in die Wunde, dachte ich. Ich wusste nicht, was mit Garrett los war. Er war doch sonst nicht so ein Arsch. Aber gerade ging er mir echt auf den Sack.

»War wohl 'ne lange Nacht«, sagte Garrett und hatte schon wieder eine Schlagzeile parat. »Eine Auktion für den guten Zweck. Michelangelo und Bernaduchi hätten sich gefreut – Australia Today & Tomorrow.«

Ich verspürte einen Kloß im Hals. Michelangelo, Bernaduchi, es war nur ein kleiner Bogen bis zu Robin. Doch ich musste mich nur daran erinnern, dass alles gut war, wie es jetzt war. Dass es keinen anderen Ausweg gegeben hatte ...

»Oder die hier: Event von Kings of Passion wird großer Erfolg ...«

»Jetzt hör endlich mit dem Scheiß auf, und sag mir, was du von mir willst«, fuhr ich ihn an.

Alles schien mir wie durch eine Dunstglocke.

»Die Wände im Gästetrakt sind dünn«, erklärte Garrett und musterte mich wie ein Lehrer seinen Schüler, was absurd war. Ich war doch der Ältere von uns.

»Ich hab gehört, wie du rastlos durchs ganze Haus getigert bist. Selbst um fünf Uhr morgens noch.«

»Ich habe über einen Vorschlag von Caitlin und Mum nachgedacht.«

»Ach ja? Lass hören.«

»Sie planen eine Sommer-Auktion.«

»Seit wann sind die sich denn so grün? Dachte, die Organisation der Charity-Sache hätte sie noch stärker entzweit, als sie es ohnehin schon waren.«

»Tja, berauscht von ihrem gestrigen Erfolg, haben sie offenbar ihre Meinung geändert und ziehen nun an einem Strang.«

»Kein Wunder, dass du deswegen schlaflose Nächte hast.« Garrett lachte und steckte sein Handy weg.

»Aber das ist sicher nicht der Grund, warum du jetzt hier stehst, Bro. In *ihrem* Zimmer ...«

Ich seufzte.

»Ich will dir doch nur helfen. Ich sehe, wie du dich quälst.«

»Wieso lässt du mich nicht einfach in Ruhe? Das wäre eine große Hilfe.«

»Damit du dich wieder mit Jack Daniels vergnügen kannst? Sorry, Bro. Ich hab das einmal mitgemacht. Noch mal lass ich nicht zu, dass du dich so gehen lässt.«

»Wie willst du das verhindern?«, fragte ich spöttisch. Noch dazu hatte ich nicht vor, mich sinnlos zu betrinken. Ich wollte zum KoP-Tower, meine Arbeit aufnehmen. Ich könnte längst dort sein, würde Garrett mich nicht aufhalten.

»Ich will, dass du mir eine Frage beantwortest.«

»Und danach lässt du mich zufrieden?«

Er zuckte mit den Schultern.

»Na dann los.«

»Ist es das wirklich wert?« fragte Garrett, doch ich hatte keine Ahnung, worauf er anspielte. Es klang bedeutungsschwanger und banal zugleich.

»Was meinst du?«, knurrte ich.

»Dass du dich derart selbst kasteist.«

Ich verschränkte die Arme vor der Brust und fixierte ihn.

»Wir wissen doch beide, dass weder Mum noch Caitlin die Ursache für deine Schlafprobleme sind«, erklärte er.

»Was du nicht sagst.«

»Vaughan, wieso machst du dir das Leben so schwer? Es gibt doch einen Grund, weshalb du Miss Mayne vor diesem übergriffigen Kellner beschützt hast.«

Soweit ich mitbekommen hatte, war das ihr Ex gewesen. Als Gastgeber war es ja wohl meine Pflicht einzuschreiten, wenn das Personal durchdrehte. Doch ihren Namen aus seinem Mund zu hören, setzte Adrenalin frei. Es pumpte wild durch meine Venen.

»Ich sehe, dass mein rationaler Bruder seit langer Zeit mal wieder sein Herz spürt und Gefühle für eine Frau hat, sich diese aber im Schuldwahn selbst verbietet. Wem willst du damit eigentlich helfen? Ja, was damals auf dem Anwesen passiert ist, ist eine Tragödie, und jetzt denkst du, dass dein ganzes Leben eine sein soll? Weil du glaubst, dass du Robin genauso verlieren könntest, wie du Geena und das Kind verloren hast? Weil du meinst, dafür büßen zu müssen?«

Wie konnte er es wagen, das zu vergleichen? Bevor ich aufbrausen konnte, schnitt er mir jedoch ins Wort. »Ich sag dir mal was, Bruderherz ... genau jetzt verlierst du sie bereits. Ironisch, findest du nicht?«

Garrett musterte mich intensiv und zog dabei eine Braue hoch, als wollte er sagen: Und du raffst es immer noch nicht? Du verlierst die Frau, die du liebst.

Garrett kam näher. Seine Stimme klang tiefer, entfernter, aber sie drang deutlich durch meine Gedanken.

»Vaughan. Du wirst Robin verlieren. Nicht versehentlich, nicht durch etwas, das du nicht verhindern konntest. Du verlierst sie jetzt und das mit Absicht, wenn du nichts unternimmst ... Zieh das verdammte Büßerhemd aus!«

Er sah mich noch einmal an und ging.

Lächerlich. Was wusste der schon von meinen Gefühlen? Von Robin und mir? Mein Blick schweifte zu dem Bett, in dem wir uns geliebt hatten. Die Erinnerungen waren so plastisch, dass ich glaubte, ihre Hand an meinem Körper zu spüren, ihre Küsse auf meinen Lippen. Den süßen Geschmack, der über meine Zunge rollte, ihren sinnlichen Duft. Er stieg mir in die Nase, streichelte über mein Gesicht. O Gott, ich wollte sie ... wieder ... immer noch. Ich vermisste sie so sehr, dass ich nicht mal durchatmen konnte ...

37. Kapitel

Robin

»Willst du nicht nachsehen, wer das ist?«, fragte Maya und hob mein Handy vom kleinen Nachtschränkchen unseres Hotelzimmers hoch. Ich war gerade dabei, das Abendkleid von gestern zusammenzulegen und in eine Folie zu schlagen, ehe ich es in meiner Reisetasche verstaute.

»Keine Zeit ...« Unser Flug ging in einer Stunde, ich hatte keine Lust, ihn zu verpassen und noch länger in Melbourne zu bleiben.

»Vaughan«, murmelte sie, als sie selbst nachsah.

Was? Nein, nicht noch mal Herzrasen ... ich war durch mit ihm. Endgültig. Ich zuckte mit den Schultern, demonstrierte Gleichgültigkeit. Aber dass Vaughan anrief, war mir alles andere als gleichgültig. Ich musste mich zusammenreißen, ihr nicht das Handy aus der Hand zu reißen, um seine samtene Stimme hören zu können. In dem Moment verstummte es.

»Jetzt mal ehrlich, was soll das?«, fragte Maya und stemmte die Hände in die Seiten.

»Was soll was?«

»Ihr macht alle verrückt mit eurem Theater! Vaughan liebt dich. Und du liebst ihn. Mein Gott, es ist doch nicht so kompliziert.«

»Keine Ahnung, wo du das herhast. Er hat mich abgesägt wie alle meine Vorgängerinnen, und so wird er es auch mit meinen Nachfolgerinnen machen. Er ist ein sexsüchtiger Chauvinist.«

Maya legte den Kopf schief. »Süße, ich bin deine beste Freundin, ich kenne dich. Der Kerl hat sich hier eingenistet, und du versuchst, ihn da wieder rauszukriegen, was aber nicht klappen wird.« Sie drückte mit dem Zeigefinger gegen meine Brust, genau dorthin, wo mein Herz war.

»Wieso bist du plötzlich auf seiner Seite?«

»Bin ich nicht, aber mal ehrlich, wieso macht ihr beiden es euch so schwer?«

»Eigentlich ist es ganz einfach: Wir müssen los, das Frühstück ... unser Flug ... Mehr gibt's nicht zu sagen.«

»Jetzt vergiss den Flug. Ruf ihn zurück.« Sie hielt mir mein Handy vor die Nase. »Du kannst ihn ja zumindest anhören.«

Ich seufzte und nahm ihr das Handy ab. Zögernd blickte ich auf die digitale Anruftaste. Dann gab ich mir einen Ruck, tippte darauf, bereute es und war doch voller Hoffnung. Es klingelte einmal, zweimal, dreimal, dann ging sein AB ran.

Von wegen, er wollte mich sprechen! Sicher hatte er nur die falsche Nummer gewählt. Und ich hatte mich gerade zum Deppen gemacht. Wie viele Abfuhren wollte ich eigentlich noch kassieren?

»Geht nicht ran ...«

Maya seufzte. »Kompliziert! Ihr bringt mich noch um.«

Ich ließ das Smartphone in meiner hinteren Hosentasche verschwinden. »Können wir jetzt frühstücken und danach auschecken?«

Ich hatte eigentlich keinen Hunger, aber ein kleiner Imbiss vor dem Flug wäre wohl vernünftig.

Maya nickte.

Als wir kurz darauf im Hotelrestaurant saßen, schnipste sie mit dem Finger. »Versuch noch mal, ihn anzurufen.«

Ich rollte mit den Augen. »Ich habe mich schon genug blamiert, findest du nicht? Er sieht doch, dass ich angerufen habe. Wenn er was will, kann er ja zurückrufen, oder?«

»Und dann gehst du wieder nicht ran, und es geht ewig so weiter.« Jetzt rollte Maya mit den Augen. »Vielleicht hat er das Handy ja zu Hause liegen lassen?«, überlegte sie. »Dadurch hat er deinen Anruf nicht gehört.«

»Klar, ein wichtiger CEO verlässt ohne seine bessere Hälfte, sprich sein Smartphone, das Haus.«

»Ja, weil er sofort losgeeilt ist! Er darf keine Zeit verlieren, deswegen braust er mit der Limo durch Melbournes Straßen.«

»Und wohin fährt er?«

»Zum Flughafen natürlich, um dich aufzuhalten.«

Ich verschluckte mich an meinem Kaffee. Die Leute schauten schon komisch. Das Schlimme war, es klang gar nicht komplett unglaubwürdig, was sich Maya da zusammenreimte.

»Wir müssen schnell zum Melbourne Airport, damit ihr euch endlich versöhnen könnt.«

Ich hatte es plötzlich nicht mehr eilig, aber das Herz schlug mir bis zu den Augenbrauen. »Hör schon auf mit dem Unsinn«, maulte ich, aber Maya ließ nicht locker. Es war einer dieser Momente, in denen sie mehr wie ein Teenie als eine gute Freundin wirkte, die zehn Jahre älter war als ich.

Sie stand auf und zog mich am Arm. »Auschecken! Aber pronto!«

Ich war so genervt, mir war schon alles egal. Ich ließ mich von ihr zur Rezeption ziehen, wo wir unsere Schlüsselkarten abgaben. Sie würde ja schon sehen, dass er nicht am Flughafen war.

»Benötigen Sie ein Taxi?«, fragte der Portier. Ich wollte schon Ja sagen, und Maya drängte mich geradezu dazu, indem sie heftig nickte, als eine tiefe Stimme hinter uns erklang. Samtig, aber auch etwas atemlos.

»Robin ...«

Erschrocken fuhr ich herum und traute meinen Augen nicht. Er war wirklich hier, im Hotel, und hatte sich mal wieder angeschlichen. Das Herz schlug mir so laut in den Ohren, dass jede Geräuschkulisse um mich herum verschwand.

Aber ich musste halluzinieren. Das konnte nicht echt sein ... Maya schien das Gleiche zu denken und kniff mich in den Arm.

»Au!«, zischte ich.

»Ist kein Traum«, raunte sie.

Vaughan lächelte mich zärtlich an.

Was hatte es zu bedeuten, dass er hier war? War er wirklich wegen mir gekommen? Hatte Maya mit ihrer Geschichte recht gehabt? Nur dass er mich nicht am Airport abfing. Vielleicht traf er nur einen Geschäftspartner? Aber dann würde er nicht so lächeln.

»Warum bist du hier?«, fragte ich also und schluckte. Konnte es nicht fassen.

Es prickelte vor Sehnsucht in meiner Mitte. Aber ich war auch wütend, weil er mir das Herz gebrochen hatte und nun einfach so vor mir stand, als wäre nichts gewesen. Doch sein Blick fesselte mich.

Ich konnte sehen, wie seine Augen meinen Mund fixierten, es schien, als kämpfte er gegen sein Verlangen an. Ich tat es auch. Ganz so leicht wollte ich es ihm nicht machen.

Und er schien das zu verstehen, denn seine Augen wurden sanfter.

Er trat auf mich zu, und ich hatte das Gefühl, ich hörte sein Herz klopfen. Oder war es mein eigenes?

»O Gott, ich war ein Idiot«, raunte er.

Ich konnte nicht widersprechen. Er hatte mir sehr wehgetan. Hätte nur mit mir reden müssen, um das zu verhindern. Reden wollte er vielleicht jetzt. Aber wollte ich zuhören?

Ich wich einen Schritt zurück, was offenbar nicht nur ihn, sondern auch Maya erstaunte.

»Hör mich bitte an«, sagte er ernst und nickte rüber zum Billardzimmer, das an die Lobby anschloss und um diese Uhrzeit leer war.

»Lass uns in Ruhe reden«, bat er noch einmal. »Ich möchte dir alles erklären. Ich weiß, das macht mein abscheuliches Benehmen nicht wieder gut, doch ich hoffe, dass du mir dennoch zuhörst.«

Sein Blick schimmerte. Ich schwieg. Die Situation überforderte mich. Ich fühlte mich zerrissen zwischen meinem Wunsch, seine sinnlichen Lippen zu küssen, und der großen Enttäuschung, die ich empfand. Aber anhören konnte ich ihn wohl.

Maya gab mir einen sachten Stups in die Seite, als wollte sie mich bestärken. »Also schön«, sagte ich, wusste ich doch nur zu gut, wie es sich anfühlte, wenn man weder aus noch ein wusste, weil sich der andere in Schweigen hüllte. Außerdem konnte ich nicht leugnen, dass er mir immer noch wichtig war. Wichtiger, als mir lieb war, wie mein Herzklopfen bewies.

Vaughan half mir in den Salon, indem er mich stützte, und zog mir anschließend einen Stuhl neben dem Billardtisch heran, auf dem ich Platz nahm. Einen zweiten stellte er vor mich hin. Auf diesen setzte er sich, faltete die Hände und atmete tief durch.

Er wirkte mitgenommen, sein Hemd war falsch geknöpft, als hätte er es in großer Eile angezogen. Die dunklen Haare wirkten verwuschelt.

»Ich kann nicht erwarten, dass du mir verzeihst oder mich verstehst«, begann er. Seine Stimme klang erschöpft, er sah mir nicht mehr in die Augen. »Ich werde aber nun mit offenen Karten spielen, das hättest du von Anfang an verdient.«

Tief atmete ich ein. Ich hatte keine Ahnung, was jetzt kam, nur, dass es Vaughan sehr verändert hatte.

»Die Frau, die auf meinem Anwesen auftauchte, war Geenas Schwester. Sie hat mir an diesem Tag offenbart, dass Geena mein Kind unter ihrem Herzen trug, als sie in den Flammen umkam.«

Erschrocken hielt ich den Atem an und unterdrückte den Drang, nach seiner Hand zu greifen. Ich wollte ihn lieber erzählen lassen. Doch diese neue Information erschütterte auch mich. Wie furchtbar es für ihn gewesen sein musste, nach all den Jahren davon zu erfahren. Ich konnte verstehen, dass man da neben sich stand.

»Ich glitt wieder in Schuldgefühle ab, wie früher, sah hinten und vorne nichts, alles verlor an Bedeutung. Nachdem du weg warst, versuchte ich, sie mit Alkohol zu ertränken, aber das verstärkte die Schuld nur noch mehr. Ein Teil von mir glaubte, niemals wieder glücklich sein zu können. Und ein anderer, das auch nicht zu verdienen. Ich sah mich als Verantwortlichen dafür, dass zwei Menschen starben, die ich eigentlich hätte beschützen sollen.«

Er schien unglaublich hart mit sich selbst gewesen zu sein.

Ich schluckte, hatte keine Ahnung gehabt, dass er das Unglück nicht als solches angesehen hatte, sondern sich selbst als Schuldigen. Aber verwunderlich war es, nachträglich betrachtet, nicht, war er doch ein Mann, der immer über alles die Kontrolle behalten musste. Gegen den Brand und dessen Folgen war er jedoch machtlos geblieben. Nur warum hatte er sich mir nicht anvertraut? Ich wäre doch für ihn da gewesen.

»Ich konnte nicht mit dir reden«, sagte er, als hätte er meine Gedanken gelesen. »Ich wollte dich nicht ausschließen oder dir wehtun, Robin, glaub mir, bitte. Doch deine Hilfe wollte ich auch nicht, ich wollte allein sein, selbst damit klarkommen. So hat mich mein Vater erzogen. Die Townsends lösen ihre Probleme im Alleingang.«

Er fuhr sich durchs Haar, warf den Kopf in den Nacken und seufzte gedehnt.

»Es schien mir plötzlich falsch, dir nah zu kommen, mit dir zu schlafen. Geena, mein Kind ... sie hatten keine Chance, aber ich sollte das Glück wiederfinden? Es kam mir vor, als würde ich sie dadurch verhöhnen.«

Vaughan musste sehr verzweifelt gewesen sein, wenn er das wirklich gedacht hatte.

»Aber als du von diesem Angestellten verletzt wurdest, wurde mir bewusst, dass du mir sehr viel mehr bedeutest, als ich je für möglich gehalten hätte.«

Jetzt sah er mich an, seine Augen wirkten erschöpft und traurig. »Ich war dumm, denn ich habe zu spät begriffen, dass ich nur die Vergangenheit loslassen musste, um diesem quälenden Gedankenkreisen zu entgehen. Und dass du der Weg aus diesem warst.«

Ich wollte so vieles sagen, weil mich seine Worte rührten, doch es fiel mir nichts Passendes ein.

»Ich hätte nur deine Hand nehmen müssen, die du mir immer wieder gereicht hast.« Er legte eine bedeutsame Pause ein. Ich schaute auf seine Hände, die wieder gefaltet waren, überlegte, meine um diese zu schließen, doch wusste nicht, ob er das jetzt wollte.

»Stattdessen tat ich genau das Gegenteil«, fuhr er fort. »Mir ist klar, dass es Zeit braucht, ehe du mir vielleicht wieder vertrauen kannst. Womöglich siehst du im Moment nicht mal eine Chance für uns. Aber ich werde um dich kämpfen, Robin«, kündigte er an, und alle Traurigkeit verschwand aus seinem Blick, um Entschlossenheit Platz zu machen.

Noch nie hatte jemand zu mir gesagt, er wolle um mich kämpfen. Ich merkte, ich wollte auch kämpfen, um uns.

»Wenn mir nach allem, was mir widerfuhr, eines klar geworden ist, dann das: Du gehörst zu mir«, sprach Vaughan weiter.

Mein Herz schlug schneller und schneller, als er sich erhob, und ich tat es auch, spürte, wie meine Knie leicht zitterten.

»Ich verspreche, dir nie wieder wehzutun«, sagte er, und es klang absolut ehrlich. »Gib mir noch eine Chance, Robin, bitte. Du bist die Frau, die ich liebe.«

Ich hielt den Atem an, mehr brauchte es jetzt wirklich nicht mehr. Ich humpelte den letzten Schritt auf ihn zu.

Seine Augen weiteten sich erstaunt, schließlich funkelte Zuversicht in ihnen. Wir schauten uns unendlich lange an, als warteten wir nur auf den richtigen Moment, der einfach nicht kommen wollte. Dann ergriff er die Initiative und beugte sich zu mir herunter.

»Bitte verzeih mir.«

Ich merkte, dass ich nickte, und kam mir doch wie fremdgesteuert vor.

Seine Lippen näherten sich, schmiegten sich sanft an meine. Weich und warm. Sein herber Geschmack verteilte sich auf meiner Zunge, und ich konnte mich nicht länger zurückhalten. Ich schlang die Arme um seinen Hals.

»Ich werde dich nie wieder gehen lassen«, versprach er zwischen zwei Küssen und zog mich eng an sich ...

38. Kapitel

Robin – einen Monat später

Ich würde mich niemals ans Hubschrauberfliegen gewöhnen! Nie! Meine Beine fühlten sich selbst jetzt noch wackelig an, während Vaughan und ich über den Kiesweg zu dem Haus schritten, das auf einer kleinen Insel vor der Küste Melbournes lag.

Ich war aufgeregt, Mariah zu treffen. Die Idee, dass ich herkam und wir uns kennenlernten, stammte von ihr. Was mich nicht sonderlich beruhigte.

»Du wirst sie mögen«, sagte Vaughan.

Die Frage war, ob sie mich mochte. War ich doch immerhin die neue Frau an Vaughans Seite und hatte Geenas Platz eingenommen.

Ich war nicht einmal halb so aufgeregt gewesen, als Vaughan mich seiner Mutter vorgestellt hatte, obwohl ich ja wusste, dass die ältere Townsend-Generation gewisse Standesdünkel hegte. Doch Theodora Townsend hatte mich warm und herzlich in ihrem Haus empfangen, und als ich mich nach Kaffee und Kuchen irgendwann verabschiedete, waren wir bereits beim Du gewesen.

Ich konnte nur hoffen, dass die Begegnung mit Mariah ähnlich gut verlief. Sie war eine wichtige Person in Vaughans Leben. In seiner schwersten Zeit war sie bei ihm gewesen und er bei ihr. Dass sie ihm nichts von dem Kind erzählt hatte, hatte er ihr inzwischen verziehen. Für mich war die Geschichte ein großer Schock gewesen, als ich sie letztlich erfahren hatte. Nicht auszudenken, wie er sich nach Conduleezas Offenbarung gefühlt haben musste. Aber nun waren wir hier.

Bereits aus der Ferne konnte ich Mariah sehen. Sie saß auf der Veranda und legte Karten. Eine kleine dünne Frau mit schneeweißen Haaren. Sie blickte nicht mal auf, als wir endlich vor ihr standen.

Deswegen hockte Vaughan sich vor sie. »Mariah? Sieh mal, ich habe Robin mitgebracht, so wie du es dir gewünscht hast.«

Nun sah sie Vaughan an und lächelte, dann wanderte ihr Blick zu mir. Ich knetete nervös meine Hände. Inzwischen kannte ich Mariahs traurige Geschichte. Sie hatte einen schweren Nervenzusammenbruch erlitten, nachdem Geena bei dem Brand ums Leben gekommen war. Vaughans Fürsorge war es zu verdanken, dass sie heute hier lebte, auf dieser Insel, die sie liebte. Doch ganz gesund war sie nicht und würde es wohl nicht mehr werden. Die Zeichen des Alters hatten sie ergriffen. Doch noch erkannte sie Vaughan wieder, der sie regelmäßig besuchte.

Mich sah sie jedoch zum ersten Mal. Das Lächeln war aus ihrem Gesicht verschwunden. Sie mochte mich nicht, ich war mir sicher. Wie sollte sie auch? Ich war nicht Geena ...

»Mögen Sie Karten?«, fragte die alte Dame plötzlich leise und nickte zu den beiden freien Stühlen.

»Natürlich.«

Vaughan und ich nahmen Platz, während Mariah die Karten mischte.

»Wir spielen Black Jack. Die Regeln kennen Sie?«

Ich nickte und blickte verunsichert zu Vaughan, der mir aufmunternd zulächelte.

Schon teilte Mariah, recht rüstig, zwei Karten an jeden aus. Sie selbst übernahm die Bank. Ich hatte zwanzig vor mir liegen und passte. Vaughan nahm noch eine Karte und kam dadurch auf einen Kartenwert von über einundzwanzig, was bedeutete, dass er diese Runde bereits verloren hatte. Mariah, die offensichtlich sehr bei der Sache war, freute sich diebisch darüber. Ihre eigenen Karten lagen bei vierzehn. »Ich nehme noch eine«, entschied sie daher. Die gezogene Acht katapultierte sie eigentlich aus dem Rennen, aber ich bemerkte, wie sie ihre Finger zu Hilfe nahm, um zu rechnen. Das wiederholte sie einige Male, offenbar, bis ihr das Ergebnis gefiel.

»Einundzwanzig«, behauptete sie plötzlich und strahlte über das ganze Gesicht.

»Eigentlich ...«, erhob Vaughan die Stimme zum Einspruch, aber ich schob ihr rasch meine Karten zu, damit sie neu mischen konnte. »Glückwunsch, Sie sind ja eine wirklich gute Spielerin.«

Ich wollte ihr die Freude nicht verderben. Es war mir nicht wichtig, hier zu gewinnen, doch ich hatte das Gefühl, ihr schon.

»Wenn Sie erst so lange wie ich spielen, werden Sie auch gut sein. Ich habe sehr viel Übung. Als Geena und Conduleeza klein waren, haben wir oft Karten gespielt. Die Mädchen haben sich immer geärgert, wenn sie verloren haben.« Sie lachte leise, und ihr Blick glitt in die Ferne. Es kam mir vor, als wäre sie, wenn auch nur kurz, an einem anderen Ort. Vaughan und ich tauschten Blicke aus, keine Ahnung, was ich jetzt sagen oder tun sollte ... aber vielleicht musste ich das auch gar nicht. Vielleicht war es gut, wie es war ...

»Noch eine Runde?«, fragte sie, plötzlich wieder im Hier und Jetzt.

»Gerne«, entgegnete ich.

Wir spielten noch den halben Vormittag, ich ließ Mariah einige weitere Runden gewinnen. Sie blühte unter ihren Triumphen förmlich auf, ihr Gesicht nahm sogar eine rosige Farbe an. Was mich freute. Es war schön, sie so zu sehen. Schließlich traf der Hubschrauber wieder ein, um uns abzuholen.

»Es war mir eine Freude, Sie kennenzulernen«, sagte ich ehrlich und schüttelte Mariahs Hand.

»Mir auch, meine Liebe. Und kommen Sie mich ruhig wieder besuchen. Ich treffe selten auf eine so harte Gegnerin wie Sie.«

»Ich bin gern wieder dabei«, sagte ich ehrlich. Vielleicht würde ich dann auch mehr über sie und ihr Leben erfahren, immerhin war sie ein Teil von Vaughans.

Sie lächelte überaus zufrieden. Dann winkte sie Vaughan zu sich heran und flüsterte ihm etwas ins Ohr.

Als wir wenig später im Hubschrauber saßen und dieser bereits abgehoben war, fragte ich ihn, was die sympathische ältere Dame ihm gesagt hatte.

Unverhofft zog er mich an sich, schlang die Arme eng um mich. »Dass ich dich festhalten soll. Für immer.«

Ich lachte. »Das dürfte schwierig werden, wir müssen irgendwann aussteigen. Und wenn du mich an dich drückst, sehe ich nicht, wo ich hintrete.«

Hoffentlich früher als später. Dieses Schwanken war echt nicht mein Ding.

Vaughan verschloss sanft meinen Mund mit seinen Lippen.

Am Morgen des nächsten Tags hielt der Umzugswagen vor dem Anwesen. Martha öffnete den Männern die Tür, die meine Sachen in die Villa trugen. Vor zwei Wochen war ich offiziell zu Vaughan gezogen, mein Hab und Gut kam jetzt nach.

Es war mir nicht leichtgefallen, Canberra zu verlassen. Meine Familie lebte dort. Außerdem würde ich Maya vermissen. Ich hatte sie mit Will Gordon zusammengebracht, der große Kunstprojekte mit ihr plante. Mein guter alter Prof hatte entsprechende Connections und, wie ich mitbekam, eine sehr vertraute Beziehung zu Maya, die der kleine

Altersunterschied nicht störte. Ich wünschte ihnen von Herzen Glück.

So verfolgte jeder seine Pläne. Ich würde mich hier als Restauratorin selbstständig machen, wovon ich immer geträumt hatte.

Außerdem war ich mit Vaughans Hubschrauber im Notfall innerhalb kurzer Zeit wieder in der Hauptstadt, sollten meine Lieben mich brauchten. Wenngleich ich für normale Besuche nach wie vor meinen Wagen vorziehen würde. Maya und ich verlören uns also nicht aus den Augen.

»Wo soll das hin?«, fragte einer der muskulösen Kerle, die meine Kisten schleppten.

»Stellen Sie die Kartons einfach in der Empfangshalle ab.«

»Alles klar, Madame.«

Einen Großteil hatte ich sowieso in Canberra zurückgelassen. Ich hatte einen Nachmieter gefunden, der meine Möbel übernahm. Ein echter Glücksfall – für uns beide.

»Ich freue mich so, dass Sie zu uns gezogen sind«, sagte Martha und herzte mich.

»Ich mich auch.«

Im Keller wollten wir die Werkstatt ausbauen. Ich war schon sehr gespannt darauf, bald mit der Arbeit loslegen zu können. Aber ich ging es langsam an, lebte mich erst mal ein. Ich war kein Mensch, der sich schnell umstellen konnte.

Gegen Abend kam Vaughan von der Arbeit zurück. Wir aßen wie immer zusammen im Speisesaal. Ich musterte ihn. In seinem Anzug sah er einfach verdammt sexy aus.

»Ich habe eine Überraschung für dich«, sagte er.

»Was denn für eine?« Ich liebte Überraschungen. Und den verheißungsvollen Blick, den er mir zuwarf. Ich konnte in seinen Augen versinken wie im Ozean, ohne das Gefühl zu haben zu ertrinken.

»Du musst sie schon selbst sehen.«

Er zog sein Einstecktuch aus seiner Anzugtasche. Ich sah auf den ersten Blick, dass es ungewöhnlich groß war.

Er lief mit dem Stück Stoff in den Händen zu mir und stellte sich hinter meinen Stuhl, um mir die Augen zu verbinden.

»Was soll das?«, fragte ich atemlos – merkwürdig erregt.

»Ich will meine Überraschung angemessen präsentieren.« Er griff nach meiner Hand und half mir auf. Mein Herz klopfte wie verrückt in meiner Brust, als wir losliefen.

»Wo bringst du mich hin?« Ich sah rein gar nichts, der Stoff über meinen Augen war blickdicht. Er hielt kurz inne, um mich seitlich am Hals zu küssen. »Oh«, entwich es mir, denn es prickelte herrlich und weckte meine Lust auf weitere Küsse. Aber die blieben aus, weswegen ich zerknirscht auf meiner Unterlippe kaute.

»Wir sind gleich da«, versprach er amüsiert, er wusste einfach, dass ich nicht genug von ihm bekam. Seine Stimme zauberte mir eine sinnliche Gänsehaut über die Arme.

Ich ließ mich von ihm weiterführen. Auch wenn ich es nicht sicher wusste, meinte ich, dass wir durch die Empfangshalle und von dort in den langen Flur gelangt waren. Schließlich hielten wir an. »Bleib so stehen. Ja, genau so.«

Er entfernte sich von mir, was ein Ziehen in meiner Brust auslöste. Gleich darauf legte er mir etwas um den Hals. Es war kühl, metallisch.

Mit einer Hand tastete ich danach. Es war verschnörkelt, stellte ich fest. Diese Zierrillen im Edelmetall kamen mir bekannt vor. Ein verspielter Anhänger, der sich anfühlte wie … Lloyds Rokokoschmuck. Aber der war doch versteigert worden.

»Ist das etwa …« Ich nahm die Augenbinde ab und betrachtete das Amulett in meiner Hand, das zu der Kette um meinen Hals führte. Es handelte sich tatsächlich um das Geschmeide, in das ich mich verliebt hatte.

Vaughan öffnete den Schmuckkasten in seinen Händen. Auf einem Samtkissen lagen die passenden Ohrringe und ein Armreif, verziert mit wunderschönen Opalen. Und natürlich die Ringe.

»Ich dachte, sie wurden versteigert«, murmelte ich durcheinander.

»Wurden sie auch. Aber ich habe sie dem Besitzer abgekauft. Das Set gehört dir, Robin.«

»Was? Aber ... das kann ich doch nicht annehmen.«

»Es ist wie für dich geschaffen.« Vorsichtig nahm er den Armreif aus der Kiste, die er nun nur noch mit einer Hand hielt, und streifte ihn mir geschickt über. Winzige Opale funkelten mich an.

»Ich weiß gar nicht, was ich sagen soll.« Ich war vor Rührung den Tränen nahe. Das Set hatte auf der Auktion ein Vermögen eingebracht, gleich nach dem Michelangelo hatte es den höchsten Preis erzielt.

»Es ist und bleibt ein Unikat. Doch deine Begeisterung für das Set hat mich dazu bewegt, Lloyd meine Zusage für seine neue Kollektion *Barockoko* zu geben. Es wird also bald noch weitere Schmuckstücke in diesem Stil geben.«

»Wie kam es denn dazu?«

»Manchmal muss man neue Wege gehen, oder?«

Vaughan stellte das Schmuckkästchen auf das Tischchen neben der Minibar ab und kam auf mich zu. Seine Hand glitt über meine Wange, dann küsste er mich zärtlich. Ich sank in seine Arme und genoss das zärtliche Spiel seiner Zunge.

Im nächsten Moment lagen wir vor dem alten Kamin auf dem edlen Läufer, und Vaughans Hände glitten unter mein Shirt, streichelten meinen Bauch und an den Seiten entlang. Es kribbelte überall, und ich hielt genussvoll den Atem an. Schließlich griff er nach dem unteren Saum und zog mir das Oberteil über den Kopf, um seine Lippen über meine Haut wandern zu lassen. Eine sinnliche, feuchte Spur hinterlassend.

Es dauerte nicht lange, da prickelte es zwischen meinen Schenkeln, doch das Gefühl breitete sich rasant in meinem ganzen Körper aus. Ich spürte es selbst in der Spitze meines kleinen Fingers. Je näher sein Mund meiner Hose kam, desto stärker pulsierte es in meiner Mitte. Es kam mir vor, als würde mein ganzer Körper beben.

Sanft griffen seine Hände nun nach meiner Hose, um sie langsam entlang meiner Beine abzustreifen. Sie landete irgendwo im Salon. Mein Slip folgte.

Er sah mich an. Seine Pupillen weiteten sich, glitzerten vor Lust, was mich so sehr erregte, dass ich unwillkürlich stöhnte.

Dann tauchte Vaughan zwischen meine Beine ab, und seine Zunge glitt zwischen meine Schamlippen, bis er meine Klitoris mit der Zungenspitze ertastet hatte. Ich biss mir auf die Unterlippe und drückte den Rücken leicht durch, während er mich an meiner empfindsamsten Stelle reizte, mit der Zunge immer wieder gegen meine Perle tippte. O Gott, das war zu gut!

Er wusste genau, wie ich es brauchte. Ich hielt den Atem an, schloss die Augen und konzentrierte mich nur auf das Spiel seiner Zunge, die wie die Flügel eines Schmetterlings agierte.

Zugleich krallte er die Hände besitzergreifend in meine Oberschenkel, während meine Finger sich in sein dichtes weiches Haar gruben.

Als ich endlich feucht genug war, beugte sich Vaughan über mich. Sein hartes Glied rieb an mir. Ich hatte gar nicht mitbekommen, dass er sich die Hose ausgezogen hatte.

Ich öffnete leicht die Lippen, atmete stoßweise.

Nun spürte ich seine Eichel an meiner Pforte und biss mir verzückt auf die Unterlippe. Ich wollte Vaughan in mir spüren, wollte, dass er mich ganz und gar ausfüllte. Wieder das Leuchten seiner Augen, das mir sagte, dass ich ihm gehörte.

Mit einem Stoß, der ihn und mich gleichzeitig aufstöhnen ließ, drang er in mich. Ich hatte nicht damit gerechnet, doch es erregte mich so sehr, dass ich noch ein paarmal lustvoll stöhnte. Sein Mund verschloss gierig meinen. Ich schmeckte ihn, schmeckte mich.

Seine Hände verhakten sich in meine, die er links und rechts neben meinen Kopf platzierte. Erneut sahen wir uns an. Ich wollte nie wieder etwas anderes tun, als in diese Augen zu blicken. In diese ozeanfarbenen Iriden, in denen sich die Sterne spiegelten.

Er bewegte sich in mir, ich spürte seine geballte Kraft, seine enorme Größe. Ich bekam nicht genug von ihm, wollte ihm noch näher sein und schlang meine Beine um seinen Körper, damit er noch tiefer in mich glitt.

Unser Atem ging gemeinsam. Ich stöhnte, keuchte und verkrampfte mich, weil es in meinem Innern immer stärker pulsierte. Ich wusste nicht, ob es sein Körper war oder meiner.

Plötzlich verschloss er meinen Mund mit einem wilden Kuss. Ich spürte, wie es mir in diesem Moment kam. Und ihm auch.

Für ein paar Sekunden schien ich über den Wolken zu schweben, jenseits von Raum und Zeit dahinzugleiten. Ich spürte, wie das Prickeln sich in süße Entspannung wandelte und mein Körper allmählich wieder schwerer wurde, zur Landung ansetzte.

Bis Vaughan keuchend neben mich sank. Erschöpft blieben wir nebeneinander liegen, meine Hand in seiner.

Irgendwann schaute er mich an. Seine Augen leuchteten immer noch wunderschön, und sein Gesicht wirkte glücklich und entspannt. Sacht beugte er sich vor und hauchte mir einen kleinen Kuss auf die Lippen.

Er schmeckte wundervoll. Ein wenig herb, sehr männlich und nach Vaughan. Zufrieden schloss ich die Augen und lehnte meinen Kopf an seine Schulter. Er strahlte so viel Wärme aus, dass sie auf meinen Körper überging. Ich war zu Hause, ja, das war das richtige Wort, das hier würde jetzt mein Zuhause sein.

Vaughan legte einen Arm um mich, zog mich näher an sich heran.

»Vielleicht sollten wir ins Bett gehen«, raunte er in mein Ohr. »Wir wollen doch nicht, dass Martha uns morgen früh hier findet und den Schreck ihres Lebens bekommt.«

Ich lachte leise. Das wollte ich natürlich nicht. Aber es war gerade so schön. »Nur noch ein paar Minuten«, flüsterte ich.

Ein Kuss landete auf meiner Stirn, und ich hörte sein sexy tiefes Lachen. »Na gut, ein paar Minuten noch ...«

Eine sexy Boss Romance in Kambodscha

*Cover- und Preisänderungen vorbehalten

Michelle Summers

Bastard Millionaire – hoffnungslos verfallen

Roman

Piper Taschenbuch, 332 Seiten
€ 14,00 [D], € 14,40 [A]*
ISBN 978-3-492-50315-0

Megan kann es nicht fassen, ausgerechnet ihr One Night Stand Luca entpuppt sich als ihr neuer Boss. Wie soll das erst werden, wenn sie ihn auf eine Geschäftsreise nach Kambodscha begleiten muss ...? Megan kann es sich nicht erlauben, ihren Job wegen ein paar sinnlicher Blicke aufs Spiel zu setzen. Außerdem kennt sie Männer wie Luca Wilsaw ... Dies ist Band 2 der »Sexy Millionaire«-Reihe von Michelle Summers. Die Titel sind unabhängig voneinander lesbar.

Leseproben, E-Books und mehr unter **www.piper.de**